光明传媒书系

汉语报刊新闻主题词群提取及相关研究

史艳岚 | 著

光明日报出版社

图书在版编目（CIP）数据

汉语报刊新闻主题词群提取及相关研究 ／ 史艳岚著
. --北京：光明日报出版社，2021.4
ISBN 978－7－5194－5878－2

Ⅰ.①汉… Ⅱ.①史… Ⅲ.①新闻标题—新闻语言—
研究 Ⅳ.①G212.2

中国版本图书馆 CIP 数据核字（2021）第 057473 号

汉语报刊新闻主题词群提取及相关研究

HANYU BAOKAN XINWEN ZHUTICIQUN TIQU JI XIANGGUAN YANJIU

著　　者：史艳岚	
责任编辑：曹美娜	责任校对：张　幽
封面设计：中联华文	责任印制：曹　净

出版发行：光明日报出版社

地　　址：北京市西城区永安路 106 号，100050

电　　话：010－63169890（咨询），010－63131930（邮购）

传　　真：010－63131930

网　　址：http：//book. gmw. cn

E－mail：caomeina@ gmw. cn

法律顾问：北京德恒律师事务所龚柳方律师

印　　刷：三河市华东印刷有限公司

装　　订：三河市华东印刷有限公司

本书如有破损、缺页、装订错误，请与本社联系调换，电话：010－63131930

开　　本：170mm×240mm			
字　　数：368 千字		印　　张：20.5	
版　　次：2021 年 4 月第 1 版		印　　次：2021 年 4 月第 1 次印刷	
书　　号：ISBN 978－7－5194－5878－2			
定　　价：98.00 元			

序　言

　　网络的飞速发展使新闻传播已经进入新的时代，广播、电视、报纸三大传统媒体和第四媒体——"网络"的同时存在让人类获取知识和信息的能力超越了以往的任何一个时代，平面媒体、流媒体、自媒体等各种形式都促进了新闻、消息的进一步传播。汉语国际教育正蓬勃发展，随着现代教育技术和多媒体教学手段的不断成熟，课堂教学延伸到学生的日常生活中。汉语学习者每天可以接触到海量的汉语新闻消息，如何从中撷取新闻的有效信息、关键信息是非常值得研究的课题。本书着重探讨报刊新闻的词汇研究新方法，为报刊新闻课程的教学和研究探索了一条新的道路。

　　我非常愿意也很高兴为这本立足于报刊新闻词汇研究、服务于对外汉语教学的专著作序，希望这本书的出版对汉语国际教育学科的进一步发展有所贡献。史艳岚有踏实严谨的治学风格，她十分热爱汉语国际教育事业，对所从事的报刊新闻教学以及文化教学充满了热情。特别在报刊新闻词汇研究方面，她从2002年起就一直参与北京语言大学动态流通语料库的建设，积累了丰富的报刊新闻真实语料，并以此为基础做了一系列的词语提取试验和检测工作，从中得出的成果令人信服。本书的研究基于中国主流媒体动态流通语料库，对报刊新闻中出现的一些语言现象进行了动态的观测，补充和更新了报刊新闻的教学内容。

　　本书的研究结合计算机的语言信息处理技术、语言学理论以及主题教学的方法，具有跨学科的特点。本书得到了冯志伟教授的审阅意见，作为一位文理兼精的学者，冯志伟教授在计算语言学领域以及语言信息处理方面有着极高的造诣和建树，他的指导性意见为本书的进一步完善指明了方向。本书的形成还受到了对外汉语教学界泰斗吕必松教授的鼓励和支持，吕教授是对外汉语教学领域的前驱和指路人，一直关注新的研究思路和教学方法，对报刊新闻词汇和教学的研究提出了建设性的意见。还有很多相关学科的学者专家也给这本书提出了非常好的意见和建议。

　　史艳岚的《汉语报刊新闻主题词群提取及相关研究》一书初稿完成于 2006 年。该项研究以对外汉语报刊新闻教学改革为动因，基于大规模真实文本报刊新闻语料库，建立了报刊新闻教学资源库和分类框架，初步探索了报刊新闻文本难易度的测量方法，为对外汉语新闻教学提供了一个科学实用的研究平台，同时也为词汇研究探索了一条新的研究途径。从初稿形成到现在经历了更多时间的打磨，期间进行了多次补充、修改，更新了所有的研究数据，使本书的内容具有"动态流通"的特点。本书紧跟国际语言学界研究热点，基于动态流通语料库，结合计算语言学方法、动态语言知识更新理论、语言习得理论、主题教学法来探讨报刊新闻主题词群的提取方法，得出的研究成果对报刊新闻、文化专题和话题讨论课的教学有良好的促进作用。本书的研究成果对该领域具有一定的理论意义和实用价值。

　　史艳岚在阅读了大量参考文献、深入了解国内外相关研究的基础上，对报刊新闻的主题词群提取进行了比较深入细致的探索，其工作和研究成果主要体现在以下方面。

　　1. 基于中国主流报纸动态流通语料库，构建了一个可以及时动态更新的对外汉语报刊新闻分领域资源库；

　　2. 建立了一个包含 19 个领域、91 个子领域、189 个下位主题的报刊新闻教学分类框架，探索了主题词群的提取方法，并利用计算机信息处理技术在报刊新闻资源库内提取了通用词表和不同层级的主题词群，直接为报刊新闻主题教学服务；

　　3. 在主题词群提取研究的基础上，初步探索了文本主题相关度和文本难易度，具有一定的创新性。

　　本书作者具备本学科及相关领域坚实宽广的理论基础与系统深入的专业知识，写作逻辑严密，层次分明，文笔流畅，资料丰富，数据翔实，论据准确，论证有力。本书在多次修改的过程中充分吸取了很多专家学者的意见，也体现了报刊新闻教学的词汇研究和教学研究方面的最新成果。

　　在科研和教学工作中史艳岚以谦虚谨慎的态度向各个学科的专家教授学习。利用先进的多媒体手段辅助教学，乐于进行教学实验。在教学的过程中注重采用启发式和讨论式的教学方式，注意培养学生的思维能力和汉语表达能力，让每一个学生都积极参与讨论，成为学习的主体。引导学生利用适当的词汇和句式进行讨论、演讲、辩论。授课方法灵活，课堂气氛活跃，取得了良好的教学效果。史艳岚 2007 年 8 月到 2009 年 6 月去美国哥伦比亚大学做访问学者，在中文教学和文化研究方面多有收获。从 2015 年起在美国南卡罗来纳大学教授中文。经过生动活泼的课堂教学和精心引导，学生进步显著，对她的汉语课程评价非常满意，认为她的教学"课程目的明确，指导性很强""在语言训练中注重对学科兴趣的培养""注重汉语能力的培养""及时给学生反馈"等。在很多评价项目上都得到了满分。她愿意更多地参与海外中文教学，把最新的研究成果应用在汉语教学中，为弘扬中国文化尽点滴之力。

史艳岚除了具备扎实的汉语教师的业务素质外，还努力提高个人素质，使科研工作对教学工作有积极的促进作用。这些年她的科研方向主要是汉语国际教育、报刊新闻教学研究和文化教学研究，同时学习并掌握利用计算机处理语言材料的新方法，努力将研究成果推向实用。发表了多篇有关报刊新闻和文化的论文，同时参与了北京语言大学应用语言研究所以及教育部科学技术研究项目，努力实现科研成果对汉语课堂教学的实用价值。

张普

2016 年 6 月 12 日

目 录
CONTENTS

第一章

绪　论

第一节　写作缘由

　　随着国际汉语教学推广进程的加快，对教材编写以及汉语数字化教学资源建设的需求日趋迫切。目前无论传统的纸版本教材，还是依托多媒体网络技术的数字化教学资源，最重要的是如何确定汉语教学内容。汉语教学内容包括教材用字、词汇、语法点、句型，以及话题、篇章、文化。这些内容是教材与数字化教学资源的核心。越来越多的研究表明，与这些语言要素教学和言语技能提高密切相关的因素并非一成不变，而是随着社会发展、科技进步、文化嬗变而变化的。基于教学和科研的需要，北京语言大学建立了动态报刊新闻语料库，该动态语料库能够追踪词语发展的轨迹，其研究成果反映了当代语言生活的动态变化。其成果之一是以年度出版的《中国语言生活状况报告》，每年都在记录着中国语言的状况、发展和变化。

　　在信息化的今天，语料库的建设和研究工作越来越成熟，为语言研究的进一步深化做出了贡献。对外汉语报刊新闻教学面临着与时俱进的要求，本书的目的是利用信息处理技术提取报刊新闻通用词语，利用词汇分离技术获得主题词群，分析研究主题词群的主题特征。在新闻报刊课、当代话题课、热点评论课等专题性强的课上让留学生掌握具有向心性、网络性的主题词群，不仅可以加深他们对词语社会文化内涵的理解，也能有效地提高对外汉语教学的质量和效果。

　　词汇教学在汉语国际教育中占有重要的地位，词汇掌握的数量和质量都决定着学生的汉语水平。然而报刊新闻课的词汇教学一直是一个薄弱环节。从北京语言大学汉语学院报刊新闻课的调查情况来看，报刊新闻课教学效果不令人满意。留学生认为报刊新闻课教材太旧，所教的词语对现实的读报帮助不大，特别是缺少新词语，生词表中有的词太容易，有的词又太难。听不懂新闻、看不懂报纸的拦路虎就是词汇量太少、缺乏专门的新闻词汇。因此词汇教学成为报刊新闻教学的一个瓶颈。对外汉语教学中高级阶段的报刊新闻课是让学生在已有的汉语基础上开阔视野，拓宽知识面，了解中国社会的国情和各方面的现状，词汇量迅速扩大。但是现有报刊新闻教材中课文内容难度不一，所列生词往往缺乏实用性和系统性，容易加重学生的记忆负担，影响教学效果。而且学生习惯于孤立地一个词一个词地死记硬背，这种单个地、孤立地学习词汇的方式使留学生不仅费时费力，而且低能低效。因此本研究探讨如何提取适用的报刊新闻主题词群，以主题为线索，构建主题词语网络，使学生不断扩大词汇量，在最短的时间里掌握最有效的表达某一主题的词语。让学生从主题词群中概括出同一类新闻的重要关键词，从而减少新闻听力和阅读理解的障碍。

第二节　研究背景

一、汉语国际教育报刊新闻教学的需求

　　汉语国际教育报刊新闻课的教学有其自身的特点。报纸媒体作为信息的输出渠道，报刊新闻涵盖社会生活的方方面面，可以说包罗万象，内容和题材多种多样，有无限的延伸。教学时如果眉毛胡子一把抓，势必造成词语繁杂、无法突出教学主题。报刊新闻教材内容应以主题选编，比如包含如下领域，如经济、外交、教育、体育、科技、文化、生活、环境、资源、卫生、人口、妇女等，然后按主题进行教学。教学的主题集中，每一个主题的词语都有其向心性。在每一课的词语中，既有各领域通用词语，也有本领域共用词语，还有某一主题的专用词语。因此有必要应用词汇分离技术，将通用词语分离出来（这些是常用基本词汇，在汉语综合课和其他课程中都已经解决了的词语），将领域共用词汇提取出来（报刊新闻基本常用词），最后提取某一主题的专用词语（服务于中高级报刊新闻教学和高级口语、当代话题、热点评论等课的主题教学）。在此基础上不仅可以在同主题文本集中提取任一主题的词群，而且针对任何一篇文章都可以提取该文本主题词群。在主题专用词语中围绕主题中心的词语之间是

有联系的，如"丁俊晖现象"中的主题词群是"丁俊晖、斯诺克、台球、夺冠、父亲、自主培养、读书无用论、赌博、教育模式、孤注一掷、技能型人才、一技之长、出类拔萃"，基本能够体现出"教育—人才—丁俊晖现象"这样一个主题文本中词汇的网络性。

根据心理学家研究，词汇在人的大脑中是以网络的形式来储存的。人的大脑对词汇的记忆犹如一个网络：网络上的一个个结点代表着所学过的词语概念，而网络上的一条条经纬线则表示词语意义的纵横联系。词汇的网络性似乎存在于人们的大脑机制中，计算机能否通过定性和定量的方法提取出主题内相互关联的词汇？本书要尝试的主题词群提取工作正是试图找寻词汇的网络性，从大规模语料中提取围绕某一主题的一些向心性的词群。这个主题词群是一个与主题高度相关的网络，可以将主题词群运用在对外汉语报刊新闻主题教学中，在教学改革方面做一些有益的探索。

在词汇教学中应该有意识地把词汇的网络性同人的认识规律性结合起来。报刊新闻主题词群的研究试图用基于大规模语料的统计分析方法提取主题词群，研究同一主题下相关词汇的网络性和向心性，揭示和强化主题词群的网络性，让学生把对词语的新知和旧知、已知和未知联系起来，以期帮助学生有效地把各类词语信息网络输入大脑，储存于记忆库，从而提高学生掌握词语的效率。研究报刊新闻主题词群，利用词语的主题特征进行报刊新闻教学，并将报刊新闻主题网络系统融入教材编写中去，这不仅是解决教学难点的一个策略，也是提高对外汉语报刊新闻教学效果的一条途径，同时对其他汉语国际教育的课程也具有重要意义和参考价值。

二、关于报刊新闻主题教学的探索

（一）主题图和知识网络

近年来，随着知识管理理论的快速发展，出现了概念图（concept mapping）、主题图（topic map）等构建知识网络的方法。

概念图是描述相关概念之间的相互关联形式。Hownet 重点研究的就是概念间的相关性。主题图的核心思想：目的在于将某一主题范围内的各主题及单一主题内的附属子题列出，并建立参照关系，将具有关联性的主题加以连接。对主题图而言，最重要的是找出资源之间的主题及主题之间的关联性，建立一个完整的知识架构体系。它可以是一组相关主题术语的集合，这些术语代表了某个特定主题的内容和分类。将存在于主题之间的各类关系，透过联系的组织与联结后，将形成某一领域知识的知识网络。

主题图将知识结构图分为两层：资源域和主题域。其中资源域包括所有的信息资源，如电子文档、数据库文件、网页、电子书籍等；主题域是在资源域之上定义，包括所需的所有主题，如资源的名称、特性、类型等信息。这些研究成果对建立报刊新闻知识体系有一定的启发，有助于报刊新闻资源库的建设。

（二）建立报刊新闻资源库

将知识组织起来建立资源库，是知识管理的一项重要手段。传统的资源库，资源单元之间主要采取层级浏览（hierarchical browsing）的导航方式，根据知识的结构，一层一层以树形的方式排列。如美国资源门户网 GEM 提供以学科主题浏览教学资源的方式。将所有资源按照艺术、教育技术、哲学、语言等大的学科门类排列，每个学科下再设子学科，如艺术分为建筑、戏剧、舞蹈等子学科。用户可以根据资源库的结构一层一层浏览，寻找需要的内容。这种导航方式最大的缺点在于用户只能根据资源库的管理者设定的知识层次进行寻找，知识关系除了垂直的上下级关系外，缺乏不同层级之间单元主题的关联。主题地图采取关联浏览（associative browsing）的资源导航方式：资源主题之间具有丰富的关联（association），一个资源主题可以指向一个，也可以指向多个资源对象。反之，一个资源对象可以与一个，也可以与多个不同的资源主题建立联系；主题之间的关联为资源库中的资源单元提供一种平行关系。从一个主题出发，可以迅速地进入该主题指向的所有资源，并可以通过主题之间丰富的关联，在任意感兴趣的主题中随意漫步，进而选择相应的知识资源。

报刊新闻资源库的建设目标是：既可以采用层级关系的浏览形式，便于分级分类；也可以采用关联浏览的资源导航方式，在不同主题间建立联系。而后一种导航方式更有利于主题教学。

主题词群的研究是在按领域分类的报刊新闻资源库基础上进行的，从不同的领域中提取各领域的主题词群。要考察领域和领域之间的关联，词群和词群之间的关联，词语和词语之间的关联；考察上位领域主题词群和下位子领域主题词群之间的关系；考察主题词群与各领域之间的联系（词语的领域覆盖情况），通用词语与各专门领域词语之间的关联；等等。

某一词语和各个领域关联得越多，该词语的通用性越强；和其他领域关联得越少，该词语的专用性越强。该结论的得出可以参考词语通用度。本研究的重点在探讨词语的专用性，也就是某一主题的专用词语的个性特征（类区别特征）。

（三）报刊新闻主题教学

对外汉语教学中的报刊新闻课是一种"主题教学"（theme – centered teaching，thematic instruction），围绕某一主题设计核心知识网（a core knowledge web），将相关学科相互联系起来，在特定教学时间内集中讲授某一中心主题。以核心主题为中心可以有很多子主题，每一个子主题可以独立存在，也可以相互联系，满足不同层级的教学要求。初级水平的教学可以选择单一主题内的单一文本进行学习，如一篇内容为"汉语热"的报刊文章，文章的核心主题是"汉语热"，内容集中在介绍目前全球汉语热的现状，文章同时包括经济、消费、文化、就业等相关信息，但内容简明扼要，用词简单，只要求重点掌握"汉语热"的核心内容即可；而中高级水平的报刊新闻教学中"海外留学"这一主题则可以有相应的扩展学习，不但有多文本的学习，还有延伸阅读，甚至在该主题下有不同难度级别的阅读文章可以进行课后评价。其核心主题"海外留学"之下还有更多的子主题，如"低龄留学""留学垃圾""海归""海外竞富""文化差异"等，和社会、经济、外交、文化等其他领域都有关联，从而使学生可以在短时间内全方位地了解中国教育中的"留学"主题。

报刊新闻的每一课都有核心主题，每一个主题都与其他主题之间会有千丝万缕的联系。如"2008 年北京奥运会"有"科技奥运""文化奥运""绿色奥运"等子主题，因此和科技、文化、环境、经济领域都有交叉，形成一个以"北京奥运"为中心的知识网络。从教学的角度而言，资源库中"体育"主题下最核心的是体育比赛或运动会，其他与体育相关的信息可以在资源库中的其他主题下随时调用。所以每一个主题都可以涉及丰富的内容，但是并不涵盖所有的内容，核心主题是根本，其他相关内容可以链接到其他的领域知识库中。

报刊新闻的主题教学立足于核心主题，要研究与核心主题相关的特征词语，提取与某一主题相关的词、短语以及固定的表达形式的集合。这是一个以核心主题为中心的开放的词表，它围绕核心主题以稳定的基本词汇、短语为基础，随时准备有新词语的加入。这样的专用主题词表对报刊新闻教学有良好的指导作用。

对外汉语报刊新闻教学面临着与时俱进的要求，如果能充分利用信息处理技术促进报刊新闻主题教学，分析研究在表达同一主题时的聚类特征词语，让

5

留学生掌握同一主题下词语的网络性特点，不仅可以加深留学生对词语社会文化内涵的理解，也能有效地提高对外汉语教学的质量和效果。报刊新闻课的主题教学需要报刊新闻资源库的支持，在该分类资源库下提取适用的报刊新闻主题词表，以主题为线索，使学生不断扩大词汇量，在最短的时间里掌握最有效的表达某一主题的词语。因此有必要建设一个适用的报刊新闻资源库，以满足对外汉语报刊新闻教学的需要。

对外汉语教学的报刊新闻课以"主题教学"为特色。如"体育"主题下可以有：奥林匹克运动会、各项专业竞技比赛、体育经济、体育彩票……而其中奥林匹克运动会和各项专业竞技比赛、体育经济之间都有关联。2008年北京奥运会和"科技奥运""文化奥运""绿色奥运"有关联。同时也会带动相关产业的发展，如旅游、交通、服务、信息网络、餐饮。所以每一个主题下可以涉及丰富的内容，但是并不涵盖所有的内容，其他相关内容可以链接到其他的领域知识库中。所以报刊新闻教学资源库的建设和主题词群研究可以为"主题教学"打下良好的基础。

三、语言信息处理的相关技术

1. 领域相减

王强军、李芸、张普在《信息技术领域术语提取的初步研究》一文中介绍了对信息技术领域术语自动提取方法进行的一项实验，所采用的是"领域相减"的术语提取方法，即根据流通度理论，利用术语在不同领域中的不同流通度值进行术语提取，并对此项实验的结果做出了评价。

2. 语义距离

语义距离是语言学中经常提到的一个概念。一般说来，两个概念间的语义距离越近，它们的语义相似程度越高；反之越低。

语义相似度：是两个词在不同的上下文中可以互相替换使用而不改变文本的句法语义结构的程度。

先度量概念间的语义距离，然后把它转化为语义相似度。所有的概念被组织在一个子类层次树中。要度量其中任意两个概念的语义相似度，可以先计算这两个概念在层次树中的语义距离，然后再转换为相似度。

3. 特征提取

常用的特征抽取的方法如下。

词频统计法：词频统计法的主要假设是文章中相对使用频率较高的词反映了文章的主题。

文档频次法：根据出现词条的文档数量的多少来选取特征词。

CHI 统计法：度量词条 t 和文档类别 c 之间的相关程度，并假设 t 和 c 之间符合具有一阶自由度的 X2 分布。词条对于某类的 X2 统计值越高，它与该类之间的相关性越大，携带的类别信息也较多。该方法类似于互信息，词条的 CHI 统计值比较了词条对一个类别的贡献和对其余类别的贡献，以及词条和其他词条对分类的影响。

4. 主题概念提取法

用词汇内聚的思想来处理词汇之间的概念关系。从一篇文章中选出若干词，如果这些词之间存在一定的联系时就产生了词汇内聚。算法核心是：运用知识库将单词抽象为一定层次的概念，再对文中的所有概念统计出现频率，频率较高的概念反映了文章的主题。

5. 考察语义相关度

在句法分析时，两个词的相关度越高，它们在句法树中的距离就越短。

词语相关度这个概念涉及词语的词法、句法、语义甚至语用等特点，其中对词语相关度影响最大的是语义相关度。目前对中文语义相关度的研究甚少，大部分为相似度计算方法的研究。

6. 考察文本难易度

从词汇使用的层面上考察文本的难易度。前提是有区分难易等级的词表，如汉语水平考试（HSK）中的甲、乙、丙、丁四级词表。将待考察文本经过处理后得出的词表与不同难度级别的词表相对照，根据对不同级别词语覆盖的情况判断文本的难易度。

四、相关术语

1. 词语（word or phrase），指词和短语的统称。本书研究的主题词群既包括词，也包括短语。

2. 文本（document），指语料库中的一篇文章。

3. 散布文本数（number of documents being scattered）. 指语料库中包含某个词语至少一次的文本个数，叫作这个词语在语料库中的散布文本数。（document frequency）

4. 使用度（usage frequency），指词语在语料库中使用的程度。它和文本的频度和散布度相关。

5. 流通度（circulation），是一种语言现象在社会传播中的流行通用程度，是把人们对语言现象的认识和它的统计属性相结合的一种手段和方式。根据流通度计算公式可以得出某个词语的流通度。

6. 词语度（unithood），指一个新的词语构造在特定的文本中是词语的可能性的度量。

7. 接续指数（concatenation index），指标志一个词语前后出现的词（种数）多少的一种度量。接续指数越高，该词语有新组合的可能性越大。如"先进性"前面"共产党员"和后面"教育"的词种数都很高，那么"共产党员先进性教育"就是一个新组合。这个新组合前面"保持"和后面"活动"的词种数也相当高，那么"保持共产党员先进性教育活动"就可能成为一个结构稳定、结合紧密的新出现的固定短语。

8. 领域相交（domains acrossing），指对多个学科领域中所用词语集合之间做交集计算的方法。交集的结果就是各领域的通用词语集合。

9. 领域相减（domains subtracting），指对两个学科领域中所用词语集合之间做差集计算的方法。差集的结果就是某个专门领域的词语集合。用领域相减的方法能够得出不同主题文本的主题词表。

10. 主题相关度（theme semantic correlation），指词语和主题相关的程度。

11. 特征提取（feature extraction），指提取文本中和主题相关的特征词语。

第三节　研究基础

一、理论基础

（一）语言的共时观和历时观

社会语言学理论表明语言在变化中稳定，在稳定中变化。要对语言进行共时和历时的观察和分析。语言研究的共时观和历时观，就是"共时中有历时，历时中有共时"的相对时间观。是分别从静态与动态、横向与纵向的不同维度考察语言现象的稳定和变化。

"'语言控制'是指在语言规范化过程中，对语言的使用和发展变化施行积极主动的人为干预。语言的约定俗成的性质同语言在使用和发展上的可控性并不矛盾。如果说规范化着眼的是语言运用标准的动态性平衡的话，那么'语言控制'则更侧重于维持语言运用标准的相对稳定。①"维纳在他的控制论里提出了两个重要概念，一个是"反馈"，一个就是"内稳态"。②

语言在一定时期内是保持稳态的，语言的规范化就是一种语言的约定俗成以及人为控制。语言系统的发展变化就是一个不断自我反馈、自我更新、保持动态平衡稳定的过程。

（二）"共同语感"

人与人之间存在的共同的语感称为"共同语感"，用 G 来表示。"共同感"对于所有的人都是一定的，是语感和语感能力中的稳态部分，是一种稳态语感。任何一个人的语感（用 Y 来表示）都是有稳态部分和动态部分这两种成分的，所以，语感的公式是：

$$Y = G + C \qquad (Y：语感；G：共同感；C：差别感)$$

G 是稳态而不是静态，因为共同感并不是静止不变，只是相对稳定。随着时代、民族、国家的发展，随着人类的进步和世界的交融，"共同感"也会发生变化，这种变化也是稳态的共同的变化。

（三）第二语言习得理论

正迁移：主题词群将一个有主题中心的词汇网络提供给学生，可以作为学生已有知识的延伸。学生的知识背景和科学素养将促进他们的报刊新闻学习。从旧知获得新知。

有效联想：习得的过程中将知识之间的关系融会贯通，用积极有效的联想扩展知识面，获得更深入的理解。主题词群能促进有效联想，使相关学科的内容之间建立紧密的联系。

（四）语言教学理论与数字化对外汉语教学

数字化对外汉语教学是一个基于社会传媒的语言规划模型，包括语言自动控制体系、语言自动学习体系、语言知识自动反馈体系、文本的自动检测体系。

这四大体系构成了一个学习—反馈—控制—检测模型，可称为 LFCC 模型，

---

① 戴昭铭. 规范语言学探索 [M]. 上海：上海三联书店，2002：37-38.
② 陈原. 语言学论著：第 1 卷 [M]. 沈阳：辽宁教育出版社，1998：536.

简称语言的学习—控制模型，即 LC 模型。报刊新闻的主题词群研究正是基于学习、控制模型的理念，用信息处理技术将报刊新闻词汇控制在一个按层级划分的有效的范围内，通过学习和反馈，调整主题词群的规模和内容，然后可以用于文本的主题自动检测，以及单词表的自动输出，从而达到报刊新闻与时俱进的数字化教学的目的。

（五）动态语言知识更新理论

动态语言知识更新理论 1998 年由张普教授提出，该理论采用控制论的调控机制、社会语言学的监测方法和计算语言学的处理手段，对语言现象进行动态的观测、描述、分析、归纳。从而推动整个信息传播、知识更新体系的循环发展。由北京语言大学应用语言学研究所开发的动态流通语料库（Dynamic Circulation Corpus，DCC）是动态语言知识更新框架的一个具体体现。

"流通度"是一种语言现象在社会传播媒体中的流行通用程度。流行通用程度高，听得多，耳熟能详，人们就感觉能说；否则，就觉得耳生，不顺畅，不能说。

书面媒体和文本的流通度量化可以从以下一些方面进行。

1. 媒体的发行量

一个发行 100 万册和一个发行 1000 万册的媒体对于社会交际和语言的影响力是绝对不一样的。《人民日报》《中国青年报》《北京青年报》与一份销量不大的报纸的影响力，一部畅销书和一部非畅销书的影响力是不言而喻的。发行量可以定义为"流通量"，"流通量"与流通度成正比。

2. 媒体的发行周期

同样是较高的发行量，日报、周报、月刊、季刊、年鉴发行周期大大有别，流通度乃至使用度显然完全不一样。发行周期可以定义为"流通密度"，发行周期与"流通密度"成反比，周期越短，密度越大；"流通密度"与流通度成正比。

3. 媒体的发行地区

同样的发行量、同样的发行周期，只在本地发行和全国发行其影响力显然也不一样。发行地区可以定义为"流通空间"，从某种角度看，发行地区也是一种分布或散布，是文本流通在地域方面的散布。"流通空间"与流通度成正比。

4. 媒体的阅读率

媒体的流通度当然取决于流通量、流通密度、流通空间，但是一个读物印量再大，发行周期再短、发行地区再广，大家拿到手不读，也没有什么影响力，一些依靠权力派购的报刊就属于这一类。阅读率可以定义为"流通率"，阅读率高的文本才是真实流通的文本，才是对语言的发展有真正影响力的文本。目前的阅读率只能靠社会调查，将来网络电子版的阅读率计算可能会更方便。

流通度计算公式：

$$流通度 = 流通量 \times 流通密度 \times 流通空间 \times 流通率$$

二、研究基础

充分利用语料库语言学的研究成果。语料库已经成为语言研究的重要资源。中国主流报纸动态流通语料库（DCC 动态流通语料库）为本研究打下良好的基础。该语料库收集了通用领域和专业领域超过 10 亿字的语料，为语言学研究和语言信息处理研究提供了丰富的资源。对于报刊新闻教学研究而言，报刊新闻资源库的建设是当务之急，而主流报纸动态流通语料库为报刊新闻资源库的建设提供了研究平台。

术语的自动提取（automatic term extraction）已有扎实的研究基础。术语自动提取是指从特定的科学或技术领域的语料库中抽出专业领域的术语。这一做法的前提是术语经常在专业领域中出现，并且很少在其他领域中出现。术语的这一统计学特性使得术语自动提取可以在较少考虑语法或语义的情况下提取具有专业特征的词语。报刊新闻主题词群的提取采用的是术语自动提取过程中领域相减的方法。

中国主流媒体动态更新实验室已经获得了一系列研究成果。"基于关键短语的文本内容标引研究"（刘华研究项目）已经能做到用"关键短语"给文本的内容做标引。"突发事件信息提取研究"（杨尔弘研究项目）可以提取突发事件新闻报道中的关键词，从而掌握突发事件中的关键信息。

本研究采用了中科院自动化所提供的分词软件。该分词软件成熟高效，获得的切分词语正确率高，其后台工作词库不断动态更新，加入新词语。在和其他分词软件的实验对比中体现了该软件稳定高效的特点。

第四节　研究目标

本研究旨在对报刊新闻教学做一探索，以大规模动态流通语料库为母语料库构建报刊新闻分类资源库，从中提取分类主题词群。利用计算机信息处理技术，将语言信息处理成果应用于语言教学，以期提高对外汉语教学报刊新闻教学效果。

本研究立足于报刊新闻资源库的建设，重点在于对报刊新闻领域词语的研究。首先构建一个报刊新闻分类资源库，基于该分类资源库对报刊新闻词语按不同类别进行数据统计分析，得出分类词表，从中归纳出词语筛选的特点，以及对各类主题词群进行细化研究（词语的语法特征、词语搭配等）。

本研究充分利用已有语料库资源和信息处理资源为报刊新闻教学服务。所做的研究和创新可直接有助于汉语国际教育的各门课程。

第五节　研究内容

1. 以主流报纸动态流通语料库为基础构建报刊新闻分类资源库。
2. 各领域通用词表和领域专用词表的提取和研究。
3. 用领域相减的方法提取主题词语表。
4. 对主题词语表做研究，从中提取主题词群。
5. 关于主题词群的相关研究。

第六节　研究方法

1. 在动态流通语料库的基础上建设报刊新闻教学资源库。
2. 报刊新闻资源的分类。
3. 将各类文本进行分词处理之后整理出领域大词表。
4. 运用领域相交的方法获得各领域间的通用词表。
5. 词汇分离：将通用词语、共用词语、专用词语分离开。
6. 提取在某一领域内子领域间的共用词语表。
7. 领域相减。
8. 主题相关度实验。
9. 验证主题词群提取的准确性。

第七节　本研究的创新点和难点

创新点：

1. 构建了一个基于主流报纸动态流通语料库的汉语报刊新闻分类资源库。填补了对外汉语教学领域的一项空白。

2. 提取了一个可以根据不同领域调整的通用词表。通用词语的数量可以根据领域的不同而调整（从 2 个领域到 19 个领域的通用词语表）。

3. 提取不同层级的主题词群，19 个领域的主题词群（一级主题词群）；各子领域的主题词群（二级主题词群）；特定话题文本中的主题词群（三级主题词群）。

研究难点：

不同层级主题词群的提取及其研究（不同层级主题词群之间的关系——单文本主题词群和领域共用词以及子领域专用词语之间的关系；主题相关度的研究）。

第八节　研究意义

（一）有利于汉语分类主题词表的建设

为科学制定各专业领域的主题词表提供量化的依据，在词语聚类方面进行有效的试验。同时也为通用词表的制定提供科学的论证数据。

（二）有利于对外汉语报刊新闻教学改革的研究

本课题的研究可以进一步推动语言教学研究和现代教育技术手段相结合，对外汉语教学借助计算机和网络在数字化的网络平台上实现，是一个新时期汉语教材建设和教学改革的有益尝试。报刊新闻课的教学素材分类、主题词群分级，以及分领域主题词表的建设将直接有利于教学改革。

（三）有利于对外汉语教材的编写

从控制论的角度看任何一个教材都需要动态语言知识更新，要让教学内容最优化。如何筛选最经济的常用词汇，如何科学地判断文章的难易度，都是本课题的研究内容。需要用先进的科技成果为语言统计和分析服务。基于报刊动态语料库的报刊新闻语言的研究正是建立在科学的大规模的真实文本上的数据分析研究，得出的研究成果对汉语教材的编写有指导作用。

（四）有利于报刊新闻教学中最新的有效信息的提取

对外汉语教学的教学素材应该与时俱进，让留学生感受到中国社会最新的动态，在话题的选择以及语言表达上和母语使用者有最大限度的共同点。使留学生的语言使用更靠近目的语。

（五）有利于提高课堂教学效果，增强学生自学能力

构建基于主题词群的领域知识库，包含大量高流通的分类报刊新闻词汇，有利于提高课堂教学效果，帮助学生在最短的时间内掌握最有效的词汇和表达方式，同时增强学生的自学能力，解决在实际新闻听力和报刊阅读中的理解障碍。

第二章

国内外研究现状综述

第一节　关于语料库建设

汉语语料车的建立使汉语研究有了量化的基础。冯志伟先生在《中国语料库研究的历史与现状》一文中指出："语言学的研究必须以语言事实作为根据，必须详尽地、大量地占有资料，才有可能在理论上得出比较可靠的结论"。传统的语言材料的搜集、整理、加工完全依靠人工进行，不但费时费力，而且科学性、准确性有待质疑。语料库语言学（corpus linguistics）的形成为自然语言处理提供了更先进的研究方法和手段。语料库为语言研究者提供大量真实的语言材料，使人们对自然语言有更加深入的认识。各国学者利用语料库开展了大规模的语言研究，语言资源可以实现共享。语料库语言学已经成为语言研究的主流，正在对语言研究的许多领域产生重大影响。计算机语料库成为语言研究的一种普遍资源，已被广泛用于语言研究和语言工程。它为语言研究提供了容量惊人的语言材料和丰富全面的语言事实，使得语言研究能摆脱纯主观的经验判断，从统计和事实数据的角度来认识语言。

一、静态语料库和动态语料库

静态与动态实际上指的是语料的时间跨度问题，是一个共时与历时的对比概念。静态语料库是以某种方式采集的文本的静态集合，目的是成为整个语言或某一特定时期语言的一个代表，是一个时间段语料的共时集合。动态语料库是某一较长时期语料的集合，这一较长时期通常是几个时间段的连续体，它是历时的，可以提供一种方法来观察语言在时间轴上的发展变化。它还可以随时随着新文本的动态更新而及时扩充，源源不绝，与时俱进、自动更新。动态更新是指语言随着社会交际的变化，在较短的时间里，定期地或者即期地更新语言知识及其规范。

从 20 世纪 60 年代到 20 世纪末，语料库的发展走过了两大阶段。这两个阶段语料库最突出的特点是"静态性"。1961—1964 年在美国 Brown 大学建造的 BROWN 语料库是第一代语料库的典型代表。这个语料库对后来的语料库产生了深远的影响。Macquarie（1987）、LIMAS 现代德语语料库等基本上参照了 BROWN 语料库的建造规则。另一个著名的语料库是 1970—1978 年建造的 LOB 语料库，即"英国英语书面语语料库"。它的结构和规模跟 BROWN 语料库相似。语料库的采集范围和分类几乎和 BROWN 语料库保持一致。这两个语料库的规模虽然在 100 万词次左右，然而极大地推动了美国英语书面语和英国英语书面语的比较研究。进入 20 世纪 80 年代，计算机技术飞速发展，语料库的建设进入了一个新时期，这个阶段最大的特点是语料规模大幅度增加，语料加工更加深入。1980 年开始建造的"柯林斯伯明翰大学国际语料库"（Collins Birmingham University International Language Database— COBUILD）拥有 500 万词次，到 1996 年该语料库所包含的语料量已经扩展到 2 亿词次，成为世界上最大的语料库之一。此外还有 LONGMAN 语料库系统，由英国政府、学术单位、商业出版单位联合完成的"英国国家语料库"（BNC）、"国际英语语料库"（ICE）等。

从语料规模来看，这一时期的语料库基本上都是静态构成的，语料规模不会发生大的变化。这样的建造方式能满足对语言的共时研究的需要，能够在一定程度上部分反映当时语言使用的实际情况，但不能适应对发展着的语言现象进行跟踪研究的需要。因此到 20 世纪 90 年代，语料库的建设开始转向大规模真实文本。研究者们认识到语料库动态更新的重要性和必要性，建设了一批超大规模的语料库，并对之实施监控。COBUILD 语料库从 20 世纪 90 年代初开始扩展，到 2000 年容量已经达到 4 亿词次以上，成为一个监控语料库，实现了语料持续动态更新。另一个大型的英语语料库是"全球英语监控语料库"（The Global English Monitor Corpus），该项目 2001 年开始启动，用于研究和监控全球范围内英语的使用变化情况。监控语料库具备即时更新和自动监控的能力，能够随着语言使用的发展变化进行不断地调整，监控新的语言现象、新的语言变化，为语言研究提供最及时、最有效的支持。语料库的建设进入了动态的阶段。

动态语料库可以提供语言的历时描写，它提供了一种方法来观察语言在时间轴上的演变及其规律。动态流通语料库涵盖的主题领域全面，拥有较长时间跨度的大规模语料。基于对这种语料库的统计分析，可以观察到语言现象的发展状况，对语言的变化进行监测。

从 1995 年开始香港城市大学主持建造了中文"共时语料库"（LIVC）。这个语料库同步搜集北京、上海和中国香港、台湾、澳门地区，及新加坡共六地中文报纸和电子媒介上的汉语语料和词汇。对汉语词汇的地域对比做了很大的贡献。香港城市大学汉语共时语料库统计结果表明：新的名词的增长和旧的名词的消亡平均每年都有约 60% 以上的比率。而且，产生变化的不仅仅是专有名词，其中还包括有"其他"类的新词语。

"动态流通语料库"由北京语言大学 DCC 博士研究室建立和管理。该语料库的特点是：语料的动态性；流通性。动态流通语料库的语言时间观是：历时中包含有共时与共时中包含有历时。基于 DCC 动态流通语料库（历时语料库）进行的 2002—2020 年"主流媒体流行语"发布就是典型的"历时中包含有共时"研究，是国家语言监测内容之一。每一年的流行词语都代表了这一年度发生的新现象、重大事件、社会焦点，而通过历时的观察和研究，可以看到词语消长的轨迹。现代大众传媒具有传播迅速、传播信息量巨大的特点，对公众具有强大的影响力，一种新的语言现象流通范围之广、受众面之大、传播之迅捷已超出人们的想象。"一夜走红"对于新的词语来说也同样适用，如：低碳、双赢、文化自信、硬核、断舍离、夜经济、5G、"996"、网红、网上直播等。因此报刊新闻主题词群的研究也充分吸收了动态流通语料库的研究成果。

在对外汉语的新闻报刊教学研究方面，特别需要计算机语言学方面的知识和技能来处理书面文本，利用计算机信息检索从大量的文本数据中检索出某一主题的文章及关键词，建立报刊新闻分类资源库，进行文本的提取和分类，可以支持新教材的编写以及制作电子教案。这些计算语言学的成果和方法都可以在语言教学和研究过程中充分利用。从科学性、动态性和准确性的角度而言，报刊新闻教学研究迫切需要报刊动态资源库以及相关技术手段的支持。报刊动态资源库能够提供最新的有代表性的文本，及时更新教学内容。从报刊新闻资源库中得出新闻主题词群表，高频的报刊新闻基本词汇为新闻教学语言提供了受限的范围。在资源库以及主题词群表的参照下可以编写数字化的新报刊新闻教材及辅助备课软件，建设现代化的教学平台。

二、主流报纸动态流通语料库

主流报纸动态流通语料库（Dynamic Circulation Corpus）是由张普教授主持，北京语言大学应用语言学研究所及教育部平面媒体监测中心 DCC 博士研究室共同开发的。以检测、描述语言现象，发现、提取并动态监测更新语言知识为目的，具有动态性和流通性的特点。它是动态语言知识更新理论的实验平台。动态流通语料库的核心理念在于与时俱进、动态更新。它将随时关注社会生活和语言运用的变化情况，为人们从历时和共时的角度把握语言发展变化的规律提供理论和实践上的支持。动态流通语料库从 2001 年开始收集 15 家主流报纸语料的工作，19 年来已累计近 50 亿字的语料，经过日臻完善的加工处理，蕴藏着丰富的语言知识和信息，是一个很好的语言学研究的资源平台。

本课题基于北京语言大学应用语言学研究所的 DCC 动态流通语料库，以该语料库中的 15 家中国主流报纸的语料为研究材料，对外汉语报刊新闻教学内容与中国主流报纸语料库之间的关系十分密切：报刊新闻课的教学目的是培养和提高学生阅读中国报刊的能力，能够基本读懂一般性的中国报刊，使学生具备一定的快速阅读和查找信息的能力，以及较强的跳读、猜读和一定的概括、提炼内容梗概的能力。教学内容是阅读涉及中国政治、经济、外交、外贸、法律、文教、青年、妇女、婚姻、人口、就业等多种题材、体裁和语言风格的文章，让学生了解中国目前的社会经济现状以及发展趋势。现有的对外汉语报刊新闻教材语料大多选自中国的主流报纸。以北京语言大学 2006 年版教材为例，二年级下册共 128 篇阅读文章中，《人民日报》38 篇，《人民日报海外版》20 篇，《经济日报》16 篇，《中国青年报》17 篇，《北京青年报》15 篇，《法制日报》4 篇，《北京日报》3 篇，《北京晚报》2 篇，《中国妇女报》《中国教育报》《文汇报》各 1 篇。

DCC 动态流通语料库的语料来源于 15 家中国主流媒体：《北京青年报》《北京日报》《北京晚报》《法制日报》《光明日报》《环球时报》《今晚报》《经济日报》《南方周末》《人民日报》《深圳特区报》《新民晚报》《羊城晚报》《扬子晚报》《中国青年报》（以音序排列）。各报纸的发行量参考了《中国新闻年鉴（2003）》，2004 年 6 月在伊斯坦布尔第 57 届世界报业协会的报告《世界报业趋势（2004）》，部分报纸发行量来源于报刊资讯网，个别报纸发行量数据来自该报业自行公布的数据。因此基于 DCC 的主流报纸的研究结果可以作为报刊阅读的导航。

三、主流报纸动态流通语料库的功能和成果

动态流通语料库的功能有以下方面。

1. 统一的浏览平台。整个平台有统一的资源管理系统和检索系统。

2. 完整的文本资料。网页文件被转换成文本文件后，以统一的格式存放为专门的文本库，方便各种后续处理和研究。

3. 丰富的统计信息。包括对原始文本的各种管理统计信息和字、词、语研

究的统计信息。

4. 可伸缩的设计结构。可随意增、删、改语料库的各个模块，自由扩展研究领域。保证数据的一致性和继承性。

5. 简便快捷的数据计算。采用 SQL Server2000 数据库系统，所有内容以数据库的形式存在，各种大规模的计算都在数据库内完成。

该流通语料库已经产出的研究成果：

1. 教育部科学技术研究重点项目"基于第三代语料库的通用领域报纸词汇动态词表研究"。

2. 教育部人文社会科学研究项目"信息技术领域术语自动提取研究和形式化研究"。

3. 国家语委十五规划项目"中国报纸十大流行语跟踪与发布研究"。已于2003 年 1 月至今成功进行了 17 次发布，取得了良好的社会效应。

4. 教育部语言文字研究所汉字与汉语拼音研究室《规范汉字表》课题组委托 DCC 博士研究室进行的字频统计工作。

5. 关键短语提取研究。

6. 字母词语提取研究。

7. 语料库资源平台和管理平台已初步建成。

因此，本研究基于主流报纸动态流通语料库以及上述各项研究成果的基础上，结合对外汉语报刊新闻教学自身的特点，建设了一个动态报刊新闻资源库。在该资源库的分类框架下对报刊新闻的不同领域词语做提取研究。从中可以得到：各领域间的通用词表、各领域内的共用词表、子领域的专用词表，特别是该资源库对进一步深入的主题词群研究提供了极大的支持。

第二节　现代汉语词汇的发展变化

国际上大型工具书、词典都会经常更新修订，比如《牛津大辞典》《韦氏大词典》等都历经数次修订，每版都相应增删不少词条。从《现代汉语词典》的修订过程可以看到现代汉语词汇发展变化的轨迹。第一版 1978 年 12 月正式公开发行，收词 5.6 万条。1983 年 1 月第二版收词 5.6 万条。1996 年 7 月第三版收词 6 万条（删去旧词 4000 条，新增 9000 余条）。2002 年 5 月第四版收词 6.1 万条，增加新词新义 1200 余条。"素质教育""知识经济""纳米技术""蓝牙""宽带""转基因""沙尘暴""基尼系数""空气质量"等新词语被收录其中。

2005 年 7 月第五版收词 6.5 万条，增加 6000 余条新词，删减旧词约 2000 条。"搞笑""面膜""作秀"等词语被收录。2012 年的第六版收词 6.9 万条，新增"雷人""给力""ECFA""PM2.5""低碳""北漂""潜规则"等近 3000 条词语。2016 年 9 月发行的第七版新增 400 多条新词语，如"逆天""暖男""网银""文青""笑点""学霸""颜值""医闹"等。《现代汉语词典》的数次修订标志着现代汉语词汇在发展过程中的不断更新。根据近年来社会生活、科学技术以及人们思想观念的发展变化增收新词语。如住房出行类有产权证、房贷、廉租房、屏蔽门、交强险、酒驾、代驾等；新式生活类有扫货、代沟、塑身、美甲、网购、自驾游、自由行、移动办公、裸婚、闪婚、闪离；社会群体类有北漂、草根、社工、达人、独董、愤青、名嘴、蚁族、月光族等；网络世界则有闪存、网络语言、博客、播客、超媒体、电子政务、内联网、微博、云计算等；经济领域有产能、产业链、客服、负资产、私募、后工业化、期权等；政治类有德治、反恐、和谐社会、跑官、扫黄、双规、以人为本等；影视演艺类包括丑星、动漫、个唱、作秀、偶像剧、星探等；医药卫生类包括非典、强迫症、帕金森综合征、禽流感、食疗、苏丹红等；社会管理类包括三险、住房公积金、医保、医改、维稳、民调、征信等。

删减的 2000 词条主要包括以下几个方面。纯文言词，如"携贰"（有二心、离心）、"阉寺"（宦官）等。使用地区狭窄的方言词，如"白相人"（游手好闲、为非作歹的人；流氓）和"地根儿"（根本；从来）等。过时的音译词，如"苦迭打"（政变）、"梵亚铃"（小提琴）等。反映过时的事物，现在已不再使用的词，如"帮口"（旧社会地方上或行业中借同乡或其他关系结合起来的小集团）、"地财"（土改时期指私人埋藏在地下的财物）、"撤佃"（地主强制收回租给农民耕种的田地）等。

新词新义来源于很多方面：普通话、方言、科技术语、简称、合称和缩略、外来词、古语词等。如板块、下课、硬着陆、越位、蒸发、置换、主旋律、电邮、彩显、寻租、路演、蓝牙、猎头、热键、耄耋、尘埃落定等。《现代汉语词典》收录新词新义主要从大众传媒而来。有的出现于常见的报纸、刊物，有的出现于广播、电影、电视，有的多见于计算机网络中。利用网络和语料库收集新词语是科技进步的产物，为词典编写者提供了方便。利用现代化手段处理词典的收词或增补词语的问题，更为迅速、全面地反映语言中词语的发展变化。

词语选入《现代汉语词典》的一个最基本的标准是：在目前社会语言生活中使用频率较高，能够生动反映当前的政治生活、经济生活、日常生活的词语。所收新词新义具有普遍性和稳定性的特点。现代汉语词汇的发展和变化体现了中国社会各方面的发展变化，也反映了人们思想观念、行为方式的变化。大众传媒对民众语言使用的影响极大，几乎成为人们天天耳濡目染的语言教学。对外汉语教学中报刊新闻的教学重点应该是具有普遍性和稳定性的词汇。本课题的设想是汇集分类的（按主题划分的）流通度高的主题词群，主题词群具有普遍性、稳定性、时代性，包括最新的实用性词汇（新词语、流行语、字母词等），使教学内容更有效，也更有针对性。

第三节 词语的频度、使用度、流通度

一、词语的频度

频度（frequency）是对一种语言现象在一定的环境中出现次数的统计。它以最简单直观的方式反映了语言现象的存在和使用情况。

二、词语的使用度和通用度

散布度是指对词语散布的文本数的考察数据。词语散布的文本越多，说明词语的使用范围越广。反之，词语散布的文本越少其专业性越强，有可能是某一领域的专用词语。

使用度（usage）是综合词次、类（该词语在不同的语料类）、篇（不同的篇章）三方面的因素，按一定计算公式得出的压缩了的词次。（《现代汉语频率词典》）常宝儒指出"使用度"考虑了词语的出现次数，在不同的篇章和不同的语料类中分布的因素，是个类、篇、次相综合的概念，在衡量词语的常用性上比单纯以出现频次多少为标准更合理。

通用度（currency）是指词语在语言应用的各个领域里常用性的综合指标。通用度兼顾到词语的分布率和频率两个方面，并且把两者有机地结合起来。通用度的基本计算公式如下。

假设把抽样材料的全部语料分成 k 组，每组的语料数量大致相等。某一个词在 1，2，…，k 组的出现次数分别为 n_1，n_2，…，n_k，则该词的通用度定义为：

$$T = \left(\sqrt{n_1} + \sqrt{n_2} + \cdots + \sqrt{n_k} \right)^2 / k \tag{1}$$

T 为某词的通用度。K 为抽样统计的全部语料的分组数，而且每组的语料量大致相等。n_1，n_2，…，n_k 为该词在各组中分别出现的次数。分组的标准可以是

空间，也可以是时间。

公式（1）为通用度的基本公式。公式右边的所有变量均为正整数，左边的通用度 T 只能是正的实数，而不一定是整数。

通用度公式的性质如下。

①当各组的出现次数相等时，即分布达到最均匀时，通用度取最大值。这个最大值恰好就是频度的值。

②分布由均匀逐渐向不均匀变化时，通用度的值逐渐变小。

③当只有一组的值不为零、其余各组均为零的时候，分布达到最不均匀，这时通用度取最小值。最小值＝频度值/组数。

现在把通用度公式的基本性质表达成数学形式。假设把抽样材料的全部语料分成 k 组，每组的语料数量大致相等。某一个词在 1，2，$\cdots$，k 组的出现次数分别为 n_1，n_2，$\cdots$，n_k，设 $N = n_1 + n_2 + \cdots + n_k$，称为这个词的频次。则这个词的通用度和频次之间有如下重要关系：

$$\frac{N}{k} \leqslant T \leqslant N \tag{2}$$

公式（2）代表通用度的一个重要性质：在 N 保持不变的情况下，通用度 T 的值在 N 与 N/k 之间由大到小的变化。当 $n_1 = n_2 = \cdots = n_k$ 时，T 取最大值 N。当 n_1，n_2，$\cdots$，n_k 中只有一个不为零，而其余的值均为零时，T 取最小值 N/k。

使用度和通用度考虑了语言现象的空间分布和时间、空间分布，比频率统计更能反映语言现象的实际情况。比上述两者更为全面反映语言现实的是流通度。流通度计算的结果强调不同媒体的语料或者语料库的不同部分对语言现象的代表能力不同，因而将语言现象的统计分析向真实的语言运用迈进了一步。

三、词语的流通度

"流通度"是动态流通语料库中研究词语的重要参数。要考虑媒体的属性，这是关于媒体的真实流通的一些量化的标准，比如媒体的发行量、发行周期、发行地区、阅读率等，这些都和刊载于该媒体的文本的流通度有关。除此之外，影响到文本的流通度的因素还会有版面、版面中的位置、标题字号、是否通栏等。这样流通度就不仅考虑到文本的领域散布、时间散布，更考虑到文本的真实流通因素。

流通度与频度、使用度、通用度既有关系也有区别。就词语而言，从频度、使用度、通用度到流通度的量化依据，在词次、文本散布系数、时间散布系数和文本流通度测量方面，正好是不断增加的关系，如表 2 – 1 所示。

表 2 - 1 流通度的量化依据

	重复次数	文本散布	历时散布	文本流通度
频度	+			
使用度	+	+		
通用度	+	+	+	
流通度	+	+	+	+

流通度的计算。

流通度考察语言在社会交际中的真实使用情况，有自己的计算公式。决定语言的流通度的主要因素仍然是语料库的选材，选材不仅要考虑到静态的分布、散布，还要考虑这以外的动态因素，即要考察所选文本的发行量、发行周期、发行地区、阅读率等。这些与社会语言学有关的因素都决定着文本是否真实流通，我们认为所谓"真实文本"的最重要最核心的问题是文本的"真实流通"。

目前 DCC 动态流通语料库主要进行报纸媒体的语料加工，流通度以 Ct 代表。我们主要考虑了发行量、发行周期、发行地区、阅读率等因素。

媒体的发行量：流通量（the volume of circulation）以 Vc 代表；

媒体的发行周期：流通密度（the density of circulation）以 Dc 代表；

媒体的发行地区：流通空间（the area of circulation）以 Ac 代表；

媒体的阅读率：流通率（the frequency of circulation）以 Fc 代表。

流通度的计算公式：Ct = Vc · Dc · Ac · Fc · …

即：流通度 = 流通量 · 流通密度 · 流通空间 · 流通率 · …

1. 媒体的发行量：发行量可以定义为"流通量"，"流通量"与流通度成正比。

2. 媒体的发行周期：日报、周报、月刊、季刊、年鉴等。发行周期可以定义为"流通密度"，发行周期与"流通密度"成反比，周期越短，密度越大；"流通密度"与流通度成正比。

3. 媒体的发行地区：定义为"流通空间"。发行地区是文本流通在地域方面的散布。"流通空间"与流通度成正比。

4. 媒体的阅读率：定义为"流通率"，阅读率高的文本才是真实流通的文本，才是对语言的发展有真正影响力的文本。

媒体包括传统的报纸、广播、电视，也包括新兴的网络媒体。从语料获得的途径来看，新闻、书报刊等平面媒体，广播电视等有声媒体以及网络媒体可以作为考察词语流通度的对象。目前我们的研究基础亦仅限于 15 家主流报纸的语料，因此本研究仅考察报刊新闻语料的流通情况。

　　报刊新闻主题词群的提取既参考词语的频度，也参考使用度、流通度数据。其能够较为真实地展现词语在现代大众媒体中的使用和流通情况，使留学生学到最有用的词汇，从而能够排除或减少在现实的新闻听力和报刊阅读中的词汇障碍，能够突破报刊新闻的词汇瓶颈。

第四节　有关词和语的研究

一、关于词

　　词："语言里最小的、可以自由运用的单位"（《现代汉语词典》）。收不收入词典，要依据"结合紧密，使用稳定"一条标准，这条标准可操作性不强，语感因人而异，所以有关词和语的判定屡有争议。为了回避"词"和"语"难于划界的问题，出现了一些新概念如"块""语块""语义块""结构串""字符串""有效字符串"等。

二、关于语

　　语是指短语，也就是词组。收入词典的一般是指那些"结合紧密，使用稳定"经常被当作一个词来使用的固定短语，包括成语、谚语、歇后语、术语，等等。黄伯荣先生的《现代汉语》教科书中说："词汇又称语汇，是一种语言里所有的（或特定范围的）词和固定短语的总和。"

三、提取报纸语料中"语"的必要性

1. 词和语

　　词语是交际（表达和理解）中言语（话）的结构单位，即结合紧密、使用稳定的"词"和"语"。有三个相关概念："词""语""结合紧密，使用稳定"。

　　词和语的区别是：

　　　　　　　　　　词 = 最小、能独立运用、可以构词

　　　　　　　　短语 = 词 + 词

　　　　　　　　　　 = 词 + 短语/短语 + 词/短语 + 短语

2. 有关"结合紧密，使用稳定"

"结合紧密、使用稳定"完全是人的一种语感。如果没有量化的操作标准，无法判断哪些"语"是固定短语，应该收入"语表"。如"安全生产、朝阳产业、三个代表、三峡工程、红色通缉令、反恐行动、埃博拉病毒、高致病性禽流感 H5N1、走有中国特色的社会主义道路、保持共产党员先进性教育、中国梦、一带一路、社会主义核心价值观"。这些"语"的结合是非常紧密的，使用也是非常稳定的，同样也是十分固定的词组。最重要的是它们的频度、使用度、流通度常常是高于一般的熟语，甚至远高于已经收入词典的偏僻词语，它们的语义和语用更像一个"词"。所以，我们拟采用相似于公众的共同语感的流通度来衡量是不是"结合紧密、使用稳定"，采用历时流通度曲线来衡量词语的"成熟度"。

3. 关于"语"的提取研究

"语"是一个交际（表达、理解、阅读）的话语结构单位，是一个认知的单位。我们接受认知科学的组块（chunking）的概念，组块就是已经从"短时记忆"进入"长时记忆"的结构单位，无论它们是"词"还是"语"，语感上都是"固定"的。不过根据经济的原则，语言作为交际的工具，总是追求简单、便捷的，大多取短，如非典型性肺炎——非典，城市居民最低生活保障——低保，保持共产党员先进性教育——先进性教育，申办世界博览会——申博，中国证券监督委员会——证监会。

国外的语言学研究也对新词语相当重视，权威词典屡次修订，增加很多时代性强的新词，还有专门的新词研究以及动态更新的网站。《中国日报》（*China daily*）提供了新词查询，并随时更新热词。如有关经济的热词（hot words）：

城镇居民最低生活保障　　a minimum standard of living for city residents

金融监管　financial regulation

人民币升值　appreciation of the RMB

秉公执法　enforce laws impartially

就业再就业　employment and reemployment

劳动力资源配置　allocation of labor resources

资产置换　assets swap

公共卫生设施　public health infrastructure

打破垄断　breakup of monopoly

连锁经营　chain‐store operations

购物车　shopping trolley

清洁安全生产　　clean and safe production

健康及意外险　health and casualty insurance

速递业务　　express delivery services

虚拟市场　　virtual mark

宣告破产　　declare bankruptcy

贸易战　　trade war

免税商店　　duty – free shop

实际使用投资　　actual utilized investment

垄断行业　　monopolized industry

汽车金融公司　　auto financing company

进出口总额　　total volume of foreign trade

进口税　　import duty

社会保障基金　　social security funds

信用评级　　credit rating

廉价商店　　discount shop ; budget store

廉价市场　　bargain market

外部环境　　external environment

配给制　　rating system

批发价　　wholesale price

互惠互利　　reciprocity and mutual

互通有无　　supply each other's needs

金领工人　　gold – collar workers

灰领工人　　gray – collar workers

劳务市场　　labor market

商业道德　　business ethics

销售渠道　　distribution channel

协定关税　　agreement tariff

企业凝聚力　　cohesive force in enterprise

企业文化　　corporate culture

现金外流　　cash drain

现行利息　　current interest

渣打银行　　the Chartered Bank

一级市场　　primary market

二级市场　　parallel market

在日常生活中，特别是商务活动中，这些词语的使用比一般词汇的使用更加凸显商务特色。

4. 基于动态流通语料库的"语"研究

动态流通语料库的语料来源于中国主流报纸媒体，在动态词语提取研究方面，主要进行了流行语的提取与发布研究，字母词语的提取与考察研究，基于关键短语的文本内容标引研究，主流报纸媒体词语表提取研究等。这些都属于基于动态流通语料库的"语"的研究。

2002—2020 年主流媒体流行语的提取与发布研究。

流行语是指在一定时期内，某一地域或者某一人群中迅速传播、盛行的词汇。主流媒体流行语是指在一定时期内，在报纸、电视、广播、网络等大众传媒受众中迅速传播、盛行的语词。它的定期发布是语言动态监测工作的重要部分，具有重要的学术价值和深广的社会文化意义。

《现代汉语词典》各修订版中不断加入的"炒股""单身贵族""当红""粉领""黑哨""拒载""另类""埋单""排行榜""票房""前卫""上班族""上网""刷卡""天价""下课""性骚扰""追星族""作秀"等众多词语，都走过"流行语"阶段。当某个流行语的流行范围扩大到各个社会阶层后，特别是频繁地出现在现代媒体中，它就具备了成为新词语的一定条件，就有可能成为新词语。"三个代表、红色经典、科学发展观、审计风暴"等词语已经通过媒体的传播为大众广为知晓。从社会语言学的角度而言，一个流行词语的产生、发展到成为新词语的过程揭示了一种新事物和新的社会现象已经积淀成为我们社会生活中的一部分。语言的生命力往往体现在新词语的繁荣和发展上，中国改革开放 40 年来走过了社会的巨大变迁，反映在语言上就是"文革"时期政治词语的消亡和在新的时代新生事物、新现象、新科技的不断产生。

自 2002 年起，北京语言大学应用语言学研究所开始进行报纸流行语的研究。2004 年 6 月，流行语的动态跟踪研究纳入国家语言资源监测与研究中心的研究任务中。2006 年，平面媒体语言分中心首次和有声媒体语言分中心联合进行了流行语的提取。2007 年，平面媒体语言、有声媒体语言、网络媒体语言三个分中心联合提取流行语。到 2020 年，主流媒体流行语的提取工作一共进行了18 次。

流行语的提取语料来源于国家语言资源监测与研究中心平面媒体分中心 15家主流报纸语料库、有声媒体分中心 7 家主流广播电台和 12 家主流电视台的有声语料库。发布的流行语分为综合类、国内时政类、国际时政类、经济类、科技类、文化类、体育类、社会生活类、医疗卫生类、自然灾害专题和台湾专题等领域。

（2）2002—2020 年提取的综合类年度流行语。

2002 年度中国主流报纸的十大流行语：十六大、世界杯、短信、降息、反恐、数字影像、姚明、车市、CDMA、三个代表。

2003 年度主流报纸十大流行语：非典、神舟五号、伊拉克战争、全面建设小康社会、十六届三中全会、三峡工程、社保基金、奥运公园、六方会谈、新一届中央领导集体。

2004 年度主流报纸流行语：执政能力、雅典奥运、刘翔、审计风暴、零关税、科学发展观、失地农民补助、反分裂国家法、中法文化年、海啸。

2005 年度主流报纸春夏季流行语：和谐社会、同一个世界 同一个梦想（one world one dream）、食品安全、保持共产党员先进性教育、千手观音、（连宋）大陆行、高考移民、门票涨价、股权分置改革、颜色革命。

2006 年度中国报纸、广播、电视十大流行语：和谐社会、社会主义新农村、青藏铁路、自主创新、社会主义荣辱观（八荣八耻）、中非合作论坛、长征精神、消费税、非物质文化遗产、倒扁。

2007 年度主流媒体十大流行语：十七大、嫦娥一号、民生、香港回归十周年、CPI（居民消费价格指数）上涨、廉租房、奥运火炬手、基民、中日关系、全球气候变化。

2008 年度主流媒体十大流行语：北京奥运、金融危机、志愿者、汶川大地震、神七、改革开放 30 周年、三聚氰胺、降息、扩大内需、粮食安全。

2009 年度主流媒体十大流行语：新中国成立 60 周年、落实科学发展观、甲流、奥巴马、气候变化、全运会、G20 峰会、灾后恢复重建、打黑、新医改方案。

2010 年度主流媒体十大流行语：地震、上海世博会、广州亚运会、高铁、低碳、微博、货币战、嫦娥二号、十二五规划、给力。

2011 年度主流媒体十大流行语：中国共产党建党 90 周年、"十二五"开局、文化强国、食品安全、交会对接、日本大地震、欧债危机、利比亚局势、乔布斯、德班气候大会。

2012 年度主流媒体十大流行语：十八大、钓鱼岛、美丽中国、伦敦奥运、学雷锋、神九、实体经济、大选年、叙利亚危机、正能量。

2013 年度主流媒体十大流行语：三中全会、全面深化改革、斯诺登、中国梦、自贸区、防控识别区、曼德拉、土豪、雾霾、嫦娥三号。

2014年度主流媒体十大流行语：依法治国、失联、北京 APEC、埃博拉（Ebola）、一带一路（One Belt and One Road）、巴西世界杯、沪港通、占中、国家公祭日、嫦娥五号。

2015年度主流媒体十大流行语：抗战胜利70周年、互联网+、难民、亚投行、习马会、巴黎恐怖袭击事件、屠呦呦、四个全面、大众创业 万众创新、互联互通 共享共治。

2016年度主流媒体一大流行语：长征精神、两学一做、G20杭州峰会、南海、里约奥运会、脱欧、美国大选、亲信干政、天宫二号、阿尔法围棋。

2017年度主流媒体十大流行语：十九大、新时代、共享、雄安新区、金砖国家、人工智能、人类命运共同体、天舟一号、撸起袖子加油干、不忘初心、牢记使命。

2018年度主流媒体十大流行语：宪法修正案、命运共同体、进博会、贸易摩擦、锦鲤、板门店宣言、立德树人、一箭双星、幸福都是奋斗出来的、改革开放四十周年。

2019年度主流媒体十大流行语：我和我的祖国、金色十年、学习强国、中美经贸磋商、最美奋斗者、硬核、垃圾分类、先行示范区、基层减负年、我太难了。

上述发布的主流报纸的流行语大部分属于"语"的范畴，是基于国家语言资源监测动态语料库，利月语言信息处理技术，结合人工后期处理提取、筛选而获得的。这些新的短语的产生有很强的时代性，是中国社会发展进程的纪录，是报刊新闻中的热点词语。因此报刊新闻主题词群研究也将重视对"语"的考察。

此外，基于国家语言监测动态语料库的"语"的提取研究还包括：隋岩、杨建国研究项目"动态流逝词语表的提取"，王强军的"IT术语提取与研究"，郑泽之的"字母词语的提取与考察"，等等。

第三节　关于词语的分类

词语的分类有多种角度。除了传统的语法分类外，从现有的一些对外汉语教学大纲和辞典来看，词语可以从功能来分类，也可以从主题分类。

一、功能分类

以功能分类的可见《对外汉语功能大纲》，初级功能大纲共选用 121 个功能项目。该大纲将对外汉语的常用词汇按照使用功能的不同划分成 32 类，包括：称呼、问候、赞美、吃惊、失望、愤怒、伤心……

功能词语举例：赞美——称赞，表扬，青睐，赞叹，刮目相看。

中高级功能大纲列出 152 项，归纳为七大类。

1. 社交活动中的表达功能：打招呼，问候，寒暄，介绍，送别，祝愿，祝贺，欢迎，邀请，接受，拒绝，约定，商量，称谓，礼让，馈赠，挽留。

2. 对客观情况的表述。

3. 对理性认识的表达。

4. 对主观情感的表达。

5. 对道德情感的表达。

6. 表达使令功能。

7. 交际策略的表达。

从功能的角度而言，词汇的分类主要是为了完成某一语言交际任务。把相同意义或相关意义的词聚在一起，在表达的时候就能够使用最有效的和主题相关的词汇。

二、主题分类

商务印书馆出版的《成语分类辞典》中成语的分类。

政治军事类：政务、法纪、兴盛、动乱、衰败、革新、保守、团结、分裂、战争……

社会生活类：经济、衣食、住行、富贵、贫贱、节俭、浪费、利禄、得失、祸福……

文教卫生类：文艺、写作、言谈、教育、健壮、衰弱、病患……

学习工作类：学习、技能、思索、查究、方法、勤奋、怠惰、专心、涣散、经验……

思想作风类：实践、正确、谬误、主动、被动、肯定、否定、志向、固执、果断……

品性才貌类：无私、自私、忠贞、叛逆、坚毅、动摇、高雅、庸俗、卑劣、诚实……

情感友谊类：喜乐、憎怒、悲哀、怨恨、愁苦、感动、思念、亲热、冷淡、珍惜……

状态变化类：新鲜、陈旧、平常、异常、繁杂、难易、优劣、变化、强弱、程度……

环境自然类：景物、场所、时间、时令、气象、地理……

此外，外语教学与研究出版社的《新闻英语分类辞典》中报刊新闻词汇的分类也包括政治、经济、军事、科技、文化社会生活、体育、教育、医疗卫生等方面。

无论是以功能分类还是以主题分类，目的都是让学生能够在一个中心线索的带领下学习相关联的知识，使词语不再是孤零零地显现，而是成群地显现，有利于学生的记忆和选择。学生可以运用丰富的词语进行表达。

然而，上述的词语分类只是从大的领域框架上来罗列的，而没有细化到子领域甚至单一主题的主题特征词语，所以每一类的词语量相当大，也造成了因为词语太多而无从选择的局面。留学生的汉语学习更重要的是如何面对一个主题进行表述，在这个主题中最有效的表达形式不但包括词、短语，也包括固定结构、句式、新的表达形式，等等。所以，对学生来说需要一本有效的分层级的主题词群学习词典，词典是按主题分类的充分体现主题特征的词语集合。这样的词语集合对留学生的阅读、写作、话题表达、热点评论等都会有一定的帮助。

三、关于词表和主题词表

（一）词表研究

国内外对词汇和词表的专门研究开始得比较早。1898 年德国学者 Kaeding 编制了世界第一部频率词典《德语频率词典》；1920 年英国学者 Ogden 和 Richards 用直觉的语感开始拟定词表，并开始重视词汇的学习与教学研究，提出了含有 850 个英语单词的"基础英语"（Basic English），宣称这 850 个单词足够用来表达人类思维活动的一切内容，也可以给语言中的一切词下定义。Henry 在语言学改良运动（Reform Movement）中提出利用统计的方法来研究词表；Michal West 1930 年在他的《谈论外语的词汇》（*Speaking – vocabulary in a Foreign Language*）一文中明确提出，学习外语最重要的事情就是词汇的获得和使用，然而哪些词汇应该学习，现今却没有一本通行的教科书试着解决这个问题。所以他认为学生应该学习有用的词汇，而且要掌握这些词汇，提出用 Thorndike's 的词汇频度表作为学生学习用教材的词汇选择和排序依据。1953 年 West 出版了 2000 标题字的《通用英语词汇表》（*A General Service List of English Words*）；1971 年

Carroll、Davies 和 Richman 依据 500 万中小学教科书语料编著了 *The American Heritage Word Frequency Book*；1982 年 Francis 和 Kucera 根据 The Brown 和 LOB 等语料库建立了词表，等等。

Nation 和 Waring 提出拟定高频词表的准则。

1. 词汇所依据的语料库必须具有充分的代表性，覆盖的语言使用范畴较广。

2. 语料的来源不但考虑文本材料，也要考虑真实的口语语料。

3. 必须考虑词汇的频度和分布状态。

4. 必须考虑成语和习惯用语。

5. 必须考虑词汇所含的信息范畴，包括词汇的最基本的意义、词义和搭配关系的变化。

6. 其他标准，包括词汇学习的难易度（ease or difficulty of learning）、必要性（necessity）、适用度（cover）、文体和感情色彩（stylistic level and emotional words）。

Batia Laufer 和 Deville 研究第二语言学习的词汇阈值问题，研究结果表明 3000 生词、5000 词语是通过 EFL 考试的最低词汇量（Laufer & Deville，1985）。

Paul Nation 和 Jonathan Newton 以教学教材和学术文献为基础研究了词汇排序的问题，提出了四个分级：高频度词汇、学术专用词汇、技术专用词汇和低频度词汇。认为除了 2000 高频的通用词语（GSL—A General Service List of English Words）必须学习以外，学习者所要学习的词汇要根据他自身的学习目的来决定。假若学习者有希望在学术方面发展的特别意愿，那么他应该学习学术专用词汇。

上述研究为对外汉语报刊新闻教学词表的建立提供了有益的基础。目前欧美及其他国家第二语言研究正不断朝着各种不同的个案研究发展，个案研究对象划分很细，既有国别化的研究，也有针对专业领域的术语研究，如航空专用词语、经贸专用词语、石油勘探专用词语、计算机术语等，以满足不同学习者的需要。

（二）国内关于词表的研究

一个好的词表，对于语言学理论、语文教学、计算机信息处理、词典编纂、机器翻译等领域都具有极其重要的意义。一个好的词表提取方法，也必将为语言信息处理的发展提供新的思路和强有力的支持。对计算语言学而言，从最基础的分词工作到综合运用之一的机器翻译，可以说，几乎每一个具体的应用领域都离不开词表，词表质量的优劣有时候甚至会对研究的进展和成果产生决定性的影响。因此，得到一个理想适用的词表就成为诸多语言信息处理界研究者都梦寐以求的事情。

对语言教学而言，在汉语教学中，特别是在汉语作为第二语言教学的基础阶段，究竟应该选择哪些词语最先教给学生？现代汉语中哪些词是最常用的？哪些是次常用的？这些问题一直困扰着一批又一批的对外汉语教师。我们的教师在设计教学大纲、编写教材时遇到这些问题，往往只能凭借主观经验。汉语的最低限度词汇量有多大？一个外国留学生至少要掌握多少词汇，才可以同一个中国的高中毕业生水平大致相当，能够适应在大学听课、进行专业讨论和书面阅读的需要？这些都是汉语教学界共同面临并亟待解决的问题。

许多学者为此做出了巨大的努力，并取得了很大的成绩。1992 年，《汉语水平词汇与汉字等级大纲》正式出炉，这本大纲可以看作我国对外汉语教学在词汇分级上的一座里程碑。该大纲的主要用途是作为对外汉语教学总体设计、教材编写、课堂教学和课程测试的主要依据；同时也作为我国少数民族汉语教学、中小学语文教学及方言区的普通话教学的重要参考。《大纲》总计收词 8812 个，分甲、乙、丙、丁四个等级。确定《大纲》的过程简单来说，就是先确定一个大的词表，然后由专家根据自己的经验和语感来确定收词的内容和等级，然后再进行进一步的处理。在整个过程中，所提供词表的内容和顺序相当关键。

所以，如果能够得到一个科学合理的词表，必将对教学过程的"定位分级"起到很大的指导作用。

这里选择三个国内比较有影响的词表加以介绍。

1. 《汉语水平词汇与等级大纲》

1991 年，北京语言学院汉语水平考试中心组成研发小组，以国内影响较大的七个动态性频率统计词典、词表和字表为主要依据，编制了《汉语水平词汇与汉字等级大纲》。

研究方法。

（1）选定四个动态性词表，进行再筛选，得出四个待选的分词表：

《现代汉语频率词典》使用度最高的前 8548 词；

《现代汉语常用词词频词典》前 9000 词；

《中小学汉语教学词表》前 8108 词；

《现代汉语常用词库》前 9000 词。

（2）对词表进行第一次人工干预（专家干预）。

（3）依据相关的最新动态词频资料及权威的常用字表，针对对外汉语教学和留学生学习规律，对专家干预所得进行联想添加和删除，编成《大纲》（讨论稿）。

（4）进行全国范围的专家干预。

（5）反复进行定向比较、联想、综合、协调，共得到常用词 8812 个，分成甲、乙、丙、丁四级。

这是一次较为典型的把主客观标准有机结合起来选择汉语常用词的实践。

2.《现代汉语通用词表》

1998 年 7 月，《现代汉语通用词表》（国家标准）经国家语委批准正式立项，2000 年 1 月通过鉴定。

"词表"中的通用词是通用词中的高频词，能满足日常书面和口头语言中一般用词要求的词，也就是通用词中的基本词。

首先请课题组专家用清华大学计算机系的多种词表，综合整理出一个大的词表，约 12 万条词。用这个词表取其参照数，再同原"规范词典词表"进行对比分析研究。除去两个词表的交集，发现有 7000 多条为原词表所没有，有 1.2 万多条为原词表独有。然后审查原词表独有的是否应该全部保留，原词表缺的 7000 多条词哪些应补充进去。

为了做好增补工作，首先将这 7000 多条词用《人民日报》四年的语料 1 亿字进行词频统计。根据词频统计结果和收词原则，又组织专家逐条进行人工干预。最后确定有 1000 多条词可以补入，原词表有 1000 多条词可以删去。这就是严格意义上的第一个"通用词表"。

此次研究的原则是主要依据词语频度，适当照顾系统性。

3.《信息处理用词汇研究》和《信息处理用现代汉语分词词表》

2001 年 11 月，《信息处理用词汇研究》结题。完成《信息处理用现代汉语分词词表》。其基本目标是：制定一个面向信息处理、具有较强通用性及覆盖能力的现代汉语分词词表。

研究方法和过程。

（1）整个词表分成七大分库：普通词库、带字母词库、专名库、常用接续库、成语库、俗语库（以上均针对多字词）以及单字词库。普通词库只收严格意义上（指汉语语言学规则认可）的词。普通词库、专名库、常用接续库又各自下含基础和合成两个子类。每个子类根据频度又分为一级常用、二级常用。

（2）将经过精心挑选的词典合并、去重后，得到一个包含 15.8 万条多字词的工作初表。

（3）对初表中的每个词，自动获取串频、词频、互信息等统计数据。此外，还得到了《现代汉语常用词词频词典》提供的词频。这些数据的特点是对判断是否成词均有一定意义。

（4）该项目研究者认为，频度在相当程度上反映了词是否"使用稳定"。此外，他们还引入词内互信息作为衡量词是否"结合紧密"的一个量化指标。

（5）用两个经过人工分词的汉语语料库进行了覆盖率检验。

上述三个词表在对外汉语教学、汉语研究、语言信息处理方面都得到了广泛的使用。其研究方法和理念值得学习。

（三）主题词表

在图书馆学和情报学上，主题词（也叫叙词，即正式主题词）是在标引和检索图书、档案时，主题词表中规定用于表达档案主题概念的词语（中华人民共和国档案行业标准档案主题标引规则 DA/T19 1999）。

相对于报刊新闻教学而言，因为属于主题教学，在每一个教学主题中，对词语的主题集中性有一定的要求，因此已有的主题词表可以为对外汉语报刊新闻教学主题词表的制定提供借鉴和参考。这里简要介绍《汉语主题词表》《中国分类主题词表》《国务院公文主题词表》这三个典型的适用范围广的主题词表。有关主题词表的详细论述见第三章。

1.《汉语主题词表》

目前使用最为广泛的是《汉语主题词表》。它是中国编制的大型综合性中文主题词表，由中国科学技术信息研究所与北京图书馆主编，1980 年科学技术文献出版社出版。《汉语主题词表》涵盖各个学科专业，收词量大，编制体例规范，对推动中国主题标引工作的开展和促进专业叙词表的编制起了重要作用。它具有权威性、科学性、规范性的特点。无论是社会科学还是自然科学的学术论文关键词都要求尽量从《汉语主题词表》中选用规范用词。

2.《中国分类主题词表》

《中国分类主题词表》是在《中国图书馆图书分类法》（以下简称《中图法》）编委会的主持下，从 1987 年开始由全国 40 个图书情报单位共同参加编制，1994 年出版的一部大型文献标引工具书。它是在《中图法》第三版（包括《资料法》第三版）和《汉语主题词表》（以下简称《汉表》）的基础上，为实现分类主题一体化标引，为机助标引、自动标引提供条件，降低标引难度，提高检索效率和标引工作效率编制而成的分类检索语言和主题检索语言兼容互换的工具。该表实现了经一次主题分析，通过标引数据的转换，同时完成分类标引和主题标引；便于分类检索和主题检索以及由分类号、主题词和自然语言三者组成的混合检索，实现了分类检索和主题检索的互补，提高了检全率和检准率。

3.《国务院公文主题词表》

为适应办公现代化的要求，便于计算机检索和管理公文，国务院特编制

《国务院公文主题词表》（以下简称词表）。词表主要用于标引国务院、国务院办公厅印发的文件和各地区、各部门上报国务院及其办公厅的文件。1988年12月制定了第一版，1994年4月修订了词表，1997年12月做了第二次修订。现在使用的是于1998年2月1日开始执行的公文主题词表。其编制原则是：第一，词表结构务求合乎逻辑，具有较宽的涵盖面，便于使用；第二，词表体现文档管理一体化的原则，即词表中主题词的区域分类和类别词可分别作为档案分类中的大类和属类。体系结构为：词表共有15类1049个主题，分为主表和附表两大部分，主表有13类751个主题词，附表有2类298个主题词。词表分为三个层次。第一层是对主题词区域的分类，如"综合经济""财政、金融"类等。第二层是类别词，即对主题词的具体分类，如"工交、能源、邮电"类中的"工业""交通""能源"和"邮电"等。第三层是类属词，如"体制""职能""编制"等。第二层和第三层统称为主题词，用于文件的标引。

随着社会的发展变化，相对于1988年的公文词表，1998年的公文主题词表已经有了很大的更新。1988年12月修订的国务院主题词表一共有786个词语，新表则共有1049个词语，新增了很多主题词。如在综合经济部分原来只有52个主题词，而新表增加到77个，增加的词语有：流通、兼并、资源、产权、物价、价格、质量、工商、商标、注册、广告、监督、破产、亏损、特区、开发区、保税区、第三产业、生产资料等。

新表在分类上更加细致明确。有些词语在新表中并入其他领域。如综合经济中的"计量"和"标准"归入了科技类，"拍卖"和"物资"归入了商业类，"基建"则归入了城乡建设类。原表中"科技文教卫生类"的词语都杂合在一起，新表中明确分为"科技、教育、文化、卫生、体育"五类，主题词语各归其类。卫生类的词语原来只有卫生、中药、检验、防疫、医疗、医药、疾病7个词，新表中则有医院、中医、医疗、医药、药材、防疫、疾病、计划生育、妇幼保健、检验、检疫共11个词语，这些主题词语可以作为类特征词。新增了体育类主题词——"运动员、教练员、运动会、比赛、馆所"，使主题词表涵盖的范围更加全面。从新旧主题词表的对比中可以看到主题词表的变化，同时也反映了社会的变化。

国务院公文主题词表是为政府机关公文分类服务的，由于1988年制定的内容已过于陈旧，很多新兴的行业和部门都没有得到体现，于是在1994年和1997年又重新制定了修订版，在主题词的选择和分类方面都有很大的更新和改进。这种动态更新的做法正是与时俱进的体现。因此本研究的报刊新闻主题词群表也会秉持动态更新的原则。

　　在国务院公文主题词表的基础上还制定了相关部门的公文主题词表:《党政机关公文主题词表》《金融类公文主题词表》《中国农业银行公文主题词表》(试行)、《财政系统公文主题词表》等。这些词表既突出了本部门的行业特点,又保持与《国务院公文主题词表》的衔接和协调。部门公文主题词表在全部保留《国务院公文主题词表》主题词的基础上,增加了一定数量专业方面的主题词。如财政系统公文主题词表中增加"债务"主题词:债券、国债、外债、国库券、发行、承销、兑付、还本付息、转换债、计息、凭证式、记账式、特种国债、中介、计息期等,这些主题词充分体现了财政业务的特殊性。

　　另外还有以《中国图书馆图书分类法》和《汉语主题词表》为基础制定的专用主题词表,如:

　　　　《中国档案主题词表》、《医学主题词表》、《电子政务主题词表》、《世界汉语教学主题词表》、《教育主题词表》、《中图法教育专业分类词表》、《高等教育分类主题词表》、《水利水电科技主题词表》、《中国有色金属工业主题词表》、《航空航天管理主题词表》、《医学主题词表》、《中医药主题词表》、《军用主题词表》(依据军事信息资源分类法)、《电力主题词表》、《林业汉语主题词表》、《财经系统公文主题词表》……

　　从通用的《汉语主题词表》到专用的主题词表,体现了各个学科领域需要专业化主题词表的趋势,主题词的选择也从通用领域向专用领域进一步深入,领域分类的工作也越来越细致了。其中1994年的《中国分类主题词表》是在《中国图书馆图书分类法》第三版(含《中国图书资料法》第三版)和《汉语主题词表》基础上编制的,是一部集分类、主题为一体的综合性工具书。它从内容到形式、从结构到语义等方面,实现了分类语言与主题语言的相互兼容。这个分类主题词表以图书馆资料检索和查询为目的,主题词表涵盖的范围广泛,基本包括人类知识领域的全部内容。然而正是因为内容过于广泛,层级也过于复杂,并不适合留学生的汉语学习。

　　从上述各类主题词表可以看到,既有通用性的综合性的主题词表,也有专业性的主题词表。而对于留学生来说这些过于专业的词表也没有实用性。汉语主题词表和世界汉语主题词表用于汉语研究和教学,对留学生的汉语实际应用能力没有太大的帮助,所以从广泛流通的主流报纸中选择的分类专用词语更具有实用价值。因此本研究是以主流报纸的语料为基础,进行领域分类以后,对各类文本进行处理,得出使用广泛、流通性高的领域专用词表,进而研究更为具体更加实用的主题词群。本研究的目的是提取出对留学生来说应用价值高的主题词群，为对外汉语教学服务。

第六节　本章小结

本章对目前语料库研究、词语研究和主题词表研究做了一个大致的回顾。提出对外汉语报刊新闻研究可以动态流通语料库为基础，建立报刊新闻资源库，可以对报刊新闻的词语使用情况进行考察，在主题词表的建设方面，目前还没有留学生适用的报刊新闻主题词表，因此本研究要推动汉语新闻主题词表的建设。本书不但要研究带有领域共性的主题词表，还要研究带有领域个性的主题词群，为对外汉语报刊新闻教学和教材编写提供参考。

第三章

对外汉语报刊新闻教学与报刊新闻资源库建设

第一节 报刊新闻教学现状和问题

一、对外汉语报刊新闻教学现状及问题分析

（一）对外汉语教学对报刊新闻课的要求

二年级的中国报刊语言基础是一门阅读技能训练课。教学目的是培养和提高学生阅读中国报刊的能力，使学生掌握一定数量的报刊常用词语和句式，积累必要的中国文化知识，了解中国报刊文章问题的特点和语篇结构规律，并掌握一定阅读技巧，能读懂一般的新闻报道、通信和评论等报刊文章。教学内容是阅读中国报刊上有关政治、经济、外交、文化、教育、科技、生活等各种题材和体裁的文章。教学方法是固定教材和临时教材相结合、精读和泛读相结合、语言知识讲授和文化背景介绍相结合，课堂教学以讲授、问答和做书面练习为主要形式，同时注重阅读技能、技巧的训练。

二年级的新闻听力课是一门听力技能训练课。教学目的是培养和提高学生收听、收看与理解汉语广播电视新闻的能力。并通过新闻听力训练加深对中国现状的了解。教学内容是学习反映中国社会现实的消息、通信、评论等新闻听力材料。教学方法是以学生在教师的指导下听录音、看录像为主，辅之以报告新闻练习。

三年级中国报刊阅读的教学目的是培养和提高学生阅读中国报刊的能力，能够基本读懂一般性的中国报刊，使学生具备一定的快速阅读和查找信息的能力，以及较强的跳读、猜读和一定的概括、提炼内容梗概的能力。教学内容是阅读涉及中国政治、经济、外交、外贸、法律、文教、青年、妇女、婚姻、人

口、就业等多种题材、体裁和语言风格的文章。教学方法是精读与泛读相结合，以读为主、兼顾听说，注重阅读技能的训练和中国社会文化背景知识的介绍，通过课堂讲授和各种练习培养和提高学生对中国报刊深层次的理解能力。

结合上述课程要求，报刊课首先要有固定的纸版本教材，介绍报刊新闻语言的普遍性特征（报刊新闻语言的特点，如何阅读各种不同体裁的新闻报道，常用的固定表达格式，不同题材报道的特殊规律等），针对性强的按主题划分的内容（外交、经济、文化、体育、社会、人口、环境、交通、老龄化、教育、民俗、旅游等），围绕各主题的常用的一般报刊新闻用语（常用词和常用语），特殊的报刊新闻用语（专用词语、特用词语），从宏观的角度来把握报刊新闻教学的主体内容。

其次要有不断更新的报刊新闻素材。以基于大规模动态语料库的报刊新闻话题库为依托，结合相对稳定的教材，配合网络环境制作每个话题的素材仓库，新的内容进入后可自动分类入库，管理者和使用者可以随时查询和调用所需要的文章。报刊新闻课上以讲带练，老师讲授的是某一课的稳定的基础内容，而学生们在上课时可以即时进入阅读训练，浏览当前最新的与该话题相关的新闻，能够将所学到的知识和方法立刻运用到正式的阅读或听力活动中去。

从控制论的角度看任何一个教材都需要动态语言知识更新，当报刊教材出版以后，需要得到学生的反馈进行积极的教材更新，同时教材也需要保持一定的稳态，因此，相对稳定的词汇、语法、句式是一本有生命力、有影响力的教材的必要因素。在这些因素中，需要有最常用的高频率出现的报刊基本词汇来做根基。当学生掌握了这些最常见的报刊关键词之后，再辅之以常见的报刊语法点及基本句式，学生就可以在最短的时间内学到最有用的词汇。

（二）报刊新闻课的教学现状

在对外汉语教学领域，报刊新闻语言教学研究最早在北京语言学院开始。早在 20 世纪 80 年代一批老前辈就开始在这个领域探索，他们的辛勤耕耘为这个领域奠定了坚实的根基，为对外汉语的新闻报刊教学做出了很大贡献，从教学理论到实践都取得了丰硕的成果。在教材编写、教法上都有很多独到之处。20 世纪 90 年代北京语言大学的报刊新闻教学已经取得了如下成果：北京语言大学出版社出版的《报刊语言基础》（白崇乾、朱建中主编）、《新闻听力基础》（刘士勤、彭瑞情主编）、《报刊语言阅读》（王世巽、彭瑞情主编）、《当代中国话题》（李振杰、龚常庚、刘谦功等编著），以及由商务印书馆出版的《报刊新词语词典》（李振杰、刘士勤等）。还有中高级阶段报刊课、新闻课、当代话题课的词汇大纲、课程规范等一批研究成果。另外还发表了一系列报刊新闻语言方面的学术论文。21世纪以来大批的老教师退出教学一线，报刊新闻语言课程也面临书本老化、内容陈旧、教学手段单一等亟待解决的问题。在信息时代的今天，需要将报刊新闻语言的研究进一步深入下去，结合网络教育平台和多媒体，运用现代教育技术，将报刊新闻课真正地变成资讯传播迅速、紧跟时代特色——"与时俱进"的北语精品课程。

在对外汉语教学中，报刊新闻课程以其内容新颖、紧跟时代步伐而深受留学生们的喜爱，通过读报刊、听新闻使外国人了解当代中国的崭新面貌和全球热点消息。留学生既可以通过报刊新闻课得到最新的讯息，重要的是又可以在每天的报刊新闻中得到潜移默化的语言训练。智能手机的普遍应用也使留学生可以便捷迅速地得到即时新闻，陌生新闻词汇的大量存在使留学生对阅读网上汉语新闻有畏难情绪，有些学生宁愿阅读自己母语的新闻。这表明报刊新闻课的教学远未达到留学生新闻阅读的需求。目前的报刊新闻教材还存在一些共同的问题。

（1）报刊文章缺乏时效性。报刊词汇还缺乏使用频率的统计，尤其缺乏动态的词频统计，很难反映词汇使用情况的变化。因而教材永远跟不上时代的需要。

（2）报刊文章的难易度缺乏量化的标准。但是在人工的课文编选中又无法做到适宜的难易度。报刊新闻教学需要更加科学的报刊新闻词汇表。

（3）报刊文章的选材偏离社会的实际。有的教材内容没有意思，难度过大，所学的生词用处不大，学完课程以后还是看不懂电视，听不懂新闻。因此话题的选编、词汇的选择、教师在报刊新闻课堂上的教学语言的运用都对学生的报刊新闻学习产生深刻的影响。

报刊新闻课的特点之一是信息量大、知识性强。新词语、科技前沿、经济动态、百变生活、新闻消息层出不穷，文体、词语句式都有其特殊性。另外还包括介绍新闻报道的特点、新闻常识、标题特色、特别的新闻报道词汇，这都需要在严格限制时间的课堂教学中体现出来，教师备课的难度无疑相当大。报刊新闻课的特点之二是强调阅读速度和课外阅读。在限定的时间内进行大阅读量的练习。要求学生准确把握文章的内涵，并且可以迅速分析问题、解决问题。因此要求学生掌握适当的阅读技巧，在阅读中把握文章的脉络。另外，面对纷繁的汉语报纸杂志，汉语水平还相对较低的留学生缺少合适的课外阅读文章。因此报刊新闻课需要鲜活的不断更新的教材，教材既要有一定的稳定性，也要不断注入新鲜有活力的内容，使语言学习更有吸引力。经过调查，留学生对报刊新闻课的要求是：课本的内容新颖，有趣味，有吸引力；反映当前的现实生活；介绍新的事物和现象；有深刻的文化内涵；能学到广播电视等媒体以及日常生活中常用的语言，学有用的新词语；经常教学生一些新的流行词语，而且解释其中的关键词语。

报刊文章浩如烟海，是代表现代汉语书面语的大规模真实文本。报刊新闻教材的内容来源于报纸、广播、电视、杂志、互联网络。所以选用什么语篇作为教学材料，要给学生教授哪些生词，教材编写者都要首先做到心中有数，才不会漫无边际地寻找语料。北语应用语言学研究所的报刊动态语料库为教材编写者提供了良好的素材来源。基于报刊动态语料库的资源平台可以给数字化教材和电子教案提供巨大的帮助，而基于该动态语料库的词汇、语法等方面的研究都会给教材编写、教师备课和课堂教学提供有益的参考和借鉴。

二、关于报刊新闻教学词表

关于汉语教学词表，语言工作者们经过几十年的辛勤努力，已经取得了不小的成果。以下词表都比较有影响力：

1959 年文改会汉字组编撰了《普通话三千常用词表》（3000 词）；

北京语言学院（今北京语言大学）于 1964 年发表《外国学生用四千词表》（4000 词）；

1981 年的《外国人实用汉语常用词表》（3040 词）；

1983 年的《报刊词语三千六百条》（3600 词）；

1985 年的《现代汉语频率词典》（常用词部分 8548 词）；

1986 年的《对外汉语教学常用词表》（4000 词）；

1989 年北京航空航天大学的《现代汉语常用词词频词典》；

1990 年北京师范大学现代教育技术研究所的《中小学汉语常用词表》（常用词部分 8107 词）；

1992 年的《汉语水平词汇和汉字等级大纲》等。

有些词表是在共时的语料库上进行词频的统计，再经大量的人工参与而成的。

1992 年在中国国家教委、国家汉办和中国 30 多所高校和研究机构的支持下，中国国家汉语水平考试委员会办公室考试中心制定了《汉语水平词汇和汉字等级大纲》，共收录了 8822 个词语，分成甲级词（1033 个）、乙级词（2018 个）、丙级词（2202 个）、丁级词（3569 个）共四级词表。它的制定采用了汉语词汇计量学知识和研究成果，并有众多汉语专家、教授和学者参与编制，有较强的权威性。然而它的语料多为 20 世纪 90 年代以前的，很多词语已不适应目前汉语词汇的实际使用情况。这是为所有汉语课程制定的总词汇大纲，并没有报刊新闻词语的特殊性，因此所有的课程都套用一个词汇大纲就会缺乏针对性。报刊新闻教学词表相对缺乏，现有词表应不断更新。从报刊新闻教学而言，目前缺乏适用的报刊新闻教学词表，需要建立具有针对性、科学性强的对外汉语报刊新闻教学词表。动态流通语料库具有不断更新、动态流通的特点，为语料的获取、更新以及主题词群提取提供了有利的基础。尽快研制针对报刊新闻教学的专用词表很有必要。

报刊新闻课是留学生完成基础汉语的学习之后进入中高级阶段学习的课程。中高级阶段教什么，初、中、高三个阶段如何衔接，中高级阶段对外汉语教学任务如何科学化、标准化、规范化是不容忽视的问题。1990 年北京语言学院开始研制《现代汉语专业课型数据统计与水平等级大纲》，在对中高级阶段有关的词汇、语法现有量进行统计的基础上，总结教学经验，确定其教学数量的下限。1994 年参照《汉语水平词汇与汉字等级大纲》制定出《中高级教学词汇等级大纲》，规定初、中、高三个阶段的教学词汇量应分别是 3000 词、5000 词、8000词。基本上甲级词是一年级第一学期应掌握的最常用词；乙级词是一年级第二学期应学习的常用词；丙级词是二年级应掌握的常用词；丁级词是三、四年级所应学习的普通词。根据对教材词语的统计结果和教学经验，该项目的研究结果认为：一年的学习要掌握 3000 个词是很困难的，这个标准偏高，中级阶段的起点词定在 2500 个词比较合适。而高级阶段（三、四年级）的起点词应是 5219个。该研究中判定哪些词语属于初级阶段，哪些词语属于中级阶段，哪些词语属于高级阶段的标准，一是根据已有教材的统计结果，二是根据编者的经验，也就是语感来判断，从定量和定性两方面来确定，从结果上来说具有一定的参考价值。上述词表在当时的已有教材中做了词频的统计工作，基本反映了二十年前的教材中各等级词语的覆盖情况。但是只对教材进行了用词统计，没有与现实的真实报刊新闻语料进行对比研究。对于报刊新闻课来说，所参照的教材内容过于陈旧，以这些教材课文为研究对象就会使报刊新闻教学词语表跟不上现实社会发展的速度。该学的词没有教，而不该学的词又反复出现。所以《报刊基础课程词汇大纲》《新闻听力课程词汇大纲》《报刊课程阅读词汇大纲》都亟待更新。

现有的报刊新闻教材种类很多，但词汇量不一，难易度也不同。有的二年级的文章比三年级的还难、还长。对文章的采用主要是凭语感进行的。生词的选择没有科学的量化标准。因此有必要对现有报刊新闻文本的词语使用情况做一个全面而系统的考察。

我们现在的研究工作不但要统计教学中教授给学生的词汇，更要了解现实报刊新闻中词语的实际使用情况，将使用频率高、覆盖面广、流通率高的词汇作为报刊新闻教学的核心词汇教授给学生，从而能更有效地进行教学，收到良好的教学效果。

相对于《汉语水平词汇与汉字等级大纲》，报刊新闻教学的词汇中超纲词很普遍。超纲词大致可以分为以下几类。（1）阅读中文报纸或听新闻广播经常遇到的新闻专业词语，如短评、获悉、刊登、贺电、联播、转载、社论、述评等。（2）近几年报刊新闻中常见的词语，如三个代表、荣辱观、新农村、打工、和平发展、个税等。（3）经济词语，如软着陆、同比增长、净产值、恩格尔系数、基尼系数、倾销、贸易壁垒等。（4）反映新的社会文化现象的词语，如大众文化、丁克家庭、博客、国学、教育产业化、吸引眼球等。（5）国家机构和科研机构的专有名词，如人民代表大会、政协会议、国家发改委、经贸部、银监会、环保局、国务院台办、国家新闻出版广电总局、中科院、社科院等。

因此报刊新闻的词汇教学应包括三个部分：（1）报刊新闻常用词语；（2）报刊新闻以主题划分的专用词语；（3）报刊新闻新词语。这些词语的获得应该是在对现有的报刊新闻语料进行分析研究的基础上进行的。依靠现有的语言信息处理技术对大规模报纸新闻语料进行处理，得出科学的结论。

对报刊新闻专用教学词表的要求如下。

（1）按领域分类，突出报刊新闻课主题教学的特点。

（2）以词语的频度、使用度、流通度等数据排序，进行词语分级。

（3）制定不同级别的词表，满足不同级别的教学需要：

①各领域通用词语表（一年级基础课）；

②报刊新闻领域共用词语表（二年级报刊基础课、新闻听力课）；

③报刊新闻主题专用词语表（三、四年级报刊阅读课、当代话题课、热点评论课）。

第二节　报刊新闻主题分类研究

目前国内外有着广泛影响的分类词典是《同义词词林》（梅家驹、竺一鸣等编，上海辞书出版社 1983 年版）与《朗文多功能分类词典》（Tom McArthur 编，上海外语教育出版社 1997 年版）。《同义词词林》是现代汉语的第一本分类词典，共收 64223 条词目，分为 12 大类、94 中类、1428 小类三级。它以四个大范畴统率全部词语：（1）人类及一切事物概念的本题名称；（2）人和事物的属性、运动及状态；（3）人以及事物之间的相互关系；（4）语言本身的特殊表达方式。《同义词词林》采取以语义为主兼顾词类的分类方法，同时还注意将题材相同的尽可能集中。《朗文多功能分类词典》是目前英语学习词典中最受欢迎的分类词典之一，分类的基本原则是"人类的社会生活为中心围绕着社会中的人"，共收词目 15644 条（不包括图画条目），分 14 大类、129 中类和 2284 小类。

对外汉语教学需要分类词典，分类词典对于对外汉语教学具有特别的价值。词汇教学是语言教学的重要方面，在词汇教学过程中，将词置于一定的主题域中，帮助学习者在某一特定的主题域中接触、理解、记忆词汇，能有效地提高词汇学习的效果。近年来语言教学中兴起围绕社会生活某一特定主题进行的"主题教学"，这就需要教师积累在某一主题中可能出现的词汇，才能满足教学对词汇的要求。到底哪些是有效的主题词语，仅凭大脑主观判断难免会有遗漏或不准确，本研究就是要用语言信息处理技术对大规模报纸语料进行分析研究，找到报刊新闻教学运用的主题词群。由于"同类"性质的分类词典能够帮助学生正确理解和记忆围绕主题、意义相互关联的词语，对语言教学有着独特的使用价值，因此有必要编纂服务于对外汉语教学的汉语分类词典。对于报刊新闻教学而言，应该编纂报刊新闻主题词群词典，这对于学生阅读报刊新闻会有极大的帮助。主题分类是报刊新闻主题词群研究的第一步。

报刊新闻主题分类的研究是以《中国图书馆图书分类法》及《中国分类主题词表》《汉语主题词表》的类名为研究基础，同时参考了各大报纸的栏目分类以及报刊新闻现有教材的主题分类。

一、关于主题词表和分类

（一）《汉语主题词表》

《汉语主题词表》从领域覆盖面来看涵盖各个学科专业，收词量大，编制体例规范，是一部显示主题词与词间语义关系的规范化、动态性的检索语言词表。该词表作为一部大型综合性科技检索工具，收词范围包括自然科学、医学、农业、工程技术等各学科领域的主要名词术语。

该词表的选词原则：选定的主题词主要是各学科领域文献中经常出现，在情报检索中有使用价值和一定的使用频率，能作为主题汇集一定量文献或具有主题词组配功能的名词术语。

该词表吸收了分类表的优点，把主题词按其学科及词义范畴编成分类系统，对主题词进行了分类。范畴索引共设置 58 个大类、672 个二级类、1080 个三级类。其中社会科学 15 个大类、173 个二级类、311 个三级类，与《中图法》的大类序列基本一致。其中经济大类分设 21 个二级类，93 个三级类。如表 3 – 1 所示。

表 3 – 1　汉语主题表类目

《汉语主题词表》类目	《中图法》类目
01 马克思主义、列宁主义、毛泽东思想	A 马克思主义、列宁主义、毛泽东思想
02 哲学	B 哲学
03 政治	D 政治、法律
04 国际关系	
05 经济	F 经济
06 军事	E 军事
07 文化事业	G 文化、科学
08 教育	
09 体育	
10 语言文字	H 语言、文字
11 文学艺术	I 文学　J 艺术
12 历史	K 历史、地理
13 民族	
15 心理学	
20 社会科学一般概念	C 社会科学总论

　　《汉语主题词表》对多重属性或跨学科的主题词，重复列入相应的类目。其中社会科学类目的重复主题词共 569 个，归入两类至四类的分别为 536 个、32 个、1 个。如"民族解放战争"一词，分别归入政治、军事、历史和民族四个大类。

　　主题词表中包括词族索引。词族索引又称族系索引、词族表。它是指具有相关语义关系的一组主题词。其中概念最大的主题词称为族首词，居于同族词之首。一个词族就是以族首词为中心的所有下位主题词以及它们的同义词和相关概念的主题词，逐级向下一等级阶梯式排列和向左右展开的完整的等级语义系统。如图 3 - 1 所示。

国民经济部门构成

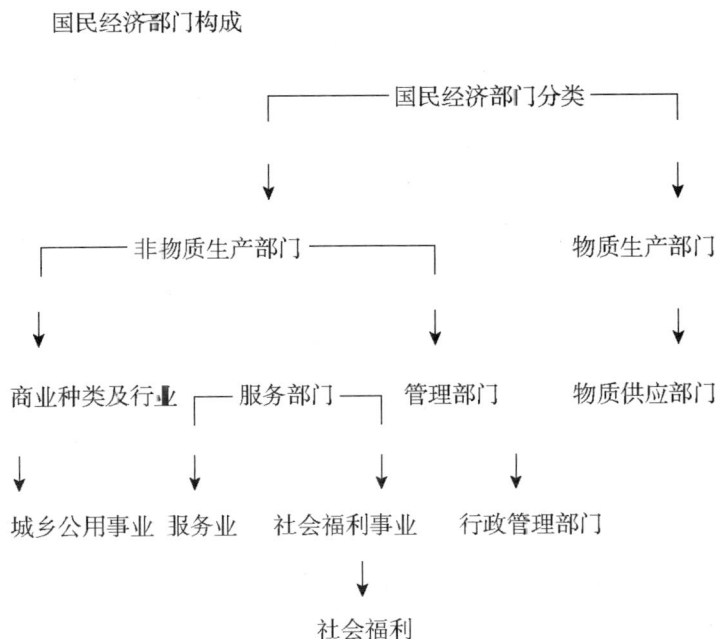

图 3 - 1　词族索引举例

　　图中"→"是表示上位概念到下位概念的语义关系符号；"——"表示相关关系的符号；主题词表里有准同义词。准同义词是指那些不是真正在含义上相同或相近的词，而是从文献检索需要出发把它们按同义词处理的那些具有类属关系、重叠关系和相关关系的词所起的名称。如三性（体操）、独创性（体操）、惊险性（体操）、熟练性（体操）。实际上是把独创性的、惊险性的和熟练性的体操这些专指概念人为地概括为"三性"（体操）抽象的同义词概念。《汉语主题词表》还包括一系列专业主题词表，如《林业汉语主题词表》等。

　　（二）《中国分类主题词表》

　　《中国分类主题词表》选择了"分类法主题词表对照索引式"的分类主题一体化检索语言体系结构，是分类与主题相结合的一体化检索语言体系。

　　《中国分类主题词表》目前仍然是我国规模最大的分类主题一体化标引工具，共收录分类法类目 52992 个，主题词 110837 条、主题词串 59738 条，包括哲学、社会科学和自然科学、工程技术等各领域的学科和主题概念。

　　主题词表可以利用词汇关系链来获取领域知识以及其他相关领域知识。由于主题词概念的不断更新，词表在保持相对稳定的前提下，需要随着社会的发展变化进行内容的更新。

附：参照的分类体系

中国人民大学图书馆图书分类法 17 类

基本类目表

1. 马克思主义、列宁主义、毛泽东思想

2. 哲学

3. 社会科学、政治（外交、妇女、人口、社会福利、政党）

4. 经济（国民经济、工业、农业、贸易、服务、交通、邮电、旅游、财政、金融）

5. 军事（陆海空三军、二炮部队、武器、军事技术）

6. 法律

7. 文化、教育、科学、体育

8. 艺术（艺术作品、绘画、雕塑、建筑、戏剧、杂技、音乐、舞蹈、电影、摄影美术）

9. 语言文字

10. 文学（诗歌、散文、小说、古典文学、民间文学）

11. 历史

12. 地理

13. 自然科学（数学、物理、化学、天文、气象、地质、生物、植物、动物）

14. 医药卫生

15. 工程技术

16. 农业科学技术

17. 综合参考（科学著作、学术史、百科全书）

中国图书资料分类法 22 类

1. 马列主义、毛泽东思想

2. 哲学

3. 社会科学总论

4. 政治、法律（政治、外交、国际关系、法律）

5. 军事

6. 经济

7. 文化　科学　教育　体育

8. 语言、文字

9. 文学

10. 艺术

11. 历史、地理

12. 自然科学总论

13. 数理科学和化学

14. 天文学、地球科学

15. 生物科学

16. 医药、卫生

17. 农业科学

18. 工业技术

19. 交通运输

20. 航空航天

21. 环境科学、劳动保护科学（安全科学）

22. 综合性图书

二、报刊新闻的主题分类

报刊新闻教学资源库的分类体系参考了《中图法》《汉语主题词表》以及《中国分类主题词表》的分类体系的分类主题一体化的结构组织。但是报刊新闻资源库的分类并不是完全按照《中图法》的严格分类，而是以报刊新闻的领域和主题来划分的。

（一）报纸栏目分类

各种报纸的栏目分类并没有统一的标准，也没有严格的层级划分，是根据不同的报纸自身的特点进行分类的。

利用 DCC 博士研究室开发的提取栏目信息和文本的程序，我们得到了 12 种报纸的栏目分类以及各栏目下的网页文本。

《北京日报》：［焦点新闻］［综合新闻］［文化新闻］［国际新闻］［体育新闻］［社会新闻］［经济新闻］［北京新闻］［九州快递］［文艺周刊］［读者之声］［理论周刊］［今日关注］［房产周刊］［教育周刊］［汽车 IT 周刊］［京华生活］［摄影画刊］。

《北京晚报》：［新闻纵横］［北京新闻］［体育新闻］［世界新闻］［文娱快递］［新闻星闻］［文化文话］［五色土副刊］［艺术图话］［棋牌苑］［深度报道］［新闻目击］［赢家］［超薄阅读］［足球周报］［E 周刊］［体育新闻］［证

券投资］［汽车周刊］［人才周刊］［专题新闻］［生活新闻］［楼宇周刊］［时尚周刊］［体育周刊］［刺儿梅］［京味报道］［视觉］［百姓特刊］。

《法制日报》：［今日聚焦］［新闻快讯］［法之光论坛］［法律点通］［案件直击］［法律法规］［司法解释］［专题］［方圆传真］［每周法评］［财经证券］［法治时空］［法治证券］。

《光明日报》：［时事政治］［要闻］［教科文卫］［综合］［画刊］［图片新闻］［国际新闻］［经济社会］［专版］［经济周刊］［理论周刊］［军事周刊］［综合新闻］［电脑网络］［文化周刊］［书评周刊］［教育周刊］［科技周刊］［世界周刊］［九州］［文荟副刊］［民主与团结］。

《环球时报》：［环球视点］［新闻背景］［深度报道］［国际论坛］［周游列国］［异国风情］［驻外记者手记］［外国人看中国］［国门内外］［军事］［经济］［科技］［环境与人］［文化］［人才教育］［言论］［体育］［他乡故事］［媒体长廊］［经济新闻］［经济观察］［健康时代］［漫画与幽默］［经济案例］［人物春秋］［史海回眸］［国际财经新闻］［台湾传真］［娱乐空间］［娱乐聊天室］。

《人民日报》：［要闻］［国民经济］［社会］［政治］［国际］［法律］［教育］［科技］［文化］［体育］［港澳台侨］［各地传真］［经济周刊］［财经广场］［农村经济］［理论］［人文社科专页］［大地］［文化纵横］［国际体育］［民主和法制周刊］［立法与执法］［法律与生活］［国内政治专页］［读者来信］［评论］［假日生活周刊］［国际副刊］［周末文艺］［学术动态］［电脑 网络 通信］［大地副刊］［社会观察］［党的建设周刊］［信息产业］［健康时空］［摄影］。

《新民晚报》：总栏目——［综合新闻］［国内新闻］［经济新闻］［教科卫］［社会新闻］［文化新闻］［体育新闻］［国际新闻］。

专副刊：［五色长廊］［新民写真］［文化娱乐］［经济生活］［今日浦东］［读书乐］［天下游］［女性世界］［科学馆］［桃李芬芳］［市井故事］［港澳台］［深度报道］［新民论坛］［读者之声］［社区视角］［法律广场］［彩票世界］［集邮］［音乐音响］［文学角］［金阳台］［漫画世界］［一周荧屏］［气象万千］［食家庄］［花鸟虫鱼］［古玩宝斋］［绿色家园］［家事］［娃娃天地］［世经观察］［环球剪影］［海外广角］［市场之窗］［投资参谋］［经济新视角］。

《羊城晚报》：［今日要闻］［国内新闻］［国际新闻］［体育新闻］［广东新闻］［广州新闻］［财经新闻］［娱乐新闻］［彩票开奖］［南粤风采］［体育彩

票］［足球彩票］［英语学习］［消费指南］。

《扬子晚报》：［扬子新闻］［财经简讯］［置业安家］［人才教育］［健康长寿］［法制广场］［时尚潮流］［娱乐空间］［艺文杂谈］［科技大观］［旅游天地］［金陵美食］［扬子社区］。

《中国青年报》：总栏目——［新闻］［教育］［留学］［人才］［生活］［图片］。

名牌栏目：［冰点］［求实篇］［青年话题］［青年评论］［青春热线］［冰点时评］［评论员文章］。

《北京青年报》：［要闻］［要闻时政］［要闻事件］［要闻焦点］［本市新闻］［本市青年］［本市热线］［国内新闻］［国内各地］［国内焦点］［国内图片］［国际新闻］［国际焦点］［国际视野］［财经新闻］［财经投资］［财经数据］［财经产业］［体育新闻］［体育足球］［文化新闻］［今日导读］［非常感受］［人物在线］［脑力劳动］［每日健康］［每日影视］［每日指南］［广告］。

《今晚报》：［国际新闻］［国内新闻］［天津新闻］［经济新闻］［社会新闻］［体育新闻］［文化新闻］［今晚副刊］［连载小说］［图片新闻］［津沽大地］。

2005 年 DCC 博士研究室的刘华博士综合考察了国内外一些著名网站的栏目设置（共 15 种报纸的网站和国内外主要门户网站），经过同名栏目的去重、相似名栏目（如"法律"和"法制"）的合并和异名同类栏目（"武器纵横"和"舰船知识"）的映射，在求得各大网站栏目的共性栏目的基础上，重点考虑"主题划分""生活优先""非学术"的原则，进行了一些调整，如一些大类的拆分、小类的合并，从中归纳出网页分类用类目体系。分类系统中层级最多为四级，如"科技—电脑—软件—操作系统"，类目共有 200 多个，其中大类共 12个（时政新闻包括四个小类），小类具体到某个主题，如图 3 - 2 所示。

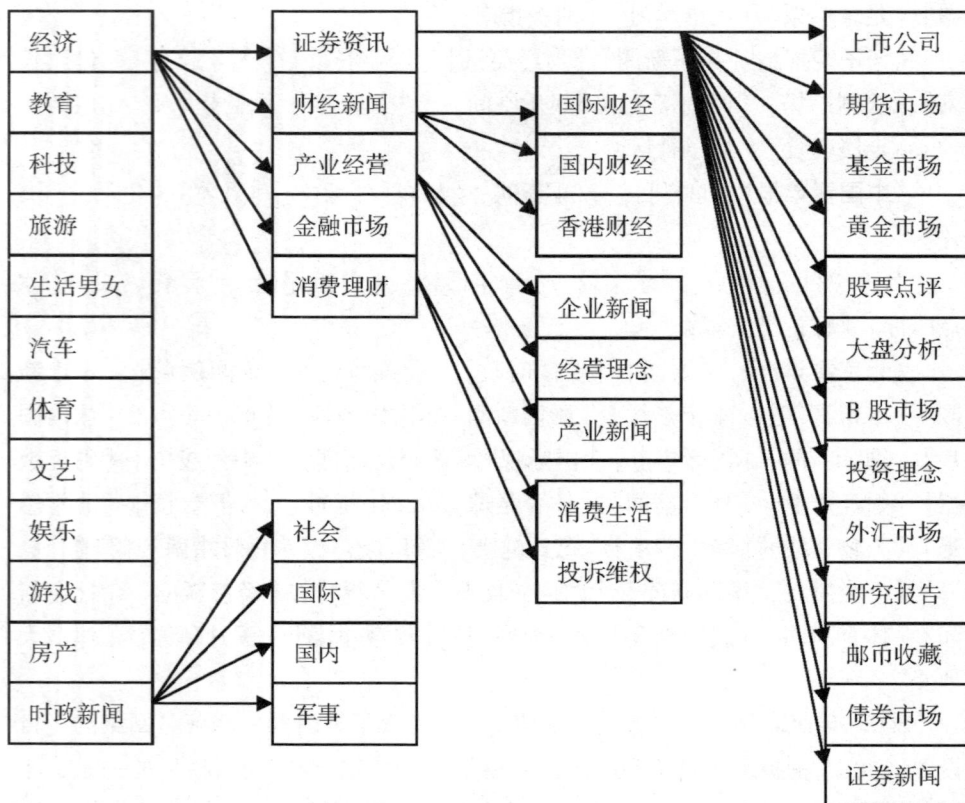

图 3 - 2　网页分类用类目体系示例

网页栏目信息分类如表 3 - 2 所示。

表 3 - 2　网页栏目信息分类表

类目	文件数	子类目数
时政新闻—国际	59130	2
时政新闻—国内	119695	0
时政新闻—军事	21743	3
时政新闻—社会	42559	0
经济	40115	22
科技	53126	40
体育	96120	34

类目	文件数	子类目数
娱乐	23905	8
生活男女	19382	10
旅游	18471	19
文艺	14248	9
游戏	22843	23
汽车	21745	7
教育	24405	23
房产	19573	12
总计	597060	210

上述这些分类信息为我们提供了报刊新闻主题分类的一手资料，然而根据报刊新闻教学的现实需要，按照《中图法》《汉语主题词表》《中国分类主题词表》以及报纸栏目的分类还不能体现报刊新闻主题教学的特性。因此我们还参照了中国新闻信息分类标准和已有的报刊新闻教材加以分析。

（二）中文新闻信息分类及代码

2005 年 11 月 7 日，新华社牵头承担的国家"十五"重大科技专项——"中文新闻信息技术标准研制"，通过了科技部和国家标准化管理委员会组织的验收，告别了中国新闻无统一的信息技术标准的历史，标志着中国新闻行业第一部国家级分类标准的正式诞生。2006 年 5 月 1 日开始实施统一的中文新闻信息技术国家标准。技术标准由新华社联合国务院新闻办、国家新闻出版广电总局、新闻出版总署、人民日报社、光明日报社、经济日报社、中央人民广播电台、中央电视台和中国新闻技术工作者联合会、清华大学等新闻单位、研究机构共同研制。使中文新闻信息实现自动分类与标引，并通过标准化来进行规范。新闻信息技术国家标准促进实现新闻行业之间、新闻行业和用户之间的新闻信息交换、存储、处理和共享，一共包括 23 个大类（详见附录三）。

01 政治

国家（地区）概况 国家元首 权力机构 行政机构 中国政府行政管理 政党 社会团体 政治 其他

02 法制

法制建设　知识产权保护　消费者权益保护　法律·法规·法令　国家安全　犯罪与案件……

03 外交·国际关系

外交政策　对外关系　外交事务　国际关系　国际问题　国际组织　国际条约　联合国……

04 军事

国防建设　军事制度　战争　战略、战役、战术　军事科学与技术　对外军事关系　国际军事关系

05 社会

人口　家庭　劳动　社会福利　灾难、事故与救助　社会风尚　社会问题　优抚工作　社区……

06 经济

经济概况　经济体制　经济结构　经济规划　经济管理　区域经济　双边经济关系……

07 基本建设·建筑业

基本建设　城市建设　建筑业　房地产业　建材市场　其他

08 农业·农村

农村经济　农业科技　农场·农垦　农业服务业　农作物及农产品　林业　畜牧业　渔业……

09 工业

重工业　轻工业　采矿业　冶金　金属制品　材料工业　化学原料·化学制品　医药……

10 能源·水资源

能源开发与利用　节能　煤炭行业　石油·天然气行业　电力行业　热力　水资源……

11 信息产业

信息化建设　信息网络（网路）安全与管理　电子计算机　计算机科学与工程技术　电信服务业……

12 交通运输·邮政·物流

交通运输　铁路运输业　道路运输业　水路运输业　航空运输业　邮政业……

13 贸易

国内贸易 物资 对外贸易 吸收和利用外资 对外投资 商品交易会
世界贸易组织（WTO）……

14 服务业·旅游业

服务业市场 住宿服务业 餐饮服务业 租赁服务业 商务服务业 生活
服务业 旅游业……

15 财政·金融

财政 金融业 金融风险 货币 银行业 非银行金融业务 外汇市场
信托 保险……

16 环境·气象

环境保护产业 环境保护教育及普及 环境与发展 人类活动对环境的影
响 环境保护 气象……

17 文化·娱乐

文化产业 文化节 民俗 民间艺术 世界遗产 文化场馆 娱乐、休闲
选美……

18 教育

教育体制 教育管理 基础教育 学前教育 初等教育 中等教育 高等
教育 留学教育……

19 科学·技术

科学研究 科学技术 人文与社会科学 自然科学 应用科学 工程与技
术科学 交叉、边缘科学……

20 文学·艺术

文学 艺术产业 艺术节 音乐 舞蹈 戏剧、戏曲 曲艺 杂技·魔术
电影·电视 美术……

21 医药·卫生

医疗卫生体制 医疗卫生管理 公共卫生 疾病预防与治疗 生殖医学
中医·中药……

22 体育

体育产业 体育管理体制 体育队伍建设 体育道德 体育理论 体育科
学研究……

23 传媒业

传媒产业及传媒市场 传媒科技 新闻业 广播、电视 网络媒体 出版、
发行业 广告业

　　这个标准将从源头上提高我国新闻科技产业的核心竞争力，为国家新闻科技产业提供一个跨越式发展的技术平台，还将有力推动多媒体新闻在中国乃至全球华语地区新闻行业的应用，具有历史性的重要意义。对外汉语报刊新闻教学应该吸收借鉴这套新闻分类标准。

　　（三）对外汉语教学报刊新闻教材现有主题统计

　　我们考察的报刊新闻教材包括：

　　《报刊语言基础》（北京语言大学二年级教材），北京语言大学出版社，2000 年版；

　　《新闻听力基础》（北京语言大学二年级教材），北京语言大学出版社，2001 年版；

　　《报刊阅读教程》（北京语言大学三年级教材），北京语言大学出版社，2003 年版；

　　《中文报刊阅读教程》，北京大学出版社，2004 年版；

　　《读报纸　看中国》，北京大学出版社，2005 年版；

　　《读报纸　学中文——中级汉语报刊阅读》，北京大学出版社，2002 年版。

报刊新闻教材的主题分类如下：

1.《报刊语言基础》

外交——中外领导人访问

体育——奥运会、足球、篮球、排球、乒乓球比赛

科技——航空航天

经济——国民经济、私营经济、外资、旅游、交通

农村——乡镇企业、粮食生产

文化——酒文化、春节、两个文明

教育——中国教育现状、学汉语

生活——菜篮子工程、住房、婚姻、家庭、吸烟

妇女——妇女权益、半边天

法制——禁毒、严打、打假

医疗卫生——艾滋病、农村合作医疗

人口——计划生育、老龄化

社会——社会保障、再就业、残疾人事业

资源——能源、水资源

环境保护

减灾

2.《新闻听力基础》

新闻——栏目和报纸种类、广播电视现状、读报热点、新闻联播

教育——现代教育、推广普通话、对外汉语教学、出国留学

科技——航天事业

生活——生活水平、婚姻变革、涉外婚姻

经济——对外贸易、对外开放、汽车工业、旅游业、经济地带、三峡工程

体育节目

外交——外交政策、中美关系、中日关系

文化——中国节日、中外文化交流

农村——农村变化、粮食、乡镇企业、村委会

社会——中国行政区、中国社会变迁

法制——司法审判

资源——森林资源

环境——环境污染

民族区域自治

台湾问题

军队发展概况

3.《报刊阅读教程》

文化——民族精神、精神文明、弘扬民族文化、外来文化、文物保护

体育

社会——人际关系、劳动制度改革、残疾人、老年问题、青年理想、五四运动

政治——政协会议

法制——法律、改造罪犯

经济——横向经济联合、旅游业、商业、个体户、乡镇企业、沿海开放、稳定物价、海洋经济

少数民族——民族区域自治、民俗

教育——家庭教育

科技

生活——生活水平婚姻家庭观念的变化

人口——人口政策

妇女——中国妇女面面观

农村——农村致富

医疗健康

环境保护

台湾问题

国际形势

4.《中文报刊阅读教程》

教育——汉语学习、教育改革

外交

经济——投资、出口、钢铁生产、消费、旅游业

法制——毒品

人口——计划生育

体育——奥运会

社会——就业

生活——居住、婚恋观

环境

科技——飞船、网络

医疗

文化——文艺

5.《读报纸　看中国》

外交——领导人会见、中美关系、中韩关系

教育——北大建校百年、高校改革

经济——经济形势、发行第五套人民币、改革开放 20 年、市场经济、旅游、饭店、方便台胞经商

社会——未来社会的走向、收养条件放宽、中国儿童发展状况、流行词、就业多元化、人才

科技——科教兴国、多媒体空间

民族——西藏适龄儿童入学率提高

减灾——中国抗洪、城市灾害十大隐患

生活——生活水平、婚姻、吸烟

文化——咖啡文化、大都市北京

卫生——艾滋病

6.《读报纸　学中文——中级汉语报刊阅读》

经济——综合国力和经贸发展、亚太经济、外资引进、旅游、储蓄和消费、商品与销售、世界贸易

外交——外事往来、联合国

科技——航天、公众科学素养、科学发明

军事——核裁军、维和行动

法制——打击犯罪、戒毒和禁毒

体育——体育运动

人口——计划生育、人口老龄化

医疗卫生——健康与戒烟

生活——餐饮工程、婚姻、家庭、交通、住房改革、家用电器、出入境管理、居民社区和百姓生活

社会——就业、户籍制度、人际关系、外来劳动力、脱贫和社保、助残

环境保护——生态与环保

资源——水资源、能源开发和利用

教育——中国教育、对外汉语、人才

农村——农民和粮食

文化——广告和知识

在六种教材中都覆盖了的领域包括经济、体育、文化、教育、科技、生活、社会七个领域；在五种教材中覆盖的领域包括外交、环境、法制三个领域；在四种教材中覆盖的领域包括人口、农村、卫生三个领域；在三种教材中覆盖的领域包括资源、少数民族；在两种教材中覆盖的领域包括军事、减灾、妇女、台湾问题；在一种教材中覆盖的领域包括政治、国际形势。

综合现有的六种报刊新闻教材中的主题分类，一共涉及 21 个领域的内容（见表 3 - 3），其中"国际形势"一类与其他类有包含关系，因此考虑不放在资源库的大类范围内，国际方面的相关内容并入其他类。如"联合国"在外交类，"核问题"在军事类，"自杀性爆炸"在灾难类，"NBA 篮球赛"归入体育类，等等。而"农村"则并入"经济"类。因此，报刊新闻资源库的领域分类为 19 类——经济、外交、政治、军事、体育、科技、文化、教育、生活、法制、医疗卫生、人口、社会、资源、环境、灾难、少数民族、妇女、台湾问题，基本涵盖了报刊新闻教学的所有领域。

表3-3　六种报刊新闻教材主题分类汇总表

领域分类	1 报基	2 新闻	3 报阅	4 读报	5 读报纸	6 读报中级
1 经济	√	√	√	√	√	√
2 外交	√	√		√	√	√
3 体育	√	√		√	√	√
4 科技	√	√	√	√	√	√
5 农村	√	√	√			
6 文化	√	√	√	√	√	√
7 教育	√	√	√	√	√	√
8 生活	√	√	√	√	√	√
9 法制	√	√	√	√		√
10 人口	√	√	√			√
11 社会	√	√		√	√	
12 资源	√	√				√
13 环境	√	√	√	√		√
14 减灾	√				√	
15 少数民族		√	√		√	
16 军事		√				√
17 妇女	√		√			
18 政治			√			
19 卫生				√	√	√
20 台湾		√	√			
21 国际形势			√			
领域总计	16					

2014 年四年级热点评论春季班留学生们自由选择的热点专题。

（1）经济：中国经济的发展、世界工厂——中国、中韩贸易纠纷、海外华商、经济发展的瓶颈、中国银行上市后的隐忧、第三产业如何振兴、青藏铁路的奇迹、中国的交通问题、中国旅游业的前景、中国的奢侈品消费、香港迪尼斯、洋快餐、APEC、名牌之争。

（2）文化：中国的文化产业、行为艺术、大众文化的走向、追星利弊、少林寺的商业味、世界遗产、门票涨价、韩流在中国、文化遗产、中国影视业的发展、武侠剧、古装剧、网络游戏、网络防沉迷系统、网络婚姻、网络利弊、在线角色游戏、博客、微信。

（3）社会生活：中国的社会阶层、中国的慈善事业、快乐工作、well–being 生活、NEET 一族、都市青年族群、拇指族、减肥热、同性恋、变性人、人造美女、大学生的性开放、婚姻自由、鞭炮禁放与限放、黑户口、黄金周。

（4）教育：教育收费、学生作弊现象、出国热的背后、高校排名、校园暴力。

（5）家庭：孝道、中国的涉外婚姻。

（6）外交：中美关系、中欧关系、中日关系、参拜靖国神社、中印国力比较。

（7）卫生健康：食品安全、中医的魅力、禽流感、安乐死。

（8）法律：少年犯罪、死刑制度、红色通缉令、防卫过当。

（9）科技：高铁、移动通信、中国的航空航天。

（10）环保：空气污染、PM2.5、水污染、都是装修惹的祸。

（11）灾难：海啸、地震、台风、病毒、核泄漏、飞机失事、沉船。

可见，四年级的《当代中国话题》和《文化热点评论》的话题几乎都在这个报刊新闻资源库的框架之内。一个动态更新的报刊新闻资源库是能够为对外汉语教学提供支持的。

第三节　对外汉语报刊新闻教学资源库的建设

报刊新闻资源库相当于一种知识组织体系。知识组织体系，是对内容概念及其相互关系进行描述和组织的机制。知识组织体系主要包括主题词表和分类表，涉及语义网络（semantic networks）和概念集（ontologies）。对知识体系可以用主题图来描述。主题图描述，就是利用一定的知识组织体系，对系统资源集合的主题内容结构、主题词汇、主题间相互关系以及主题与具体资源的连接进行描述，形成资源集合的主题图。

一、研究平台——动态流通语料库

报刊新闻资源库是基于动态流通语料库的研究平台建立的。动态流通语料库的特点有两个。

特点一：动态性——库容量在不断扩大（如1亿至数亿字），选择文本的时间段可以动态调整（2013—2018年语料等）；文本选择范围或应用领域可以变化（例如，确定报纸新闻语料或科技语料，也可建立一些专门的语料库）。

特点二：流通性——语料在媒体中的流通程度高。在主流报纸的选择上，不但参考了国家主流报纸的发行量、发行周期、发行地域，也特别参考了各大报纸的阅读率和媒体价值，使主流报纸的选择有了更多的量化依据，扩大了主流报纸的选择范围。流通度是一种语言事实在社会交际中的流行通用的程度。

动态流通语料库是即期抽取的语料库——根据大众媒体的传播情况，依据一定的原则来动态抽取；是历时的语料库——可以观察和测量到流通度的变化情况，可以追踪到语言成分的产生、成长和消亡；是动态变化的语料库——大众传播媒体的情况是在不断变化的，语料库也相应变化（例如，1978年，我国报纸只有186种，基本上是单一的党委机关报，到1995年年底已经增加到2202种，平均期印数增加4倍，总印张增加3.5倍，报纸的品种、功能、发行都有了相当大的变化。要科学地反映语言的流通应用情况，语料库的容量、选材、抽样等都是动态变化的）。

报刊新闻资源库报刊新闻分类体系的建立。

（1）《中图法》《汉语主题词表》的分类体系；（2）基于动态流通语料库的当前主流报纸内容分类；（3）目前通用报刊新闻教材的专题分类（北语教材、北大教材、其他教材）；（4）留学生对报刊新闻感兴趣的内容的调查；（5）四年级热点讨论课上学生们自由选择的内容分析；（6）综合上述各项内容制定报刊新闻分类体系；（7）综合提取19个领域：政治、经济、科技、文化、教育、体育、卫生、生活、国际、灾难、外交、环境、法律、军事、资源、人口、社会、少数民族、台湾。

从DCC主流报纸动态流通语料库（见图3-3）中提取分类文本，建立报刊新闻分类资源库。首先建立报刊新闻分类体系，在此分类体系的基础上构成资源库中的各个分类语料库。再从各个分类语料库中提取分类的不同级别的主题词群。这个资源库可以成为进一步研究的平台（见图3-4）：在对语料库的基础原文进行标记处理之后可以从中生成报刊新闻知识库、报刊新闻固定格式库、报刊新闻基本语法点库。在新闻教学平台的基础上可以提取服务于新闻教学的分类主题词群，也可以编写动态更新的数字化对外汉语报刊新闻教材或最新的新闻读本。

资源库的构成包括分类体系、分类语料、各类各级主题词群。从经济、社会、文化、教育这样的领域大类到慈善事业、沙漠化、高考移民这样的具体主题，都有相应主题词群和它们相连接。

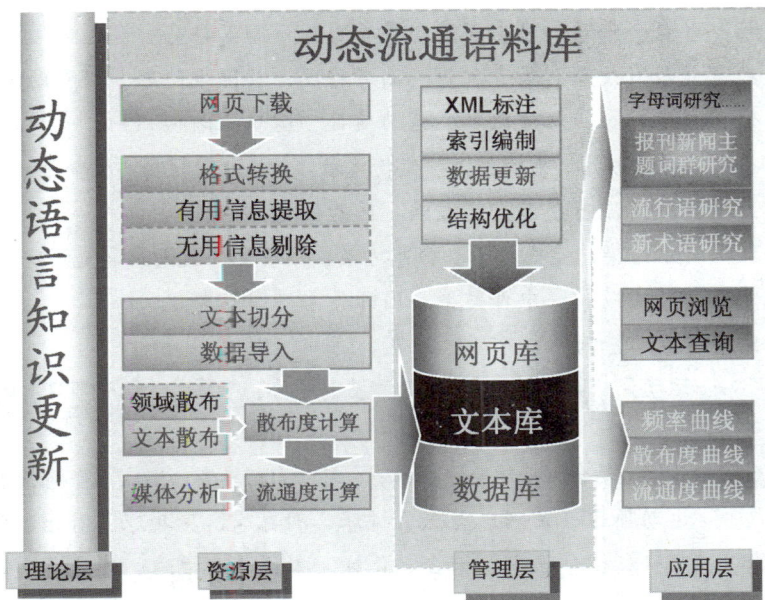

图3-3 中国主流报纸动态流通语料库概图

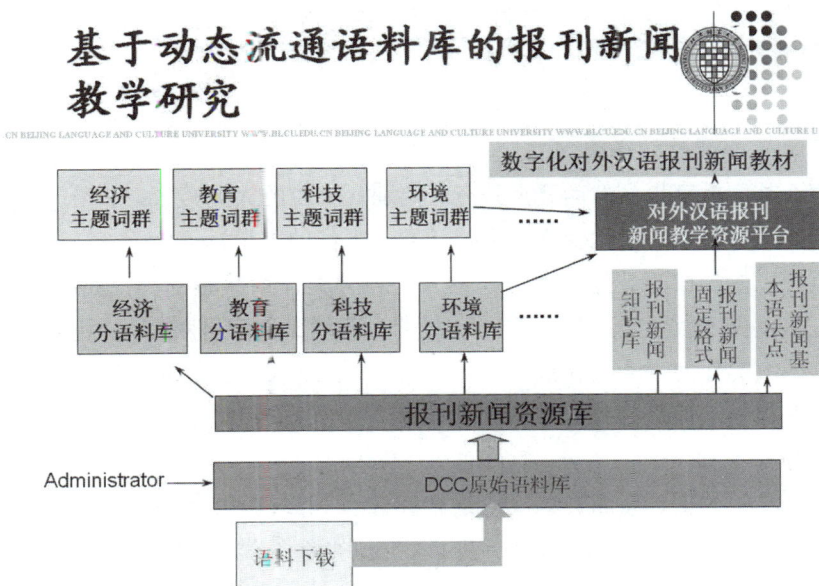

图3-4 基于动态流通语料库的报刊新闻教学平台概图

例如：

社会（社会阶层、社会保障、慈善事业、和谐社会）

教育（教育改革、教育收费、高考移民、贫困生问题、捐资助学……）

体育（运动会、各项比赛、运动项目、运动休闲……）

科技（信息技术、航空航天、生物技术、新能源新材料、生命探索……）

卫生健康（流行疾病、艾滋病、医疗保健……）

环保（水污染、空气污染、白色污染、沙漠化、酸雨、臭氧层空洞……）

外交（外交政策、中外关系、国际关系、国际会议……）

灾难（空难、海难、矿难、地震、海啸、飓风……）

体育

运动会　奥运会（奥组委、申办、举办、开幕式、比赛项目、闭幕式、残奥会）

其他运动会（亚运会、世锦赛、环法自行车赛、温布尔登网球赛……）

运动项目（足球、篮球、排球、羽毛球、乒乓球、游泳、跳水、击剑、射击、体操、射箭、曲棍球、棒球、垒球、水球、赛艇、田径、拳击、柔道、摔跤、跆拳道、赛车）

运动休闲（高尔夫、保龄球、钓鱼、登山）

棋牌类比赛（桥牌、国际象棋、围棋）

二、核心类及动态类

核心类：所有报刊新闻分类共有的类别（上位的大类）。

动态类：根据时代的变迁产生的新类（下位的小类）。

资源库中的核心类是相对静态的，是各分类体系共有的类，如政治类、经济类、科技类、教育类、文化类、体育类、环境类、家庭类、生活类、卫生类等，这些大类任何一个报刊新闻教材都包括在内。核心类中的内容可以更新。

动态类则是根据时代的变迁产生的新类，如高考移民、韩流、禽流感、奥运经济等。

这个分类的报刊新闻资源库应适合新闻报刊阅读课，它是处于不断调整更新之中的。经过考察，留学生在讨论课中感兴趣的类都在这个资源库的框架之下。

主题词群的汇集要靠词语的频度、使用度和流通度的数据来确定。最后形成分级别的主题词群表。

三、资源库的基本构成

资源库的基本构成：19 大类（核心类）、91 个子领域、189 个具体主题。如表 3 - 4 所示。

表 3-4　报刊新闻资源库的基本构成

领域	子领域	具体主题					
01 经济	国民经济	十二五规划	知识产权	经济矛盾	经济现代化	循环经济	社会主义新农村
	贸易	对外贸易	世界工厂	纺织品谈判	倾销		
	财经、金融	人民币升值	股票				
	产经	汽车	房产	旅游	信息		
	投资	外资					
	消费	信用卡					
	政策	改革开放	一带一路				
	会议	人大会议	政协会议				
	理论	三个代表	"三讲"				
02 政治	文件			政府工作报告			
	活动	保持共产党员先进性教育					
	民主建设	民主	人权				
	外交政策	和平共处五项原则	和平发展				
03 外交	外交关系	中欧关系	中美关系	中日关系	中俄关系	中韩关系	中印关系
	外交会议	六方会谈	APEC 会议	上合组织			
	联合国	联合国改革	联合国增常				
04 资源	自然资源	能源	矿产资源	水资源	海洋资源	森林资源	土地资源
	社会资源						

续表

领域	子领域	具体主题					
05 科技	科技计划	科技中长期计划		科技创新		创新型国家	自主创新能力
	科学发展观						
	航空航天	载人飞行	探月计划	火箭发射	卫星		
	生物技术	基因工程	干细胞				
	信息技术	网络					
	新材料新技术	纳米	智能机器人	清洁能源			
06 教育	义务教育	免费义务教育	贫困生	教育公平			
	教育改革						
	素质教育						
	高等教育	高考	高考移民	扩招	考研		
	职业教育						
	留学	留学垃圾	海归				
	教育问题	乱收费	招生舞弊	学术腐败	抄袭	作弊	
	社会保障	养老体系	医疗改革	弱势群体			
07 社会	慈善事业						
	社会阶层	贫富差距	民工				
	社会热点	反腐	春运	自杀	安全生产		
	社会现象	诅咒	同性恋	变性人			

续表

领域	子领域	具体主题					
08 生活	居住	住房改革	安居工程				
	食品	食品安全	洋快餐				
	流行时尚	时装	生活方式				
	出行	黄金周	交通安全				
	美容	人造美女	减肥热				
	婚姻家庭	离婚	空巢家庭	丁克家庭	姐弟恋		
09 环境	环境保护	自然保护区	湿地保护				
	环境问题	空气污染	水污染	沙漠化	酸雨		
	国际合作	京都议定书					
10 人口	计划生育	独生子女	优生优育				
	老龄化	空巢家庭	社会养老	啃老族			
	人口日	人口自然增长率					
	人口问题	性别比失衡					
11 体育	奥运会	2022北京冬奥会	奥运口号	冰墩墩	雪容融		
	各项运动	足球	篮球	排球	乒乓球	网球	羽毛球
		游泳	跳水	赛艇			
		赛车	自行车				
		体操	拳击	举重	击剑	高尔夫	

续表

领域	子领域	具体主题				
12 文化	传统文化	国学热	儒学	孝道	汉服	
	大众文化	影视	春节晚会	草根	明星	"粉丝"
	网络文化	博客	微信	低头族	网瘾	
	精英文化	小资文化	中产阶层	"慕洋犬"		
	文化交流	韩流	韩剧	美剧	日本漫画	
	文化遗产	遗产保护	四合院			
	文学	"80后"作家	四大名著	科幻		
13 卫生	传染病	禽流感	艾滋病	非典		
	医疗费	天价医疗费	大病统筹			
	中医					
	心理健康	心理咨询	自杀干预			
	保健					
	疾病和死亡	心脑血管疾病	安乐死	过劳死		
14 妇女	妇女权益	男女平等	性别歧视			
	半边天	妇女参政议政				
	妇女问题	家庭暴力	性骚扰	二奶		
	"四自"精神	"四自"精神:自尊、自信、自立、自强				
15 民族	民族政策	民族区域自治				
	民族团结					

续表

领域	子领域	具体主题						
15 民族	民族分裂							
	民族文化	民族歌舞	民族语言文字	民族风俗				
16 军事	军备控制	裁军	军费					
	武器	核武器	核扩散					
	军事演习							
	反恐	人质事件	自杀性爆炸					
	战争							
	军队建设	中央军委	解放军					
	联合国维和							
17 法制	法律法规							
	犯罪	少年犯罪						
	死刑制度							
	严打							
	法制案例	冤案						
18 灾难	自然灾害	地震	飓风	海啸	洪水	泥石流	山体滑坡	
	人为灾害	空难	海难	矿难	踩踏事故	车祸	火灾	爆炸
19 台湾	和平统一	反分裂国家法	九二共识					
	台独	陈水扁	修宪	废统				
	三通	春节包机	自由行					
	两岸交流	大陆行	台商	陆生				

　　资源库中的文本按照领域分类，每一类的文本经过切词处理，形成领域大词表。这个领域大词表减去报刊新闻通用词语就是领域主题词表，就是我们要研究的一级主题词群。在特定主题上主题词群可以利用词汇关系链来获取领域知识，从而使主题词语具有领域特征性。每一个领域主题词表都是一个领域控制词表，这个领域控制词表在社会发展中不断吸收新的词汇，成为不断更新的后控词表。我们可以利用这些受控词汇进行文本的领域分类。

　　在子领域聚类的文本中，我们利用领域相交的方法提取领域共用词语，并且得到各子领域的专用主题词语表。这就是二级主题词群。

　　到具体主题的文本中，我们可以利用通用词表和领域共用词表，提取某一个具体主题的个性主题词群。提取主题词群的前提是要先提取各领域之间的通用词语。为了提取主题词语这个目的，下一章要进行报刊新闻通用词语表的提取。

第四节　本章小结

　　本章节介绍了对外汉语报刊新闻教学的现状以及存在的问题，指出词汇研究的滞后是报刊新闻教学发展的瓶颈。本章回顾了几种主题词表的制定和特点，参考了权威的分类法，考察了网页文本分类，对现有的几种对外汉语报刊新闻教材的主题分类做了大致的概括，最后综合各种相关因素提出了报刊新闻资源库的分类框架。

第四章

报刊新闻领域间通用词表的提取

第一节　报刊新闻各分类领域词表的建立

本研究的目标是提取报刊新闻教学使用的主题词群，工作流程如下。

（1）用领域相交的方法提取 DCC 语料库中 2005 年 12 家报纸 19 类语料的通用词语。

（2）提取 19 类语料的分领域主题词表（一级主题词群表）。

（3）提取子领域间的共用词表和各子领域的专用主题词表（二级主题词群表）。

（4）提取更下位具体主题的专用主题词群表（三级主题词群表）。

（5）利用通用词语提取任意文本的主题词群（单文本主题词群）。

（6）验证主题词群提取的有效性和准确性。

（7）根据主题词群的相关数据对文本难易度做初步研究。

以提取报刊新闻主题词群为目的，在词汇分离的过程中我们需要一个领域区分效果好的通用词语表。现代汉语通用词，是指社会生活各个方面、各行各业都通用的现代汉语词汇。它是相对于流通性较窄的专业词汇而言的。客观上存在一个全社会性质的、跨行业的、应用广泛的通用词汇集，它包括人们通常说的"常用词""次常用词"，还包括少量频度低但分布率较高，人们十分熟悉的词语。通用词这个名称既表达了它的常用性质，也表达了它的广泛应用的性质。我们的研究要为对外汉语报刊新闻教学服务，因此我们的通用词表应该有报刊新闻的特性。我们认为通用词语既包括领域通用，也包括时间通用，还包括地域通用。词语的通用性用计算机是可以测量出来的。目前做领域通用词表，今后可以进一步做历时的通用词表和地域的通用词表，将来可以整合在一起做一个综合的通用词表，全面反映词语通用的情况。本文的通用词语提取是在报刊新闻资源库中19个领域的语料中进行的。

一组概念。

1. 通用词语 Wg（Words general）：在各领域之间都通用的词语。本书采用的提取方法是，各领域的词表相交，得到的19个领域的最小交集成为本研究提取的通用词语。通用词语是指在各领域之间通用的词语。

2. 共用词语 Wc（Words common）：指在一个领域内部各子领域之间共用的词语。如 X 领域中的 a、b、c 子领域之间共用。

3. 专用词语 Ws（Words special）：指在子领域词表中去除了通用词语、领域共用词语后得到的专用词语。也就是 a、b、c 各子领域独用。

4. 主题词群：指围绕一个主题聚合起来的词语，有不同的层级。从领域来说，各领域都有自己的领域词表（不含通用词语），这是一级主题词群表；领域内的子领域中去除通用词语和领域共用词语的词表，是二级主题词群表；子领域的下位具体主题中提取的主题词群属于三级主题词群表。每一层级的主题词群规模由大到小递降。最小的主题词群可以小到一个单文本的主题词群。

词汇分离技术要研究如何区分通用词语、共用词语、专用词语。我们将在第五章做进一步的探讨。

一、报刊新闻资源库的领域分类

在分类语料库的基础上对词语的使用情况做统计分析。

领域分类情况如图 4-1 所示。

每一领域下又各有子领域，如资源领域下分为：水资源、国土资源、矿产资源、森林资源、海洋资源等（见图 4-2）。

报刊新闻资源库是基于 DCC 动态流通语料库的研究平台。以 DCC 动态流通语料库为研究平台，用栏目信息和关键短语的提取方法对文本进行分类。

（一）栏目信息的提取

前面已经论述过，DCC 主流报纸动态流通语料库中的语料都来源于各种报纸的网页文件，根据各报纸的已有栏目信息，我们可以用相关软件提取出来各报纸的栏目信息，然后将提取出来的栏目进行归类合并。例如：

《人民日报》的栏目归类

新闻：国际、国内、社会、要闻、专题、综合

政治：党建、两会、文件、理论、议政

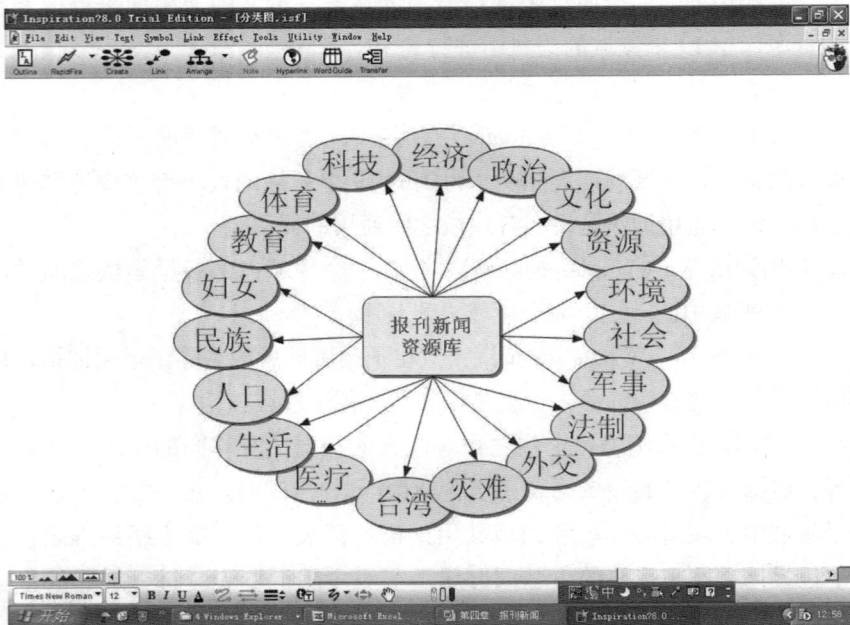

图 4 - 1　报刊新闻资源库领域分类

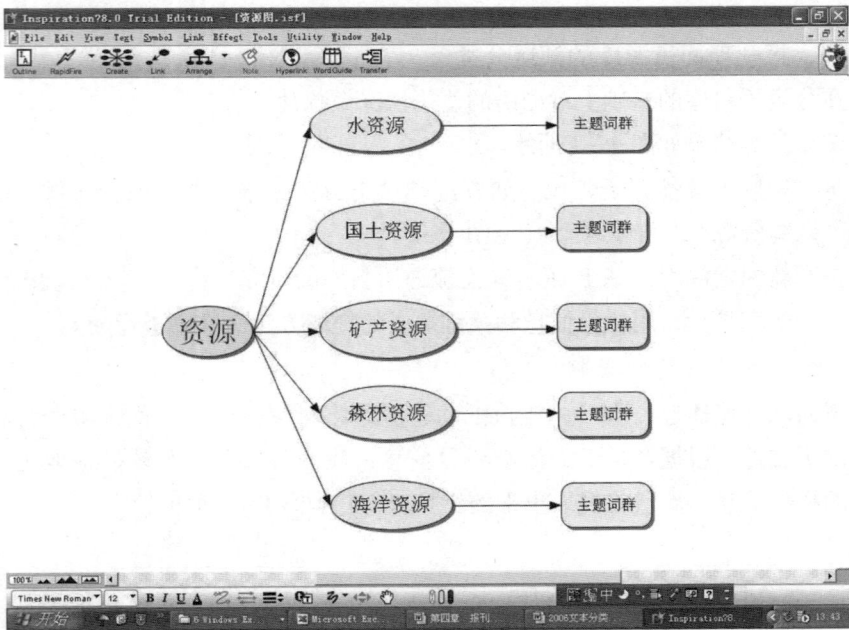

图 4 - 2　子领域分类示例

经济：汽车、企业、农村、金融、财政、财富、品牌

文化：文化交流、文艺、摄影美术、副刊、读书、学术

科技：科教

教育：人才

体育

法制

军事

《北京青年报》的栏目归类

新闻：本市、国际、国内、动态、焦点、要闻

经济：财经、汽车、房产、家电、通信

文化：读书、人物、影视

生活：感受、健康、时尚、择业、指南

教育：人才、留学、双语、礼仪、奥校

体育

科技：网络、数码

《北京晚报》的栏目归类

新闻：北京新闻、今日关注、世界新闻、消息、新闻目击、新闻纵横

政治：两会

经济：房产、汽车、证券投资、旅游

教育：人才、高招

科技：E周刊、手机短信

医疗卫生：保健、健身

生活：美食

体育：棋牌、足球、人文奥运

文化：四合院、五色土副刊

《深圳特区报》的栏目归类

新闻：国际（环球热点、海啸、印度洋大地震）、国内、关注、南粤、港澳台、深圳、鹏城、热点话题、要闻、新闻大观

经济：财经（产业、产经、市场）、金融、地产、服务、泛珠合作方案、税、人物、物流、新工作、招商、证券

生活：畅游天下、春运、购物、关爱行动、黄金周、家电、家居、看点、美丽、时尚、新年、周六、周日

科技：数码、手机

医疗卫生：健康、运动

教育：学海无涯

法制

文化：娱乐、连载

体育

灾难：海啸、印度洋地震

《扬子晚报》的栏目归类

新闻：国际、国内、江苏南京、今日评说、要闻

经济：财经、房产、汽车、股票、数码

医疗卫生：健康

教育

社会

体育

文化：娱乐

《环球时报》的栏目归类

国际：环球视点、国际论坛、周游列国、异国风情、外国人看中国

军事

经济：经济新闻、经济观察经济案例、国际财经新闻

科技

环境与人

文化

教育：人才教育

体育

社会：深度报道、人物春秋、史海回眸

卫生：健康时代

台湾：台湾传真

生活：娱乐空间

《光明日报》的栏目归类

政治：时事政治、理论周刊、民主与团结

教科文卫：教育周刊、科技周刊

新闻：图片新闻、国际新闻、综合新闻

经济：经济社会、经济周刊

军事：军事周刊

科技：电脑网络

文化：文化周刊、书评周刊、画刊、九州、文荟副刊

……

　　每一类的文本都集中在这一类的文件夹中，文件夹标明这一类的文本数。在每一文件夹内是该类所有的文本文件。在归类时，这个文件夹归入相应的类。如文件夹［财经 1200］［地产 378］［金融 110］［汽车 669］并入经济大类；［海啸 40］［印度洋大地震 51］归入"灾难"类；［春节包机 8］并入"台湾"类。（见图 4－3）

　　所有报纸的各类文本都并入相应的领域大类，成为该领域的专类语料。

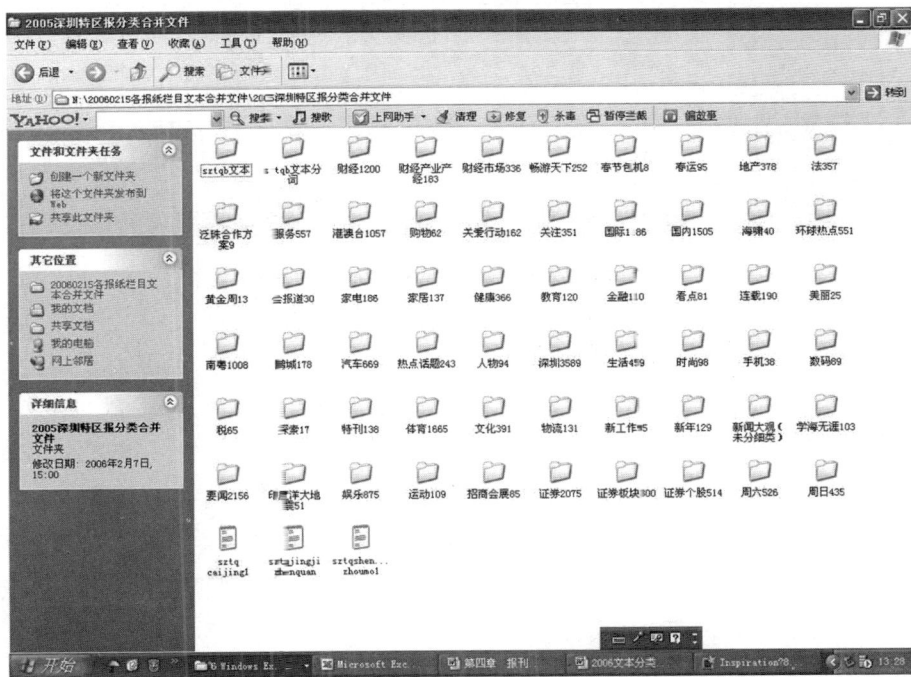

图 4－3　报纸文本分类文件示例

　　每个文件夹内都有标注了媒体信息、时间、栏目信息的文本文件。

　　如文本文件"SZTQ20050201413564 专刊副刊今日财经"指《深圳特区报》2005 年 2 月 1 号的 413564 号文件，内容是专刊副刊上的"今日财经"。这种详细的编码便于管理以及用于文本散布数、媒体流通度的计算。（见图 4－4）

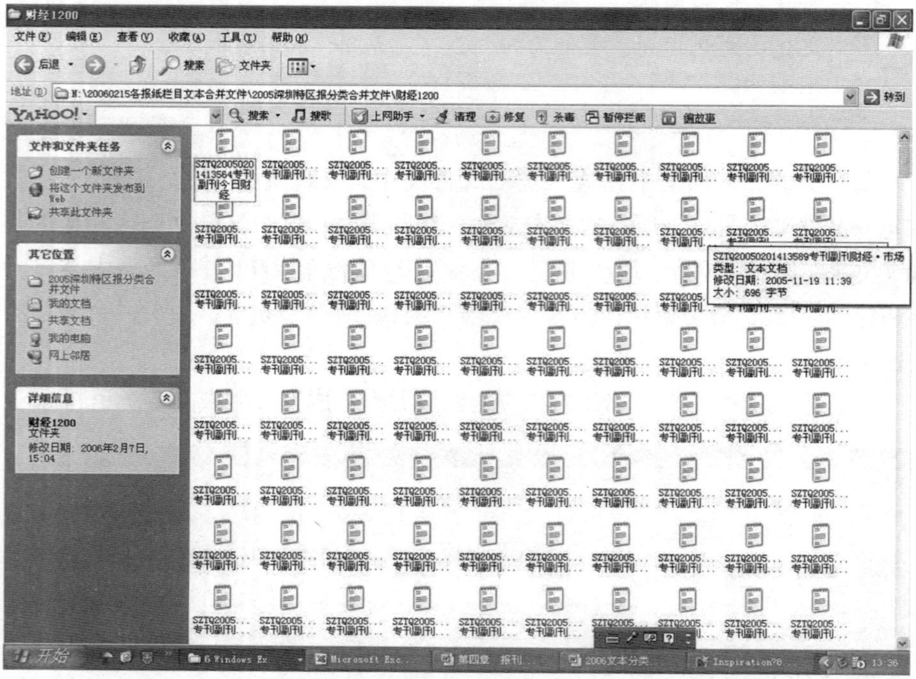

图4-4 报纸栏目分类及文本文件

由栏目信息提取出来的大类有13个。

政治（1853）、经济（6537）、文化（1839）、科技（1716）、教育（2069）、体育（1559）、法制（612）、军事（1649）、生活（676）、卫生（1992）、灾难（91）、环境（83）、台湾（110）。但是有些领域的文本数极大，如经济、文化、体育类，但有的领域文本数极小，如灾难、环境、台湾等，因为很多报纸没有设这三个栏目，所以无法提取栏目信息。还有些报纸的栏目信息无法提取，因此我们在语料中又采取了关键短语查询检索的方法来提取文本。

（二）关键短语提取

1. 由于现有报纸栏目分类搜索的文本不能满足报刊新闻资源库的需要，对一些文本数量少的领域又进行了关键短语搜索。

灾难关键短语：地震、飓风、海啸、洪水、泥石流、空难、海难、矿难、踩踏事故、车祸、火灾、山体滑坡

环境关键短语：环境保护、水污染、空气污染、沙漠化、酸雨、湿地

台湾关键短语：台海、"台独"、九二共识、春节包机、三通、和平

统一

为避免领域内几个关键短语交叉检索造成某些文本重复检索现象，我们把每个领域用关键词短语检索出来的文本都放入这个领域的文件夹内，覆盖了相同的文本，因此该领域内聚集的文本数是去重后的文本数。灾难领域共有 2811 个文本，环境领域共有 433 个文本，台湾领域共有 670 个文本。

2. 报刊新闻资源库中有 19 个大类，而栏目信息提取的方法并不能涵盖资源库所要求的领域，还有"资源、妇女、少数民族、人口、社会、外交"六个领域的语料欠缺，因此我们采用了关键短语的提取方法在 DCC 动态流通语料库 2005 年的语料中来提取其他类的语料。

资源关键短语：能源、土地资源、矿产资源、水资源、森林资源、海洋资源

妇女关键短语：妇女权益、妇女参政、"四自"精神、妇女节、母亲节

少数民族关键短语：民族团结、民族区域自治、民族分裂、民族语言文字

人口关键短语：计划生育、独生子女、人口自然增长率、人口日、性别比

社会关键短语：社会保障、慈善事业、贫富差距、社会热点、社会现象

外交关键短语：外交政策、外交原则、中美关系、中日关系、中欧关系

通过关键短语检索，资源领域得到 4555 个文本，妇女领域得到 901 个文本，少数民族领域得到 669 个文本，人口领域得到 495 个文本，社会领域得到 1889 个文本，外交领域得到 620 个文本。

分类文本聚集在相应的领域内以后，开始进行以下的通用词语提取工作。

二、各类领域大词表的提取过程

各领域大词表的提取过程包括分词、导入数据库、去重、频次的叠加、排序。

1. 分词：利用中科院自动化所的分词软件将各领域文本进行切分处理。将分词以后的文本另存为分词文件。

2. 将分词文件用 Edit Plus2 软件进行处理，然后导入数据库形成词表。

3. 将词表去重，计算各词语频度、使用度、流通度。

4. 将词表排序。

由上述过程我们得到 19 个领域的大词表。各领域词表的词种数如表 4 - 1 所示。

表 4 - 1　19 个领域大词表数据汇总

领域	语料量	文本数	词次	词种数
经济	24302954	6537	8356346	95011
资源	19385919	4555	6583756	73781
灾难	15116654	2811	2127851	71685
社会	15767566	1889	2142611	69479
文化	11368961	1839	1572507	61335
政治	12735200	1853	1750314	55637
军事	12753192	1649	1733423	49615
教育	10585984	2069	1462823	46901
体育	8440932	1559	1122459	48224
科技	8540948	1716	1166945	45308
卫生	7673094	1992	968312	42463
妇女	3901367	901	539236	29158
生活	2626965	676	357298	27543
法制	2097309	612	443064	26823
少数民族	4249873	669	581223	24646
人口	3958769	495	544598	22325
环境	1785191	433	244610	20667
台湾	2802946	670	383507	19163
外交	2540171	620	255373	14662

第二节 各领域之间通用词表的提取过程

一、求各领域词表之间的交集（领域相交）

将上述 19 个领域大词表求交集。

$$L1 \cap L2 = J1$$
$$J1 \cap L3 = J2$$
$$J2 \cap L4 = J3$$
$$J3 \cap L5 = J4$$
$$J4 \cap L6 = J5$$
$$J5 \cap L7 = J6$$
$$J6 \cap L8 = J7$$
$$J7 \cap L9 = J8$$
$$J8 \cap L10 = J9$$
$$J9 \cap L11 = J10$$
$$J10 \cap L12 = J11$$
$$J11 \cap L13 = J12$$
$$J12 \cap L14 = J13$$
$$J13 \cap L15 = J14$$
$$J14 \cap L16 = J15$$
$$J15 \cap L17 = J16$$
$$J16 \cap L18 = J17$$
$$J17 \cap L19 = J18$$

"L"代表领域，"$\cap$"代表求交集，"J"代表求交集以后的结果。

在所有领域中都共现的词语是通用词语，J18 就是 19 个领域相交后的最小交集，它是这 19 个领域中都通用的词语集合。

表 4-2 就是 19 个领域相交的过程和结果。

表 4 - 2　19 个领域相交过程及数据结果

领域	词次	词种数		交集数		反向交集	交集差
经济 L1	8356346	95011			FJ18	5611	0
资源 L2	6583756	73781	J1	51058	FJ17	5611	0
灾难 L3	2127851	71685	J2	31058	FJ16	5611	0
社会 L4	2142611	69479	J3	28379	FJ15	5611	2
文化 L5	1572507	61335	J4	25235	FJ14	5613	3
政治 L6	1750314	55637	J5	23119	FJ13	5616	0
军事 L7	1733423	49615	J6	20992	FJ12	5616	6
教育 L8	1462823	46901	J7	19534	FJ11	5622	4
体育 L9	1122459	48224	J8	18269	FJ10	5626	27
科技 L10	1166945	45308	J9	17290	FJ9	5653	8
卫生 L11	968312	42463	J10	16439	FJ8	5661	16
妇女 L12	539236	29158	J11	14623	FJ7	5677	18
生活 L13	357298	27543	J12	13267	FJ6	5759	249
法制 L14	443064	26823	J13	12404	FJ5	5910	165
少数民族 L15	581223	24646	J14	11015	FJ4	6075	354
人口 L16	544598	22325	J15	10097	FJ3	6429	691
环境 L17	244610	20667	J16	9059	FJ2	7110	2229
台湾 L18	383507	19163	J17	8148	FJ1	9339	
外交 L19	255373	14662	J18	7004			

在求交集的过程中，由于各领域语料量的大小不同，我们做了双向求交的试验。一个是正向交集试验，一个是反向交集试验。

正向交集。在领域相交的排序上，我们首先将各领域的词种数按照由大到小的顺序排列。词种数最大的经济领域排在了第 1 位，词种数最小的外交领域排在了第 19 位。相交的结果是 J18 = 7004。也就是说正向交集的词种数为 7004。

领域词种数自大而小相交过程如下：

1. 经济和资源的交集　　51058

2. 与灾难的交集　　　　31058

3. 与社会的交集　　　　28379

4. 与文化的交集　　　25235

5. 与政治的交集　　　23119

6. 与军事的交集　　　20992

7. 与教育的交集　　　19534

8. 与体育的交集　　　18269

9. 与科技的交集　　　17290

10. 与卫生的交集　　　16439

11. 与妇女的交集　　　14623

12. 与生活的交集　　　13267

13. 与法制的交集　　　12404

14. 与民族的交集　　　11015

15. 与人口的交集　　　10097

16. 与环境的交集　　　9059

17. 与台湾的交集　　　8148

18. 与外交的交集　　　7004

正交集因为是从词种数最大的领域逐步向词种数小的领域相交,因此交集词语数字之间差距较大。其差距从 3000 到 1000 不等。19 个领域词表正向交集曲线图如图 4 - 5 所示。

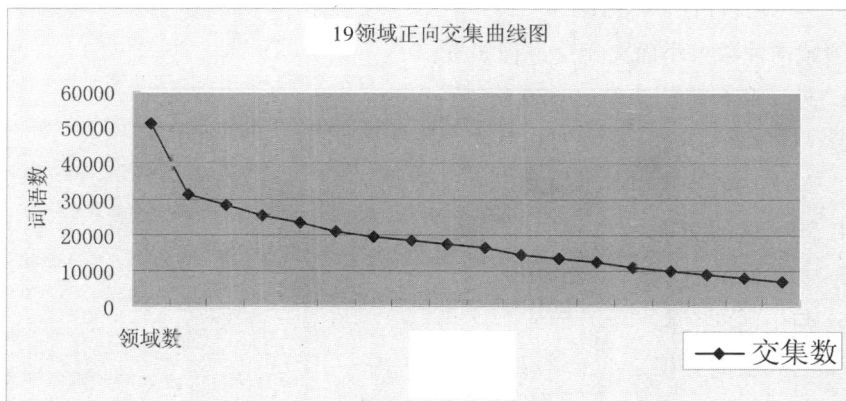

图 4 - 5 19 个领域词表正向交集曲线图

由于资源库的现有各领域语料不平衡,因此各领域的词种数各不相同。最大的经济类词种数和最小的外交类词种数之间相差了 80349 个,从最大词种数依次相交下来的通用词语数字和从最小词种数向上相交是否相同?接下来考察从领域的最小集合到最大集合的交集数有没有变化。

反向交集：L19∩L18 = FJ1

　　　　　FJ1∩L17 = FJ2

　　　　　FJ2∩L16 = FJ3

　　　　　FJ3∩L15 = FJ4

　　　　　FJ4∩L14 = FJ5

　　　　　FJ5∩L13 = FJ6

　　　　　FJ6∩L12 = FJ7

　　　　　FJ7∩L11 = FJ8

　　　　　FJ8∩L10 = FJ9

　　　　　FJ9∩L9 = FJ10

　　　　　FJ10∩L8 = FJ11

　　　　　FJ11∩L7 = FJ12

　　　　　FJ12∩L6 = FJ13

　　　　　FJ13∩L5 = FJ14

　　　　　FJ14∩L4 = FJ15

　　　　　FJ15∩L3 = FJ16

　　　　　FJ16∩L2 = FJ17

　　　　　FJ17∩L1 = FJ18

领域词种数自小而大相交过程如下：

1. 外交和台湾的交集　9339
2. 与环境的交集　7110
3. 与人口的交集　6429
4. 与民族的交集　6075
5. 与法制的交集　5910
6. 与生活的交集　5759
7. 与妇女的交集　5677
8. 与卫生的交集　5661
9. 与科技的交集　5653
10. 与体育的交集　5626
11. 与教育的交集　5622
12. 与军事的交集　5616
13. 与政治的交集　5616

14. 与文化的交集　　　5613

15. 与灾难的交集　　　5611

16. 与资源的交集　　　5611

17. 与体育的交集　　　5611

18. 与经济的交集　　　5611

反向交集是从词种数最小的领域向词种数大的领域相交（见图4-6），由于开始相交的基数小，而后基数逐渐加大，因此除了开始落差为2000以外，后来的落差逐步减小，差距从几百到几十，最后到一位数直至零（见图4-7）。由此可见，语料量越大共用词重合的数量也越大。

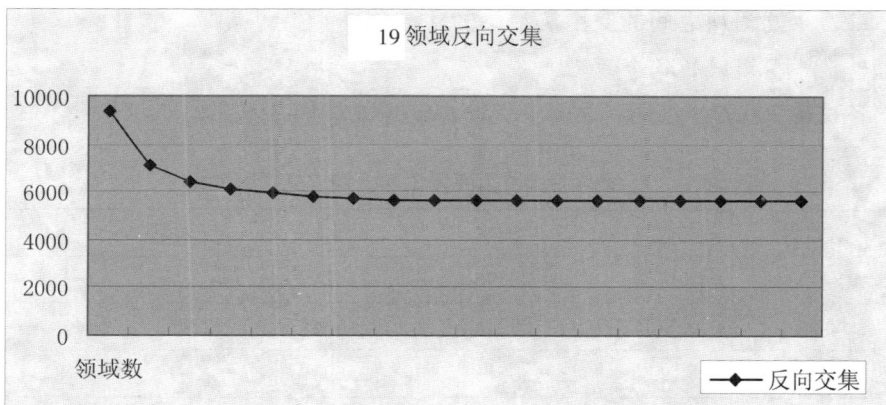

图4-6　19个领域词表反向交集曲线图

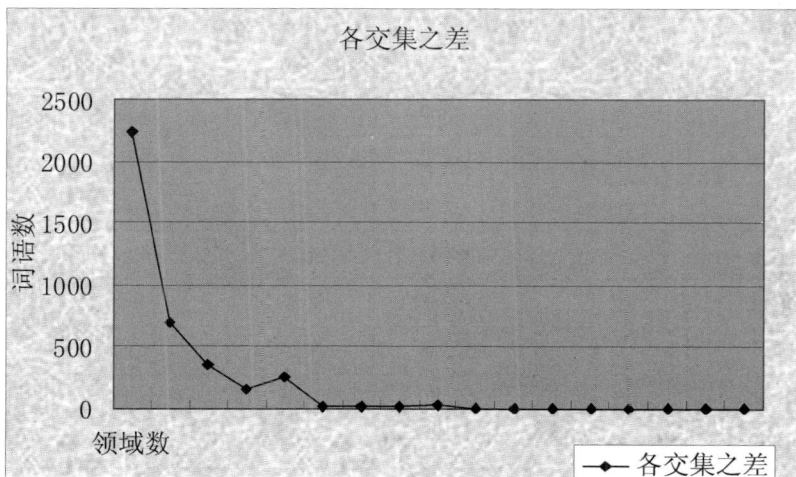

图4-7　19个领域词表交集差曲线图

正交集和反交集的数量看来不一致，这是因为分词软件的词性标注造成词种数的不同，分词软件将所有切分出来的词都标注了词性。所以一个词形会有多个词种单位，经过合并以后的正交集和反交集词形数正好相等，都是3783。因此就取反向交集的5611个通用词语词条。

上述结果是在各领域的实际语料中进行计算得出的，但是语料量相当不平衡，各领域之间的词种数差别太大，我们考虑这会影响到通用词语提取的准确性，因此我们在资源库中选取了各领域中几组大约等量的语料再进行领域相交试验，将这几组数据进行对比，从中得出比较准确的通用词语。

二、平衡语料之间的交集实验

（一）各领域200万语料

各领域200万平衡语料之间求交集的数据如表4-3所示。

表4-3　各领域200万平衡语料之间求交集的数据

平衡语料	200万语料	词次	词种数	交集数	交集差
1 经济	经济	223961	21425		
2 资源	资源	262446	24034	22063	
3 灾难	海啸	305117	28695	13919	8144
4 社会	春运	502527	26891	11895	2024
5 文化	文化	345190	29959	9813	2082
6 政治	政治	246687	23295	8962	851
7 军事	军事	265353	24562	8741	221
8 教育	教育	213800	21798	8460	281
9 体育	体育	324819	31302	8061	399
10 科技	科技	192270	22589	7800	261
11 卫生	科教	323135	26315	7445	355
12 妇女	副刊	323280	35504	7389	56
13 生活	生活	357298	27543	6938	451
14 法制	法制	367660	25741	6565	373
15 少数民族	民族1	581223	24646	6477	88
16 人口	人口1	544598	22325	6377	100
17 环境	环境	244610	20667	6091	286

平衡语料	200万吾料	词次	词种数	交集数	交集差
18 台湾	台湾	383507	19163	5931	160
19 外交	外交	255373	14662	5280	651

各领域200万语料相交结果：5280个通用词语。

200万平衡语料交集曲线图如图4-8所示。

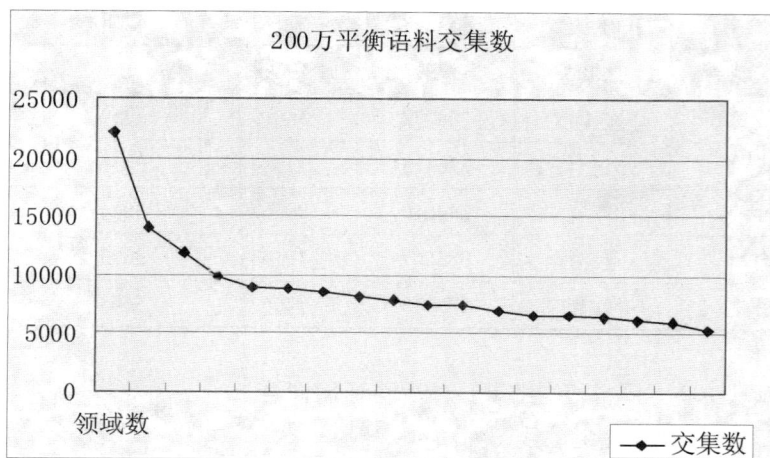

图4-8 200万平衡语料交集数曲线图

（二）各领域100万语料

各领域100万平衡语料之间求交集的数据如表4-4所示。

表4-4 各领域100万平衡语料之间求交集的数据

平衡语料	100万语料	词次	词种数	交集数	交集差
1 经济	贸易	226246	19548		
2 资源	国土资源	195484	15814	12920	
3 灾难	矿难	255500	18616	8698	4222
4 社会	春运	502527	26891	7647	1051
5 文化	传统文化	250728	23327	6769	878
6 政治	保先	358217	20380	5905	864
7 军事	战争	207014	18674	5521	384

平衡语料	100 万语料	词次	词种数	交集数	交集差
8 教育	留学	189973	17888	5171	350
9 体育	羽毛球	308305	23520	5070	101
10 科技	信息技术	407827	23480	4828	242
11 卫生	心理健康	258959	17856	4451	377
12 妇女	综合	180080	17926	4322	129
13 生活	生活	357298	27543	4218	104
14 法制	法制 1	172993	19649	4163	55
15 少数民族	民族团结	208072	15619	3959	204
16 人口	计划生育	236473	11384	3851	108
17 环境	环境	244610	20667	3844	7
18 台湾	台湾	383507	19163	3695	149
19 外交	外交	255373	14662	3695	0

各领域 100 万语料相交结果：3695 个通用词语。

100 万平衡语料交集曲线图如图 4 - 9 所示。

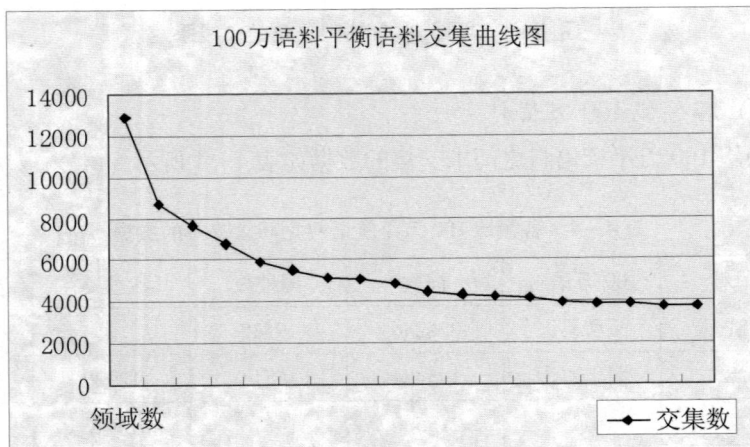

图 4 - 9　100 万平衡语料交集数曲线图

（三）各领域 80 万语料

各领域 80 万平衡语料之间求交集的数据如表 4 - 5 所示。

表 4 – 5　各领域 80 万平衡语料之间求交集的数据

平衡语料	80 万语料	词次	词种数	交集数	交集差
1 经济	倾销	204550	17047		
2 资源	矿产资源	174622	17423	11506	
3 灾难	地震	173289	16481	8264	3242
4 社会	春运	502527	26891	7140	1160
5 文化	影视	134910	16051	6728	412
6 政治	保先	358217	20380	5886	842
7 军事	核扩散	312590	16604	5578	308
8 教育	教育改革	219807	16384	5320	276
9 体育	足球	219148	20507	5200	120
10 科技	机器人	179885	17732	4970	230
11 卫生	心理健康	258959	17856	4860	110
12 妇女	综合	180080	17926	4662	198
13 生活	台湾 2	353991	17539	4318	344
14 法制	法制 2	153378	16570	4110	208
15 少数民族	民族政策	166356	13544	4008	102
16 人口	计划生育	236473	11384	3844	124
17 环境	环境	244610	20667	3703	141
18 台湾	台湾	383507	19163	3632	71
19 外交	外交	255373	14662	3632	0

各领域 80 万语料相交结果：3632 个通用词语。

80 万平衡语料交集曲线图如图 4 – 10 所示。

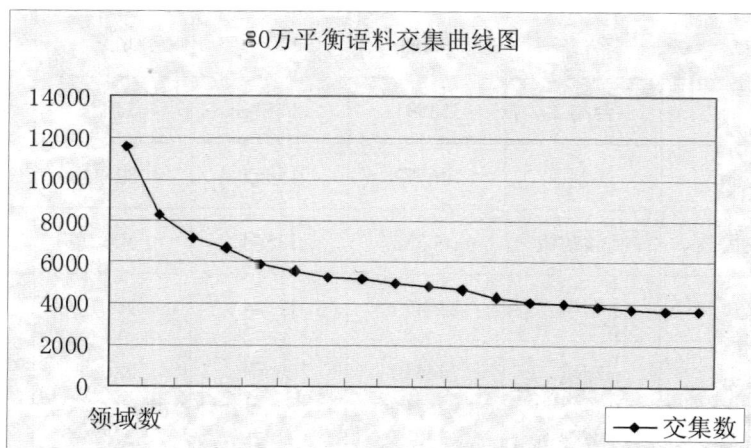

图 4 – 10　80 万平衡语料交集曲线图

（四）各领域60万语料

各领域60万平衡语料之间求交集的数据如表4-6所示。

表4-6　各领域60万平衡语料之间求交集的数据

平衡语料	60万语料	词次	词种数	交集数	交集差
1 经济	循环经济	204662	13743		
2 资源	国土资源	195684	15184	9375	
3 灾难	海难	113066	16062	7653	1722
4 社会	同性恋	114550	14909	5830	1832
5 文化	影视	134910	16051	5017	813
6 政治	保先	358217	20380	4842	175
7 军事	武器	295962	16025	4558	284
8 教育	学费	160780	14755	4315	243
9 体育	举重	128321	15654	4157	158
10 科技	纳米技术	130676	13548	3900	257
11 卫生	医疗费	214174	17561	3753	147
12 妇女	综合	180080	17926	3635	118
13 生活	台湾2	353991	17539	3498	137
14 法制	法制3	146972	15353	3281	217
15 少数民族	民族政策	166356	13544	3068	213
16 人口	计划生育	236473	11384	2947	121
17 环境	环境	244610	20667	2865	82
18 台湾	春节包机	123043	11449	2733	132
19 外交	外交	255373	14662	2733	0

各领域 60 万语料相交结果：2733 个通用词语。

60 万平衡语料交集曲线图如图 4-11 所示。

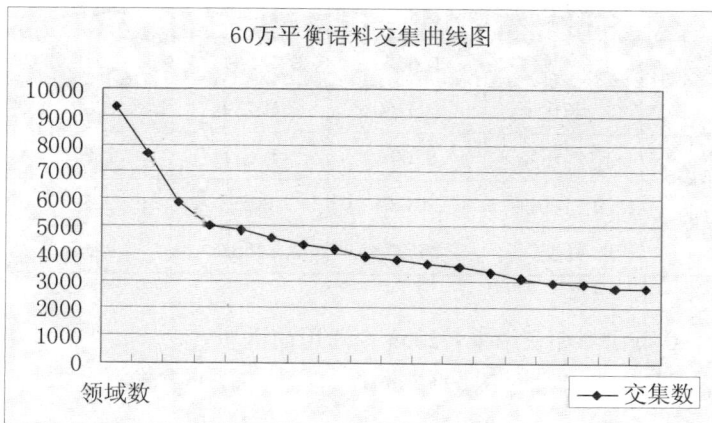

图 4-11　各领域 60 万平衡语料交集曲线图

（五）各领域 40 万语料

各领域 40 万平衡语料之间求交集的数据如表 4-7 所示。

表 4-7　各领域 40 万平衡语料之间求交集的数据

平衡语料	40 万语料	词次	词种数	交集数	交集差
经济	循环经济	204662	13743		
资源	森林资源	120995	12604	7864	
灾难	飓风	93809	14190	5080	2784
社会	贫富差距	120663	12341	4054	1026
文化	国学热	97051	13449	3600	454
政治	三个代表	122864	11210	3423	177
军事	武器	295962	16025	3223	200
教育	抄袭	135243	14354	3044	179
体育	体操	98018	14244	2925	119
科技	干细胞	117942	12484	2780	145
卫生	传染病	96238	11260	2719	61
妇女	家庭暴力	98138	10554	2679	40
生活	人民两会	146687	13195	2646	33

平衡语料	40 万语料	词次	词种数	交集数	交集差
法制	冤案	148922	14841	2607	39
少数民族	民族政策	166356	13544	2514	93
人口	老化	103260	10739	2400	114
环境	空气污染	92000	11651	2387	13
台湾	九二共识	118264	8072	2258	129
外交	外交	255373	14662	2258	0

各领域 40 万语料相交结果：2258 个通用词语。

40 万平衡语料交集曲线图如图 4－12 所示。

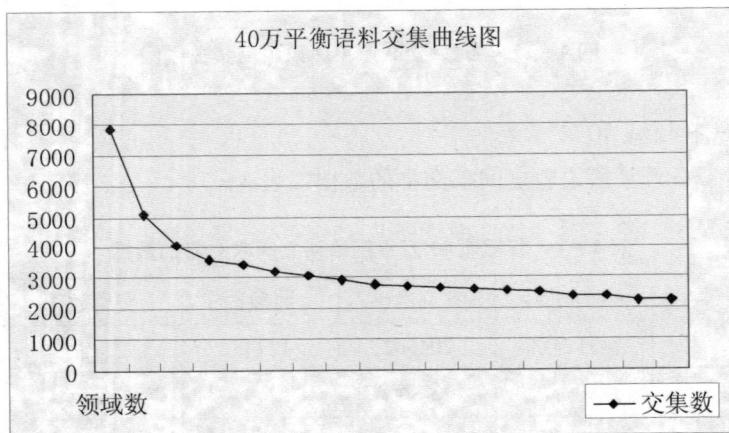

图 4－12   40 万平衡语料交集曲线图

（六）各领域 20 万语料

各领域 20 万平衡语料之间求交集的数据如表 4－8 所示。

表 4－8   各领域 20 万平衡语料之间求交集的数据

平衡语料	20 万语料	词次	词种数	交集数	交集差
经济	农村 1	72433	9563		
资源	海洋资源	60289	9599	4438	
灾难	空难	81267	11393	2963	1475

平衡语料	20万语料	词次	词种数	交集数	交集差
社会	追星	71996	12356	2514	449
文化	儒学	119002	13600	2317	197
政治	三个代表	122864	11210	2168	149
军事	裁军	81794	10086	2127	41
教育	高考	159252	12619	2089	38
体育	体操	98018	14244	2020	69
科技	干细胞	117942	12484	1965	55
卫生	传染病	96238	11260	1884	81
妇女	家庭暴力	98138	10554	1846	38
生活	洋快餐	70881	9919	1832	14
法制	冤案	148922	14841	1723	109
少数民族	民族歌舞	83703	10765	1677	46
人口	性别比失衡	78747	7095	1636	41
环境	沙漠化	56270	8598	1580	56
台湾	九二共识	118264	8072	1544	36
外交	中日	94239	7903	1506	38

各领域20万语料相交结果：1506个通用词语。

20万平衡语料交集曲线图如图4－13所示。

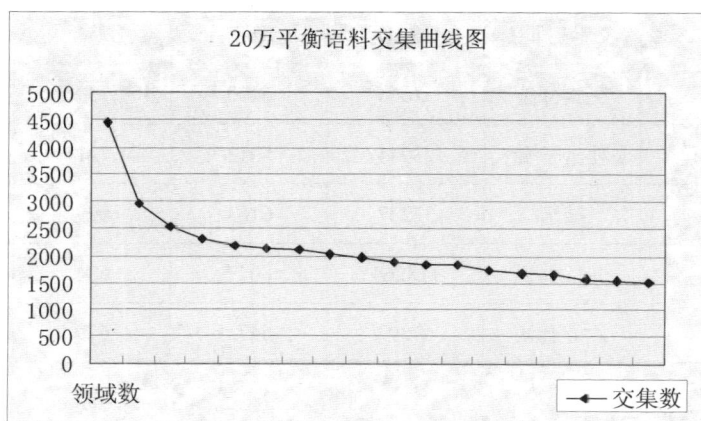

图4－13 20万平衡语料交集曲线图

（七）各领域 10 万语料

各领域 10 万平衡语料之间求交集的数据如表 4-9 所示。

表 4-9　各领域 10 万平衡语料之间求交集的数据

平衡语料	10 万语料	词次	词种数	交集数	交集差
经济	金融	41460	5196		
资源	自然资源	31696	5900	2435	
灾难	山体滑坡	61436	9347	1936	499
社会	弱势群体	58218	6200	1656	280
文化	博客	70402	9567	1471	185
政治	科学发展观	73128	8114	1346	95
军事	联合国维和	56384	8116	1240	106
教育	贫困生	31920	5586	1109	131
体育	北京奥运	19965	4972	1064	45
科技	基因工程	47806	6531	998	66
卫生	禽流感	42557	6153	975	23
妇女	性骚扰	60803	8417	942	33
生活	人造美女	39416	7574	777	165
法制	少年犯罪 1	26906	5343	754	23
少数民族	民族分裂	51666	6470	739	15
人口	独生子女	23944	5312	721	18
环境	酸雨	32237	6163	699	22
台湾	九二共识	118264	8072	684	15
外交	六方会谈	67392	5473	679	5

各领域 10 万语料相交结果：679 个通用词语。

10 万平衡语料交集曲线图如图 4 − 14 所示。

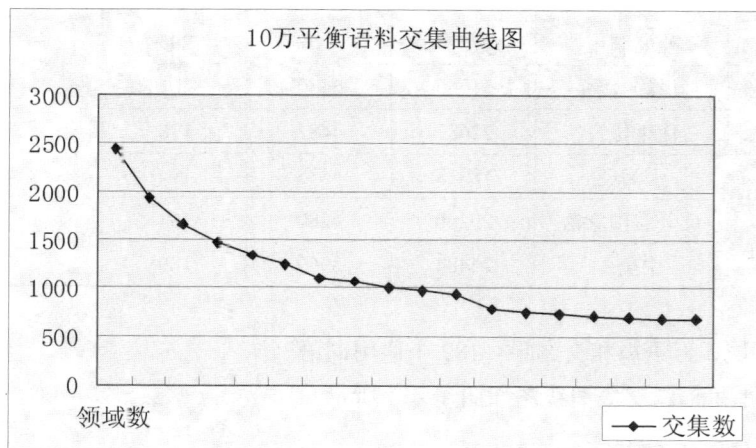

图 4 − 14 10 万平衡语料交集曲线图

（八）各领域 5 万语料

各领域 5 万平衡语料之间求交集的数据如表 4 − 10 所示。

表 4 − 10 各领域 5 万平衡语料之间求交集的数据

平衡语料	5 万语料	词次	词种数	交集数	交集差
经济	"十一五"规划	29669	4489		
资源	自然资源	31696	5900	1426	
灾难	踩踏事故	12422	2691	600	826
社会	慈善事业	17584	3845	487	113
文化	超级女声	17995	3415	330	157
政治	2005 民主政治	15750	2868	320	10
军事	军需	19275	5049	296	24
教育	职业教育	15915	2992	281	15
体育	跳水	12703	3077	246	35
科技	科技计划	19272	3010	240	6
卫生	过劳死	17433	4270	225	15
妇女	性别歧视	46975	7321	217	8
生活	食品安全	28988	4218	209	8

续表

平衡语料	5 万语料	词次	词种数	交集数	交集差
法制	死刑制度	27573	3958	205	4
少数民族	民族分裂	51666	6470	201	4
人口	优生优育	22687	4482	198	3
环境	水污染	18333	4335	194	4
台湾	反分裂国家法	29200	4280	191	3
外交	中美 1	24484	3969	189	3

各领域 5 万语料相交结果：189 个通用词语。

5 万平衡语料交集曲线图如图 4 - 15 所示。

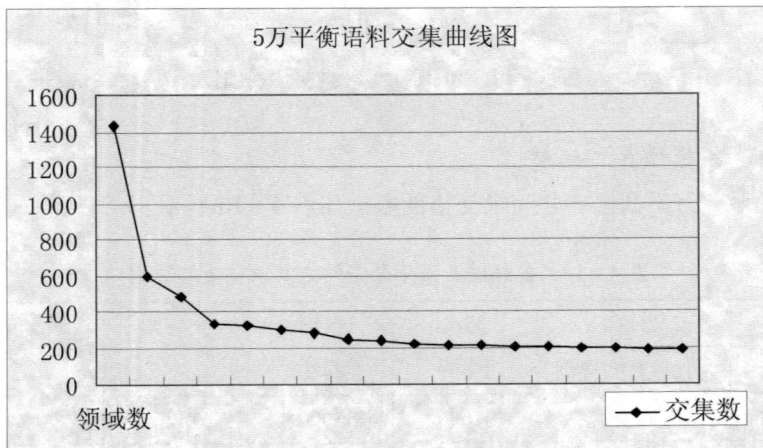

图 4 - 15　5 万平衡语料交集曲线图

（九）各领域 1 万 ~ 2 万语料

各领域 1 万 ~ 2 万平衡语料之间求交集的数据如表 4 - 11 所示。

表 4 - 11　各领域 1 万 ~ 2 万平衡语料之间求交集的数据

平衡语料	1 万 ~ 2 万语料	词次	词种数	交集数	交集差
经济	经济矛盾	7922	1859		
资源	海洋资源	6426	1523	1136	
灾难	踩踏事故	12422	2691	539	597
社会	就业	6377	1324	458	81

续表

平衡语料	1万~2万语料	词次	词种数	交集数	交集差
文化	文化产业	8713	2387	398	60
政治	2005民主政治	15750	2868	379	19
军事	军控	8153	1688	358	21
教育	招生舞弊	5525	1581	311	47
体育	篮球	15561	2855	276	35
科技	生物技术	9202	3170	253	23
卫生	过劳死	17433	4270	190	63
妇女	妇女解放	9138	2260	168	22
生活	农村扶贫	8105	1643	138	30
法制	改造罪犯	6583	1833	119	19
少数民族	西藏	6365	1929	101	18
人口	2000人口	5236	1347	93	8
环境	1996环境	7775	1830	88	5
台湾	2000台湾	5413	1307	84	4
外交	中印关系	4690	1286	81	3

各领域1万~2万语料相交结果：81个通用词语。

1万~2万平衡语料交集曲线图如图4-16所示。

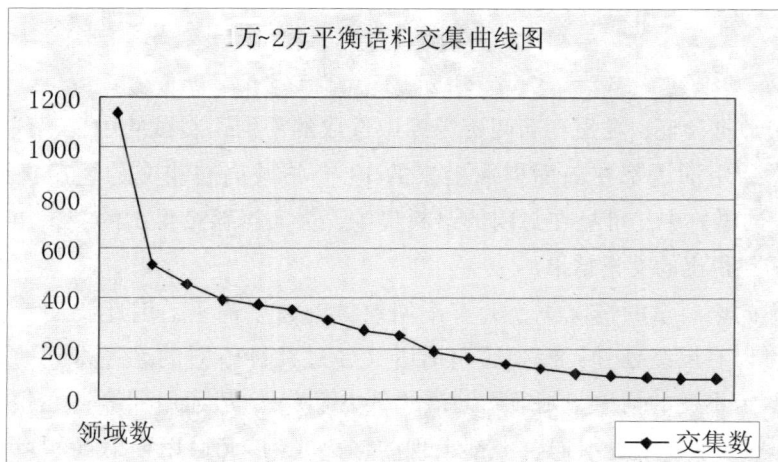

图4-16 1万~2万平衡语料交集曲线图

　　从上述九个平衡语料试验可以看到：随着语料量的减小，通用词语的数量也在减小。其中200万平衡语料获得的交集最大，为5280个词语；1万~2万平衡语料获得的交集最小，只有81个词语（见表4－12、图4－17）。

表4－12　平衡语料交集数据对比

语料量	200万	100万	80万	60万	40万	20万	10万	5万	1万~2万
交集数	5280	3695	3632	2733	2258	1506	679	189	81

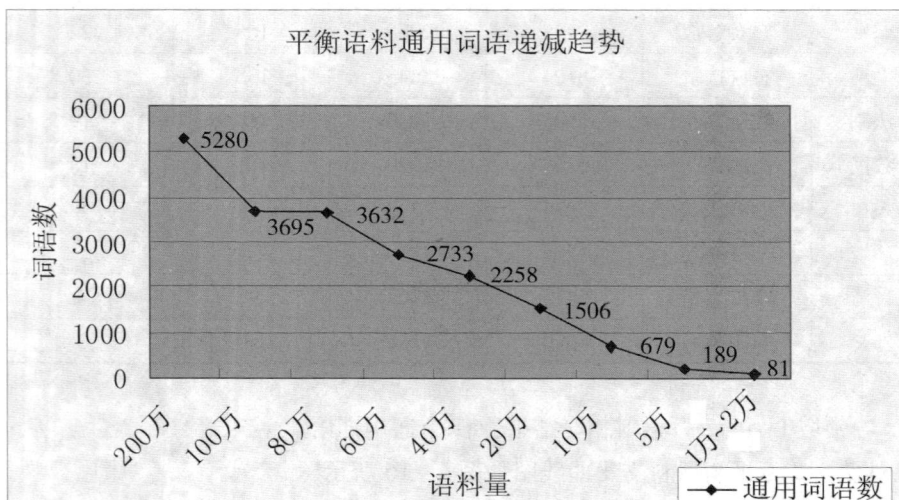

图4－17　平衡语料通用词语递减趋势

　　经过数据验证，在报刊新闻资源库中选取的平衡语料试验中，不同语料提取出来的通用词语都在前面提取出来的19个领域词表相交的通用词语FJ18（5611个词语）中。可见在封闭的语料集中，最大语料量得出的交集结果会涵盖小语料量得出的交集结果。

　　在不同语料量的情况下，会有不同数量的通用词语，因此我们考虑通用词语也可以有层级划分：核心通用词语（经过几种不同的途径得到的通用词表中都固定不变的词语，是通用词语的最小级）；一般通用词语（在报刊新闻资源库中19个领域通用词表中都出现的词语）；扩充通用词语（领域的扩大和缩小会影响到通用词语的提取数量，通用词语扩充集可以随着领域的不同来调整）。

目前我们的研究在提取通用词语核心集和通用词语一般集，通用词语扩充集有待后续研究。

从数据反映的情况来看，语料越大，其通用词语的数量就越大；语料越小，其通用词语的数量也越小（见图4-17）。在现实语料中单位语料内通用词语所占的比例大致为多少，我们在后文中再详细讨论。

下面我们用其他几个试验来验证通用词语的提取结果。

三、有关通用词语提取的其他实验

从上面19个领域相交的结果可以看到，领域相交的数量越多，提取的通用词语越少。到底取多少个领域的交集作为通用词语？如何找到一个通用词语合适的量级就是要考虑的问题。

下面我们用几个不同的途径来获取报纸的通用词语。

（一）实验一：《人民日报》分类语料之间的通用词语提取

我们选取了《人民日报》2005年分类语料进行交集试验，得出：法制和文化的交集12351；法制文化国际的交集9093；法制文化国际国内交集7878；法制文化国际国内体交集7039；法制文化国际国内体政交集6612；法制文化国际国内体政军交集5855；法制文化国际国内体政军生交集4953；法制文化国际国内体政军生科交集4028；法制文化国际国内体政军生科经交集4118；《人民日报》各类通用词为4118个。

（二）实验二：《经济日报》分类语料之间的通用词语提取

《经济日报》的专业性比较强，主要报道经济方面的内容，包括国民经济、财政、金融、产业、企业等内容，涵盖了经济事务的各个方面。因此用它来作为经济类词语的专项考察。

《经济日报》2004年15个子领域的共用词语为7685个。因为语料的分布不均衡，其各领域交集的差集数量相差悬殊（见表4-13）。

表4-13　《经济日报》分类语料之间的交集数据

分类	文件数	总词次	词种数	交集数	交集差
财经	4966	2032105	51137		
保险	1775	742336	31152	22994	
股票	1249	946229	34214	17488	5506
银行	4420	3251884	66651	17219	269

分类	文件数	总词次	词种数	交集数	交集差
证券	3455	1532500	51858	16285	934
理财	500	368317	19094	11751	4534
企业	14974	10253240	120631	11741	10
信息、网络	7613	11590896	97333	11717	24
电信	651	539280	32713	10128	1589
房产	1645	1877967	52257	9965	163
能源	2202	1877439	57270	9772	193
数码	326	209952	18267	7774	1998
汽车	2916	2229190	71643	7772	2
食品	1794	1406676	45000	7685	87
石油	1564	1877439	57269	7685	0

2004 年《经济日报》各领域交集数如图 4 - 18 所示。

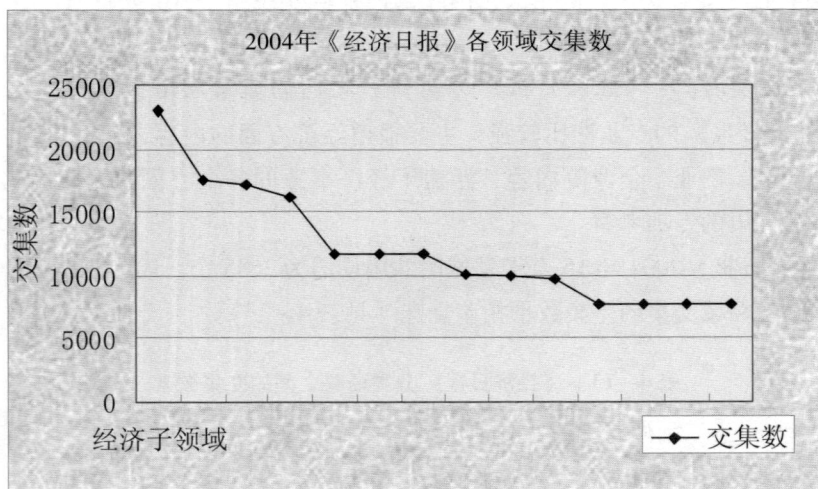

图 4 - 18　2004 年《经济日报》各领域交集数

我们再来看 2005 年《经济日报》1—12 月的每月语料的交集，如表 4 - 14 所示。

表 4 - 14　《经济日报》2005 年语料每月交集数据

时间	语料量	词次	词种数	交集数	交集差
经济 0501	1812301	992950	45120		
经济 0502	2421485	1326702	49991	23578	
经济 0503	2432411	1316355	49307	18200	5378
经济 0504	2509129	1375068	51322	16189	2011
经济 0505	1946508	1066585	45575	15753	1436
经济 0506	2436491	1337364	52248	13872	1881
经济 0507	2818889	1379775	54555	12936	936
经济 0508	2604200	1404327	54147	12017	919
经济 0509	5291939	2784260	52006	11396	621
经济 0510	1979295	1036902	46512	10527	869
经济 0511	2660973	1336178	50490	10034	493
经济 0512	2964134	1546502	54894	9933	101

《经济日报》2005 年全年词语交集数为 9933 个词语，如图 4 - 19 所示。

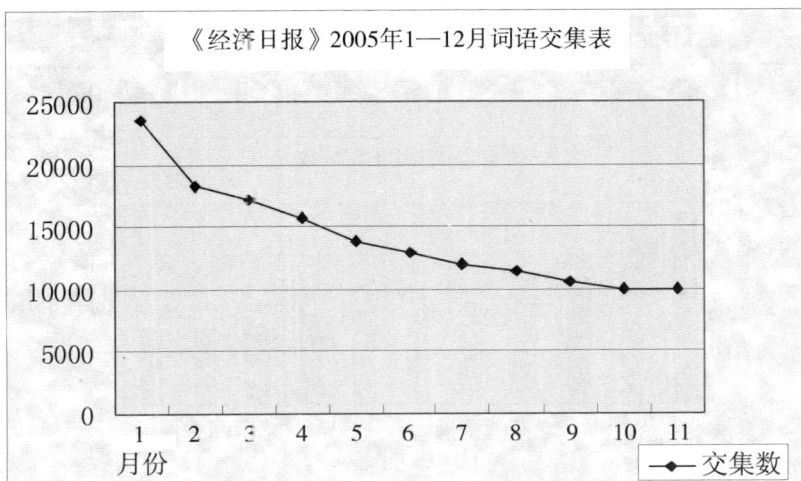

图 4 - 19　《经济日报》2005 年 1 月—12 月词语交集表

（三）实验三：《法制日报》2005 年 1—12 月语料的共用词语

《法制日报》是法制领域的一份专门的报纸，这里考察了以月为时间跨度单位的词语使用情况，从表 4 - 15、图 4 - 20 来看，《法制日报》2005 年全年 12 个月每月都用到的词语共有 7631 个。

表 4 - 15　《法制日报》2005 年 1—12 月语料的交集数据

时间段	语料量	词次	词种数	交集数	交集差
法制 200501	1738953	624886	30933		
法制 200502	1633908	534180	30312	19027	
法制 200503	1528686	445554	23391	13845	5182
法制 200504	1692784	583533	30729	12559	1286
法制 200505	1526753	445278	26412	11307	1252
法制 200506	1439525	371655	22288	10123	1184
法制 200507	1502129	424735	24088	9438	685
法制 200508	1853454	721715	29401	9252	186
法制 200509	1620351	522791	27649	8944	308
法制 200510	1388748	328624	19569	8200	744
法制 200511	1354898	300104	19755	7713	487
法制 200512	1681651	576384	26823	7631	82
总数	18961840	5879439	12 个月交集数 7631		

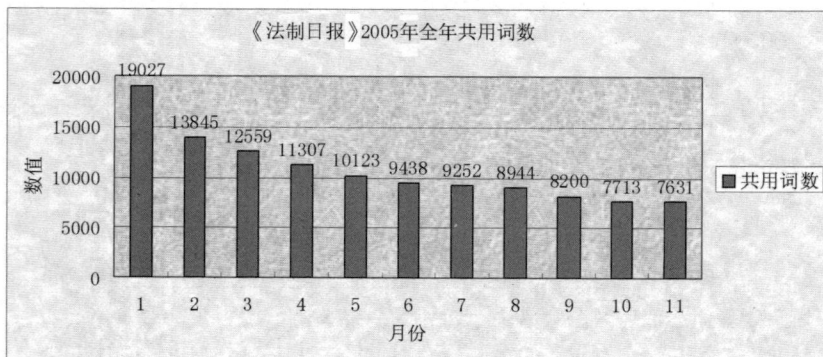

图 4 - 20　《法制日报》2005 年全年共用词数

（四）实验四：任意十个领域的通用词语提取结果

从表 4-16 和图 4-21 来看，十个领域通用词语为 3538 个。

表 4-16 十个领域通用词表的提取

领域	文件数	总词次	词种数	交集词数	交集差数
1. 环境	3146	564304	20554		
2. 教育	5242	2708414	27433	9647	
3. 科技	2688	792220	25344	8048	1599
4. 体育	13641	1220770	24126	7368	680
5. 文化	13391	726305	34516	6145	1223
6. 生活	13472	602608	31844	5973	172
7. 经济	12999	2162304	27615	5336	637
8. 政治	1469	210608	12356	4438	898
9. 法制	5470	1036549	26823	4171	367
10. 军事	1117	210154	12078	3538	333

文件总数：72635 个，词语条数总记录 10034237。

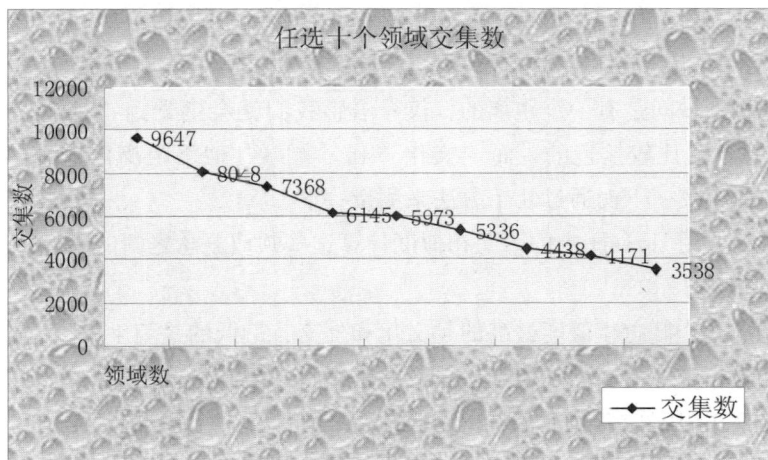

图 4-21 任选十个领域交集数

这几个通用词语提取的途径各不相同：第一个《人民日报》的分类词表交集是从一个报纸的领域通用来考虑的；第二个 2005 年《经济日报》12 个月词表

交集是从历时的时间通用角度来考虑的；第三个 2005 年《法制日报》12 个月的交集也是考虑了时间的通用；第四个任意十个领域通用词表的交集是从不同报纸的通用领域来考虑的。不同的提取途径得到不同的最小交集数。我们将上述四个交集结果再求共，也就是将 4118 词表、9933 词表、7631 词表、3538 词表之间再相交，得出的最后交集是 2814，说明这 2814 个词语都出现在上述四个词表中。

然后我们用这 2814 个词语与资源库中 19 个领域相交得出的通用词语（5611 个）做对比，得出的共用词语是 2661 个。这 2661 个词语的累加频度达到73%。我们先把这 2661 个词语作为通用词语核心集（还需做进一步研究）。而5611 个词语的覆盖率达到 79%，可以把它作为通用词语一般集。

试验结果表明，当用超出资源库的更多语料验证时，通用词语集会更小，但是本文的研究语料来源于报刊新闻分类资源库，并不包括任何一份报纸全年的内容。所以后面的研究内容中，为计算方便和保持计算数据的一致性，通用词语将采用该资源库领域交集得出的结果 5611 个通用词语条目（词形 4009）。

虽然目前提取了通用词语的初步结果，但有关通用词语的研究才刚刚开始，有必要对通用词语进行更为具体的考察。

第三节　领域间语义距离的测量实验

领域和领域间是有一定距离的，仅靠语感我们就会感觉到"社会"和"生活""文化"是比较接近的，而"文化"和"军事"似乎距离比较远。如何量化领域间的距离，下面通过几个方法来测量一下。

方法一：用 Hownet 中的语义相似度计算这些领域概念之间的距离。

表 4-17 显示：

和经济这个概念相似度最高的是文化和外交，最低的是卫生。

和资源相似度最高的是灾难，最低的是生活。

和灾难相似度最高的是军事，最低的是环境。

和社会相似度最高的是文化和外交，最低的是人口。

和文化相似度最高的是科技，最低的是环境。

和政治相似度最高的是军事和教育，最低的是环境。

和军事相似度最高的是政治、教育，最低的是环境。

表 4 – 17 19 个领域概念在 Hownet 中的词语相似度 （一）

概念	经济	资源	灾难	社会	文化	政治	军事
经济		0.119208	0.222866	0.593298	0.655026	0.640741	0.640741
资源	0.119208		0.152047	0.14545	0.145455	0.134367	0.134367
灾难	0.222866	0.152047		0.208696	0.208696	0.233865	0.251208
社会	0.593298	0.145455	0.208696		0.768519	0.171429	0.171429
文化	0.655026	0.145455	0.208696	0.768519		0.171429	0.171429
政治	0.640741	0.134367	0.233865	0.171429	0.171429		0.722222
军事	0.640741	0.134367	0.251208	0.171429	0.722222	0.722222	
教育	0.640741	0.134367	0.251208	0.171429	0.171429	0.722222	0.722222
体育	0.640741	0.134367	0.233865	0.171429	0.171429	0.668724	0.722222
科技	0.126316	0.111623	0.145455	0.285714	1.000000	0.126316	0.126316
卫生	0.044444	0.047462	0.047462	0.593298	0.655026	0.047462	0.047462
妇女	0.107723	0.113060	0.113060	0.145455	0.145455	0.047462	0.099914
生活	0.045503	0.044444	0.044444	0.074074	0.074074	0.044444	0.044444
法制	0.126316	0.111628	0.140368	0.285714	0.444444	0.168421	0.126316
民族	0.145455	0.126316	0.171429	0.615385	0.347826	0.145455	0.145455
人口	0.045908	0.048971	0.046489	0.044444	0.046639	0.046489	0.048971
环境	0.045503	0.139781	0.039210	0.046032	0.046032	0.039210	0.039781
台湾	0.113580	0.115331	0.119208	0.126316	0.126316	0.106790	0.106790
外交	0.655026	0.048971	0.048971	0.768519	0.861111	0.048971	0.048971

表 4 – 18 显示：

和教育相似度最高的是政治和军事，最低的是环境。

和体育相似度最高的是军事，最低的是环境。

和文化相似度最高的是文化，最低的是外交、人口。

和卫生相似度最高的是文化和外交，最低的是少数民族和法制。

和妇女相似度最高的是社会和文化，最低的是人口。

和生活相似度最高的是环境，最低的是台湾和体育。

和法制相似度最高的是文化，最低的是少数民族和人口。

表 4－18　19 个领域概念在 Hownet 中的词语相似度 （二）

概念	教育	体育	科技	卫生	妇女	生活	法制
经济	0.640741	0.640741	0.126316	0.044444	0.107723	0.045503	0.126316
资源	0.134367	0.134367	0.111628	0.047462	0.113060	0.044444	0.111628
灾难	0.251208	0.233865	0.145455	0.047462	0.113060	0.044444	0.140368
社会	0.171429	0.171429	0.285714	0.593298	0.145455	0.074074	0.285714
文化	0.171429	0.171429	1.000000	0.655026	0.145455	0.074074	0.444444
政治	0.722222	0.668724	0.126316	0.047462	0.047462	0.044444	0.168421
军事	0.722222	0.722222	0.126316	0.047462	0.099914	0.044444	0.126316
教育		1.000000	0.126316	0.047462	0.099914	0.109589	0.126316
体育	1.000000		0.126316	0.047462	0.105771	0.044444	0.126316
科技	0.126316	0.126316		0.044444	0.111628	0.074074	0.285714
卫生	0.047462	0.047462	0.044444		0.045230	0.597727	0.044444
妇女	0.099914	0.105771	0.111628	0.045230		0.046016	0.111628
生活	0.109589	0.044444	0.074074	0.597727	0.046016		0.074074
法制	0.126316	0.126316	0.285714	0.044444	0.111628	0.074074	
民族	0.145455	0.145455	0.242424	0.044444	0.126316	0.074074	0.242424
人口	0.048971	0.046639	0.044444	0.045908	0.042112	0.044444	0.042904
环境	0.044444	0.042112	0.044444	0.600543	0.046016	0.678451	0.042904
台湾	0.106790	0.106790	0.100000	0.045908	0.111628	0.044444	0.100000
外交	0.048971	0.048971	0.044444	0.655026	0.045230	0.046032	0.044444

表 4－19 显示：

和少数民族相似度最高的是社会，最低的是卫生、环境。

和人口相似度最高的是资源和教育，最低的是环境。

和环境相似度最高的是生活和卫生，最低的是政治。

表 4－19　19 个领域概念在 Hownet 中的词语相似度 （三）

概念	少数民族	人口	环境	台湾	外交
经济	0.145455	0.045908	0.045503	0.113580	0.655026
资源	0.126316	0.048971	0.039781	0.155331	0.048971

续表

概念	少数民族	人口	环境	台湾	外交
灾难	0.171429	0.046489	0.039210	0.119208	0.048971
社会	0.615385	0.044444	0.046032	0.126316	0.768519
文化	0.347826	0.046639	0.046032	0.126316	0.861111
政治	0.145455	0.046489	0.039210	0.106790	0.048971
军事	0.145455	0.048971	0.039781	0.106790	0.048971
教育	0.145455	0.048971	0.044444	0.106790	0.048971
体育	0.145455	0.046639	0.042112	0.106790	0.048971
科技	0.242424	0.044444	0.044444	0.100000	0.044444
卫生	0.044444	0.045908	0.600543	0.045908	0.655026
妇女	0.126316	0.042112	0.046016	0.111628	0.045230
生活	0.074074	0.044444	0.678451	0.044444	0.046032
法制	0.242424	0.042904	0.042904	0.100000	0.044444
民族		0.044444	0.044444	0.111628	0.044444
人口	0.044444		0.041113	0.047462	0.046639
环境	0.044444	0.041113		0.044444	0.046032
台湾	0.111628	0.047462	0.044444		0.047462
外交	0.044444	0.046639	0.046032	0.047462	

虽然 Hownet 计算的是概念与概念间的相似度，是从词义的角度来考察这些作为领域主题的概念之间的距离，从相似度的结果来看，有些和我们的语感近似，如"环境"和"生活"的相似度最近，和"政治"的相似度最远，但是有些和我们的语感差距较大，如和"资源"相似度最高的是"灾难"，最低的是"生活"。所以相似度的结果仅供参考。

目前对中文语义相关度的研究甚少，大部分为相似度计算方法的研究。相似度有两种常见的计算方法：一种是根据世界知识（ontology）或分类体系（taxonomy）计算，一种是根据大规模语料库进行统计。刘群等人利用知网计算语义相似度，但无法计算不同词性之间的相似度。李素建综合了知网和《同义词词林》计算语义相似度，但由于知网和《同义词词林》是完全不同的组织方式，所以计算结果不太理想。对语义相关性的研究还有待进一步深入。

表 4－20 显示了 Hownet 中的灾难和子领域概念的相似度。

表 4－20

子领域	灾难		子领域	灾难		
地震	0.965333		火灾	0.963889		
海啸	0.965333		飓风	0.939815		
海难	0.957609		滑坡	0.965333		
空难	0.738011		水灾	0.948000		
车祸	0.738011		旱灾	0.800000		

方法二：用一个参照的词表与其他大约等量的词表之间进行比较。分别求这个参照词表和其他词表之间的交集和差集。以此来考察领域之间的距离。

表 4－21 显示了禁毒词表分别和知识产权、人权、妇女、国防、就业、农村、人口、航天、宗教、中美贸易、粮食、环境、海洋事业、台湾 14 个词表之间的交集，以及各词表与禁毒词表的差集（各表的专用词语）。

表 4－21　不同词表之间的交集、差集和覆盖率

词表名称	词种数	交集	覆盖率	差集	覆盖率
禁毒	1533				
知识产权	1419	578	63.31%	841	36.68%
人权	1788	555	65.43%	1233	34.56%
妇女	1531	580	64.88%	951	35.12%
国防	1412	532	70.68%	880	29.32%
就业	1324	528	69.87%	796	30.13%
农村	1643	564	64.32%	1079	35.68%
人口	1374	463	63.70%	911	36.30%
航天	1069	458	62.84%	611	37.16%
宗教	1390	474	64.10%	916	35.90%
中美贸易	1286	461	65.84%	825	34.16%
粮食	1403	467	63.28%	936	36.72%
环境	1830	624	64.09%	1206	35.91%
海洋事业	1352	520	66.46%	832	33.54%
台湾	1307	409	61.29%	898	38.71%

从表 4-21 来看，"禁毒"和其他词表之间交集的覆盖率最高的是"国防"，其次是"就业"，交集覆盖率最低的是"台湾"。"禁毒"词表和其他词表的交集数量差别不大，交集数处于 400～600。但是差集的数量差距较大，在 800～1200，这和各词条数量不是严格相等有关。差集中覆盖率最高的是"台湾"和"航天"。我们仅以此推论："国防""就业"与"禁毒"的语义距离稍近；"台湾"和"航天"是和"禁毒"语义差别最大的领域，也就是语义距离较远。然而这个结果同样只是提供参考，因为仅以相同词语的覆盖率来判别语义距离只是一种尝试，毕竟没有完全等量的数据进行对照。

从对差集中词语的考察可以发现，各个内容不同的词表去除和"禁毒"词表相同的词语以后，留下来的主要是和本主题相关的词条，这也是领域相减的一个突出效果。领域相减之后的差集中还有一部分是通用词语，再去除通用词语部分，则留下来的词语就是和主题相关程度比较高的词语了。比如"航天"减去"禁毒"以后的差集有 611 个词语，再去除通用词语部分以及数字词、时间词，就只有 251 个词语了，这些词语包括：卫星、航天、发射、试验、运载火箭、遥感、空间科学、探测、载人、外层、发射、导航、测控、飞船、研制、通信卫星、颗、微重力、海洋、研制、多边、亚太地区、用户、静止、碎片、观测、人造、实验、火箭、预报、气象卫星、产业化、长征、天气、经济效益、配套、终端、全人类、陆地、覆盖、研讨会、灾害、小口径、成就、流体、航天器、社会效益、区域性、飞行等。

可见专用词语的提取用"领域相减"以及减去"通用词语"是比较有效的方法。这也是我们研究的重点。关于专用词语的具体提取方法，我们在下一章详细论述。

第四节　通用词语覆盖情况初步考察

在通用词语试验中，有好几组对比数据，包括不平衡语料、平衡语料、单份报纸的语料、小规模分类语料等。我们选取 19 个领域顺序取交集得出的通用词语的结果数据进行覆盖率的考察。

实验结果：

19 个领域的交集：3250 个词语

10 个领域的交集：3538 个词语

9 个领域的交集：4438 个词语

8 个领域的交集：5633 个词语

7 个领域的交集：6145 个词语

6 个领域的交集：7368 个词语

5 个领域的交集：8048 个词语

4 个领域的交集：9647 个词语

如表 4 - 22 所示，我们选取"环境""教育""科技"三个领域的通用词语覆盖率做对比。

表 4 - 22 　"环境""教育""科技"三个领域的通用词语覆盖情况

领域 \ 通用词	3260	3538	4438	5633	6145	7368	8048	9647
环境	77%	79%	81.2%	83%	84%	88%	89%	90.2%
教育	65%	66%	69%	71.2%	72.3%	74%	75%	77%
科技	62%	63%	65%	67%	68%	70%	71%	73%

可见，19 个领域相交得到的 3260 个通用词语覆盖了各领域 60% 以上的语料，如果通用词语的数量不断扩大，则词语的覆盖率越高，直到用四个领域相交得到的 9647 个通用词语时，则"环境"领域通用词语覆盖率会最高至 90%。从几个不同领域的覆盖率结果来看，"环境"领域的通用词语用得最多，其次是教育领域，"科技"领域因为专业术语比较多，所以通用词语覆盖率相对来说稍低。但最少也覆盖了语料的 60% 以上。从这个结果也可以观察到："环境"领域离我们的日常生活最近，通用词语使用得较多；"教育"领域次之；而"科技"领域离日常生活稍远些，其通用词语覆盖率相对来说比前两个领域要低一些，其科技专业词汇的使用在一定程度上也加大了科技文本的难度。有关进一步考察不同领域相交的通用词集合，有待继续做深入的研究。

第五节　对通用词语表的初步考察

一、词形考察

1. 前 50 位有 41 个单音词，9 个双音词

单音词：的、和、在、了、是、一、不、有、对、中、为、上、人、也、

与、这、到、等、要、将、个、就、说、大、他、都、多、以、我、地、还、从、年、而、后、会、两、并、新、但、来。

双音词：工作、环境、社会、中国、发展、一个、教育、问题、我们。

2. 前 51～100 位有 29 个单音词，21 个双音词

单音词：次、能、被、时、最、法、元、好、着、三、把、下、更、出、于、很、向、之、已、所、名、得、她、让、由、给、可、其、做。

双音词：进行、经济、管理、建设、自己、国家、公司、他们、孩子、学生、北京、法律、规定、企业、记者、保护、部门、活动、没有、可以、学校。

3. 前 100～200 位的双音词：63 个

人员、通过、要求、比赛、已经、政府、有关、文化、一些、我国、时间、制度、服务、目前、同时、认为、重要、方面、安全、生活、全国、情况、环保、市场、第一、单位、作为、今年、提高、成为、本报、组织、主要、这个、行为、需要、人民、技术、资源、行政、加强、生态、世界、责任、群众、这些、项目、表示、提供、中心、这样、城市、建立、因为、实施、研究、质量、生产、开始、开展、大学、解决、影响。

在通用词语的前 100 位，主要是以单音词为主，占 71%；双音词占 29%。在 100～200 位的通用词语中，双音词逐渐占据主流，占 63%，而单音词只占 37%。

二、词性分类（前 100 个通用词语）

助词：的、了、地、着、得。

介词：在、对、为、将、以、从、被、于、把、所、由、向、让。

连词：和、与、而、但、并。

代词：这、他、我、我们、自己、他们、其、之。

动词：是、有、到、等、要、发展、说、能、会、进行、管理、建设、出、来、保护、可以、可、没有、给、种。

数词：一、两、三。

名词：人、工作、环境、社会、年、中国、教育、问题、经济、公司、孩子、学生、北京、法律、队、规定、企业、记者、部门、活动、国家、学校、名。

量词：个、元、次。

形容词：大、多、新、好

方位词：中、上、后、下。

副词：不、也、就、都、还、最、更、很、总、已。

语气词：前100位中没有语气词，语气词的位次比较靠后，呢（913位）、吗（1349位）、吧（1760位）、啊（1977位）。

从词性上看最多的还是名词，其次是动词，第三位的是介词，最少的是数词和量词。有关通用词语的详细分析有待进一步进行。

我们统计了19个领域词表的通用词语和去除通用词语的领域词语的累加频度，如表4-23所示。

表4-23　19个领域词表中通用词语和非通用词语累加频度

领域	通用词语累加频度		非通用词语累加频度	
经济	5611	77.36%	89400	22.60%
资源	5611	81.75%	68170	18.23%
灾难	5611	73.42%	66074	26.56%
社会	5611	75.10%	63868	24.86%
文化	5611	73.42%	55724	26.59%
政治	5611	79.46%	50026	20.53%
军事	5611	75.48%	44004	24.51%
教育	5611	78.09%	41290	21.80%
体育	5611	71.25%	42613	28.64%
科技	5611	77.47%	39697	22.52%
卫生	5611	76.12%	36852	23.53%
妇女	5611	76.33%	23547	23.65%
生活	5611	75.08%	21932	24.91%
法制	5611	74.62%	21212	25.37%
少数民族	5611	78.21%	19035	20.87%
人口	5611	83.03%	16714	16.95%
环境	5611	74.76%	15056	25.23%
台湾	5611	78.96%	13552	21.03%
外交	5611	82.54%	9051	17.45%

从表4-23中的数据可以看到，通用词语在各大词表中的累加频度在73%~83%，可见我们上一章得出的19个领域通用词表的取词效果良好。在语料中

这些词语的出现已经覆盖了文章的四分之三到五分之四，所以这些通用词语对于报刊新闻教学来说，是教学初期首先要解决的问题，一部分是在初级汉语误上就应该教授的最基本的词汇，另一部分应该是报刊新闻课基础教学阶段就应该掌握的。

报刊新闻的通用词语和一般日常生活的通用词语有所不同，它除了有一部分是最常用的基本词汇，更有特点的是和报刊新闻的各领域相关的词语。

在与不同领域相交中产生的通用词语数量不等，经过初步考察，在每个通用词语表中前 200 位的词语中不变的是：的、在、了、和、是、年、有、中、不、为、这、日、对、月、上、中国、发展、人、他、经济、与、要、大、到、个、等、说、工作、新、国家、以、地、也、将、就、我们、建设、问题、一个、从、来、都、我、元、多、下、全国、次、社会、把、并、还、进行、时、而、着、后、人民、会、他们、种、向、于、出、能、最、使、又、由、关系、但、世界、高、被、家、好、全、管理、更、今天、用、活动、文化、没有、很、前、自己、里、有关、方面、今年、一些、部、通过、要求、其、地区、给、服务、位、第一、得、天、内、同、几、人员、建立、解决、政治、该、研究、生活、举行、报道、过、及、区、情况、目前、实现、可、表示、精神、这个、可以、小、主要、提出、此、成为、同时、去年、去、它、参加、就是、认为、基础、或、这些、开发、作为等。

在通用词语中，词语也有一定的领域色彩。有些词语已经从专业词语走向通用词语。如下列词语（仅在通用词语前1000位的考察，并未穷尽列举）

新闻报道常用词：记者、新华社、国际、据、版、采访、新闻、报、本报、报道、消息

经济：市场、工程、投资、产品、改革、农村、项目、经营、资金、国有、产业、收入、美元、金融、公司、农业、农民、经济、国民经济、贸易、利润、企业、产权、产量、工资、人民币、银行、外资、资本、税、汽车、效益、外汇、预算、进口、交易、收费、经贸、谈判、资产、业务、销售、商品、价格

政治：政府、中央、党、制度、理论、开放、监督、委员会、体制、代表、同志、政策、思想、常委、社会主义、民主、草案、权力、人大、领导人、党中央、主义、革命、委员、贯彻

文化：艺术、出版、表演、观众、历史、读者、文物、作家、学术、节目

科技：科学、技术

环境：环保、污染

教育：学校、大学、教学、学习、学生、计算机、教授、系

外交：总统、访问、会见、友好

生活：城市、网络、交通、家庭、老人、儿童

台湾：统一、两岸

体育：冠军、比赛、运动

资源：石油、能源

军事：国防、军队、战争、武器

法制：宪法、法院、案件、犯罪、依法、权益

外交：大使

医疗：治疗、健康

民族：自治区

专有名词有以下一些：

地名：中国、北京、上海、香港、南京、山东、台湾、澳门、深圳、广州
美国、意大利、泰国、印度、欧洲、法国、亚洲、英国、德国、俄罗斯、
日本、伊拉克、朝鲜、韩国、非洲

机构组织名：国务院、联合国

职务名：主席、总理、书记、总书记、主任、委员、领导、干部、部长、
专家

第六节 本章小结

本章进行了在报刊新闻语料库内的 19 个领域之间的通用词语提取试验。在平衡语料的试验中，不同的语料量会得出不同的结果。不同的领域相交会有不同的通用词语表，其中不变的部分就是稳定的通用词语。通用词语为主题词群的提取做好了基础工作。

第五章

各级主题词群的提取

"主题词群"就是与某一主题相关的词、短语以及固定的表达形式的集合。这是一个开放的系统。它以稳定的常用词语为基础，随时准备有新词语的加入。这是针对留学生具有大量知识积累和较强接受能力的特点，对他们已有知识的挖掘和延伸。词群中的词语的出现率高、覆盖面广，对于提高学生的阅读能力相当有利。

本章主要探讨的是如何进行词汇分离，也就是如何将文本中的通用词语、共用词语、专用词语层层分离，同时也将主题词群表分级，对应于不同的教学需求。

第一节　领域词表的提取

在通用词语计算的过程中，我们已经汇集了各个领域的大词表。在本章我们将提取各个领域的主题词表（一级主题词群），各子领域的主题词表（二级主题词群），以及子领域中更具体的主题词表（三级主题词群）。

一、词汇分离

本章主要介绍如何将一个领域大词表进行词汇分离。

所谓词汇分离，也就是将各领域的原始大词表中的通用词语、领域共用词语和领域专用词语分离开来。

利用上一章得出的 19 个领域间的通用词表，提取各领域词表。这个词表代表领域中的词语集合。提取方法是：用各领域大词表减去通用词表，得出的是这个领域内的词语集合，但这个集合过于庞大，我们尝试在这样的领域集合中汇集有主题特征的词语作为领域主题词群。哪些词语具有主题特征？经过考察，我们认为在领域词表中频次在六次以上的名词概念和动词可以作为选择主题词群的范围,量词在某些领域中也是一个特征区别的因素。词表中名词概念含有主题特征最为明显,动词其次,形容词、介词、副词等在各领域通用性比较强,没有明显的区分主题的作用。在前面考察领域相交差集的过程中也发现,在领域相交的过程中被排除出去的词语大多是动词、形容词和其他词性的词语,可见这些词语对主题的表达影响不大。当然如果时间允许的话,为了不造成任何有效的领域信息缺失,最好还是能够考察到整个子领域词表,从中提取有效的主题词语。

二、领域词表的提取

在我们提取出来的通用词语表中包含了报刊新闻资源库中表示领域分类的母主题词语,位次如下:29 社会、43 经济、49 环境、64 教育、97 文化、120 生活、132 国际(外交)、241 资源、290 政治、381 体育、383 民族、399 科技、395 妇女、123 统一(93 和平、124 大陆)、491 医疗、654 法制、658 人口、813 军事、1103 灾难。这也充分说明了这些主题的重要性和广泛性。从通用词表中这些主题词语的排序来看,其领域的重要性可见端倪。我们认为在通用词表中的排序可以作为衡量该领域的重要度的一个量化依据,基本能够表现该领域的重要性及其宽度和深度。所以我们的主题词群的第一级就是这些母主题的大词语集合。这些词语在《汉语主题词表》中都是规范的主题词。我们以这些主题词为第一级也就是最上位的主题概念,在这些首席主题词下,集合一群以这一主题概念为中心的词语,构成一个主题词汇网络。下面是部分一级主题词群(领域主题词群)。

由于各领域的词语总数非常大,如经济词表为 90110 个词语条目,资源词表为 61013 个词语条目,文化词表为 54033 个词语条目。限于篇幅这里我们仅列举若干领域词表中以频度排序的前 40 个词语(见表 5-1 至表 5-4,详细词表见附录一,19 个领域主题词表)。

表 5-1　教育领域一级主题词群

词条	词性	频次	频度	累计频度	使用度		文本数
考生	n	2112	0.1444	0.1444	0.022		361
招生	vn	1936	0.1323	0.2767	0.0273		488
教师	n	1883	0.1287	0.4054	0.0207		381

词条	词性	频次	频度	累计频度	使用度		文本数
课程	n	1086	0.0742	0.4796	0.0131		417
游戏	n	1076	0.0736	0.5532	0.0036		116
留学	v	1074	0.0734	0.6266	0.0123		397
学费	n	1008	0.0689	0.6955	0.0138		475
英语	nz	970	0.0663	0.7618	0.0081		290
高中	n	909	0.0621	0.8239	0.008		305
教育部	ORG	903	0.0617	0.8856	0.0099		379
学位	n	882	0.0603	0.9459	0.008		314
万元	q	818	0.0559	1.0018	0.0072		307
扩	Vg	814	0.0556	1.0574	0.012		513
院校	n	776	0.053	1.1104	0.0061		272
高考	vn	758	0.0518	1.1622	0.0051		235
本科	n	745	0.0509	1.2131	0.0078		362
办学	vn	742	0.0507	1.2638	0.0056		262
考	v	730	0.0479	1.3117	0.0061		301
招	v	696	0.0476	1.3593	0.0081		403
留学生	n	657	0.0449	1.4042	0.0047		250
留学	vn	643	0.044	1.4482	0.004		215
录取	v	621	0.0425	1.4907	0.004		221
高等学校	l	573	0.0392	1.5299	0.0032		191
志愿	n	572	0.0391	1.569	0.002		120
招生	v	562	0.0384	1.6074	0.0037		226
学历	n	546	0.0373	1.6447	0.0036		228
录取	vn	545	0.0373	1.682	0.0037		236
报名	v	534	0.0365	1.7185	0.0031		202
硕士	n	518	0.0354	1.7903	0.0041		272
校	Ng	513	0.0351	1.8254	0.0026		176
证书	n	469	0.0321	1.8575	0.0022		159

词条	词性	频次	频度	累计频度	使用度		文本数
实习	vn	465	0.0318	1.8893	0.0007		52
一年	TIM	463	0.0317	1.921	0.0039		292
招	n	459	0.0314	1.9524	0.0046		349
报考	v	454	0.031	1.9834	0.0028		216
考研	v	439	0.03	2.0134	0.0021		163
出国	v	434	0.0297	2.0431	0.0022		176
该校	r	425	0.0291	2.0722	0.0025		203
博士生	n	421	0.0288	2.101	0.0013		105
义务教育	l	419	0.0286	2.1583	0.0022		183
民办	b	417	0.0285	2.1868	0.0017		141
奖学金	n	412	0.0282	2.215	0.0016		132
宿舍	n	374	0.0256	2.2406	0.0008		74
……							

表 5 - 2 环境领域一级主题词群

词条	词性	频次	频度	累计频度	使用度		文本数
湿地	n	365	0.1492	0.1492	0.0369		107
圆明园	LOC	360	0.1472	0.2964	0.0061		18
室内	s	247	0.101	0.3974	0.0112		48
天气	n	213	0.0871	0.4845	0.0103		51
排放	vn	185	0.0756	0.5601	0.0136		78
面积	n	182	0.0744	0.6345	0.0151		88
亩	q	177	0.0724	0.7069	0.0079		47
森林	n	153	0.0625	0.7694	0.0084		58
污染物	n	142	0.0581	0.8275	0.008		60
污水	n	140	0.0572	0.8847	0.0073		55
防渗	vn	137	0.056	0.9407	0.0021		16
立方米	q	137	0.056	0.9967	0.0053		41

续表

词条	词性	频次	频度	累计频度	使用度		文本数
鸟	n	134	0.0548	1.0515	0.0015		12
甲醛	n	125	0.0511	1.1026	0.0034		29
公园	n	124	0.0507	1.1533	0.0049		42
绿化	vn	119	0.0486	1.2019	0.0039		35
生物	n	118	0.0482	1.2501	0.0053		48
水质	n	115	0.047	1.2971	0.0046		42
公顷	q	110	0.045	1.3421	0.0039		38
植物	n	108	0.0442	1.3863	0.0036		35
沙尘	n	104	0.0425	1.4288	0.002		20
酸雨	n	104	0.0425	1.4713	0.0056		57
自然保护区	n	101	0.0413	1.5126	0.0038		40
二氧化硫	n	100	0.0409	1.5535	0.0033		35
贺卡	n	100	0.0409	1.5944	0.0004		4
消费者	n	96	0.0392	1.6336	0.0023		31
水资源	n	93	0.038	1.6716	0.0032		36
检测	vn	91	0.0372	1.7088	0.0034		39
气象	n	90	0.0368	1.7456	0.0019		22
装修	vn	89	0.0364	1.782	0.0025		30
大气	n	88	0.036	1.818	0.0041		49
有害	a	88	0.036	1.854	0.0042		50
指标	n	88	0.036	1.89	0.0037		45
节能	vn	83	0.0339	1.9239	0.0009		11
装修	v	83	0.0339	1.9578	0.002		25
国家环保总局	ORG	82	0.0335	1.9913	0.0033		43
林地	n	82	0.0335	2.0248	0.0012		15
人体	n	78	0.0319	2.0567	0.0029		39
噪声	n	78	0.0319	2.0886	0.0025		34
水源	n	77	0.0315	2.1201	0.0035		48
水污染	n	76	0.0311	2.1827	0.0042		58
……							

表 5 - 3　经济领域一级主题词群

词条	词性	频次	频度	累计频度	使用度		文本数
品牌	n	2989	0.1778	0.1778	0.0474		813
消费者	n	2384	0.1418	0.3196	0.0343		738
车型	n	1961	0.1166	0.4362	0.0246		643
轿车	n	1670	0.0993	0.5355	0.017		521
纺织品	n	1627	0.0968	0.6323	0.005		158
万元	q	1539	0.0915	0.7238	0.0166		552
经销商	n	1337	0.0795	0.8033	0.0099		378
车市	n	1329	0.0791	0.8824	0.0128		493
旅游业	n	1118	0.0665	0.9489	0.0133		611
销量	n	1084	0.0645	1.0134	0.0078		369
厂家	n	1083	0.0644	1.0778	0.0082		386
降价	v	970	0.0577	1.1355	0.0057		299
倾销	v	899	0.0535	1.189	0.004		231
汇率	n	877	0.0522	1.2412	0.0032		188
二手车	n	817	0.0486	1.2898	0.0017		105
进口车	n	749	0.0446	1.3344	0.0021		145
车展	n	720	0.0428	1.3772	0.0025		180
配额	n	696	0.0414	1.4186	0.0022		160
上市	v	654	0.0389	1.4575	0.0039		304
东莞	LOC	642	0.0382	1.4957	0.0012		93
宝马	nz	598	0.0356	1.5313	0.0021		176
奥迪	nz	569	0.0338	1.5651	0.0016		148
国产	b	551	0.0328	1.5979	0.0025		232
用户	n	541	0.0322	1.6301	0.0024		224
高档	b	506	0.0301	1.6602	0.0023		233
关税	n	485	0.0288	1.689	0.0017		179
上市	vn	483	0.0287	1.7177	0.0024		253
发动机	n	478	0.0284	1.7461	0.0019		207

词条	词性	频次	频度	累计频度	使用度		文本数
利率	n	466	0.0277	1.7738	0.0013		139
景区	n	450	0.0274	1.8012	0.001		117
货币	n	452	0.0269	1.8281	0.0013		153
奔驰	nz	451	0.0268	1.8549	0.0014		155
风景	n	422	0.0251	1.88	0.0006		67
全年	n	422	0.0251	1.9051	0.0017		204
保险	n	414	0.0246	1.9297	0.0011		132
丰田	nz	410	0.0244	1.9541	0.0012		156
东风	nz	405	0.0241	1.9782	0.0013		165
厂商	n	390	0.0232	2.0014	0.0015		195
份额	n	389	0.0231	2.0245	0.0018		238
……							

表 5-4 科技领域一级主题词群

词条	词性	频次	频度	累计频度	使用度		文本数
机器人	n	1842	0.1578	0.1578	0.0321		410
干细胞	n	1112	0.0953	0.2531	0.0138		291
生物	n	934	0.08	0.3331	0.0089		224
纳米	n	866	0.0742	0.4073	0.0096		262
信息化	vn	611	0.0524	0.4597	0.0039		150
教师	n	579	0.0496	0.5093	0.0029		116
基因	n	497	0.0426	0.5519	0.003		142
患者	n	482	0.0413	0.5932	0.0031		153
细胞	n	477	0.0409	0.6341	0.003		148
品牌	n	470	0.0403	0.6744	0.0036		178
胚胎	n	469	0.0402	0.7146	0.0021		103
研制	v	380	0.0326	0.7472	0.0036		223
病毒	n	360	0.0308	0.778	0.0011		69

词条	词性	频次	频度	累计频度	使用度		文本数
人体	n	347	0.0297	0.8077	0.0016		109
院士	n	326	0.0279	0.8356	0.0014		102
游戏	n	322	0.0276	0.8632	0.0009		67
用户	n	312	0.0267	0.8899	0.002		148
奥运	j	310	0.0266	0.9165	0.0008		63
骨髓	n	299	0.0256	0.9421	0.0012		92
移植	vn	295	0.0253	0.9674	0.0013		106
捐献	v	286	0.0245	0.9919	0.0009		77
火星	n	277	0.0237	1.0156	0.0006		50
克隆	v	275	0.0236	1.0392	0.0005		46
航天	n	274	0.0235	1.0627	0.0014		123
芯片	n	258	0.0221	1.0848	0.0008		76
世博会	j	254	0.0218	1.1066	0.0003		31
克隆	vn	247	0.0212	1.1278	0.0007		64
农产品	n	229	0.0196	1.1474	0.0003		33
燃油	n	228	0.0195	1.1669	0.0003		35
数码	n	220	0.0189	1.2239	0.0008		87
培育	v	217	0.0186	1.2425	0.0011		115
转基因	n	217	0.0186	1.2611	0.0003		32
太空	s	216	0.0185	1.2796	0.0007		81
白血病	n	215	0.0184	1.298	0.0007		75
飞船	n	207	0.0177	1.3157	0.0006		63
……							

　　上述这些领域一级主题词群可以作为该领域的一般特征词汇，代表着这个领域的总体特征。从词性来看，以名词和名词性短语为主，其次是动词。总体而言，主题词群以名词性的概念为主体。

第二节　子领域内共用词表和专用词表的提取

在领域词表中也可以看见子领域的端倪，在领域词表的前列就能看到一些子领域的概念，每个领域中都会有若干个子领域。如：

教育领域中位于前列的子领域有：高考、义务教育、留学、学费……

环境领域中位于前列的子领域有：湿地、水污染、酸雨、沙尘……

妇女领域中位于前列的子领域有：（家庭）暴力、性骚扰、婚姻、离婚、妇女节……

经济领域中位于前列的子领域有：消费、品牌、旅游、车、货币、保险……

科技领域中位于前列的子领域有：航天、机器人、生物技术、纳米、信息化……

人口领域中位于前列的子领域有：计划生育、性别比、老龄化、独生子女……

体育领域中位于前列的子领域有：奥运、足球、羽毛球、网球、奥运、篮球、乒乓球、体操等

我们可以利用子领域的词表来计算子领域之间的共用词表。

一、以资源、灾难、文化三个领域的子领域为例

（一）资源子领域间的交集

资源领域的子领域包括：土地资源、森林资源、矿产资源、水资源、能源、海洋资源。

下面是资源子领域顺序相交的结果：

土地资源与森林资源的交集 zy1 = 10730

zy1 与矿产资源的交集 zy2 = 9171

zy2 与水资源的交集 zy3 = 8255

zy3 与能源的交集 zy4 = 7838

zy4 与海洋资源的交集 zy5 = 4037

求得的六个子领域最小交集一共有 4037 个词语。

资源子领域最小交集在通用词语中的词为3431个，覆盖率为61%。

如表5-5中的这些词语就是资源子领域最小交集在通用词语中的前33位词：

表5-5 资源子领域中的通用词语

词条	词性	频次	频度	累计频度	使用度
的	u	25104	5.6742	5.6742	5.6742
和	c	5803	1.3116	6.9859	1.3116
是	v	4992	1.1283	8.1142	1.1283
在	p	4337	0.9803	9.0945	0.9803
发展	v	3406	0.7699	9.8644	0.7699
了	u	3126	0.7066	10.571	0.7066
一	m	2426	0.5483	11.1193	0.5483
要	v	2411	0.545	11.6643	0.545
土地	n	2315	0.5233	12.1875	0.5233
建设	v	2211	0.4998	13.192	0.4998
不	d	2204	0.4982	13.6902	0.4982
有	v	2098	0.4742	14.1644	0.4742
经济	n	2085	0.4713	14.6356	0.4713
对	p	1795	0.4057	15.0414	0.4057
城市	n	1764	0.3987	15.4401	0.3987
大	a	1623	0.3668	15.8069	0.3668
资源	n	1544	0.349	16.1559	0.349
社会	n	1535	0.347	16.5029	0.347
市场	n	1491	0.337	16.8399	0.337
等	u	1426	0.3223	17.1622	0.3223
工作	v	1424	0.3219	17.4841	0.3219
为	p	1415	0.3198	17.8039	0.3198
中	f	1311	0.2963	18.1002	0.2963
也	d	1310	0.2961	18.3963	0.2961
个	q	1299	0.2936	18.6899	0.2936

词条	词性	频次	频度	累计频度	使用度
上	f	1267	0.2864	18.9763	0.2864
新	a	1248	0.2821	19.2584	0.2821
企业	n	1241	0.2805	19.5389	0.2805
以	p	1227	0.2773	19.8162	0.2773
政府	n	1184	0.2676	20.0839	0.2676
到	v	1114	0.2518	20.3357	0.2518
人	n	1088	0.2459	20.5816	0.2459
问题	n	1086	0.2455	20.827	0.2455
……					

在通用词表中，"资源"的位次在第 362 位，而在资源子领域的通用词表中，"资源"的位次在第 17 位，可见作为领域主题词，资源已经进入了通用领域，作为本领域的主题词语来说"资源"是处于第一位的中心主题词。"土地"位于通用词表的 533 位，而"能源"位于 1589 位，"国土"位于 2752 位，可见"土地资源""能源"对国家发展的重要性。"土地资源"和"能源"都是资源领域的子主题。

资源的子领域交集不在通用词语中的词数为：441。这些是领域共用词：

水资源、覆盖率、长江、公顷、再生、流动、树、森林、源、垃圾、公园、节水、附加值、短缺、违规、矿产、论证、立方米、污水、河流、吸收、排放、总面积、海水、水源、面貌、湖、园区、生物、用水、艰巨、健身、流域、水泥、自然资源、水库、轿车、水质、更新、保护区、覆盖率、海洋、地貌、开发区、监控、度假、天然气、灌溉、缩小、滨海、养殖、综合性、质疑、塘、勘探、性能、减缓、同类、强制、珍贵、立项、擅自、上游、淡水、特性、管制、渔业、作物、得天独厚、饮用水、常规、需求量、侵害、废水、天然、亟待、金属、民用、林业、大自然、自然环境、雨、限期、争论、枯竭、沙、自然灾害、流向、渤海、黄河、排放量、调研、退化、植物、屏匿、无序、污水、自然保护区、毁、干旱、植被、湖泊、罚款、自然界、物种、微生物……

其中"水资源、森林、海洋、矿产"等概念也是资源子领域的概念，这些词语虽然是资源领域的共用词语，但在子领域词表中它们都是处于第一位的子领域主题词。应该归入子领域专用词语。

每个子领域词表减去通用词语和共用词语的实验如下。

1. 土地原始词表（17011 个词条）减去通用词语和共用词语后得到 14458 个词条。

整体基数还是过大，所以在子领域词表提取时，还要继续研究有效词语的提取。提取原则：提取名词概念为主，在区分领域特征时，名词概念的特征性比较强，而其他词语的特征表达能力稍弱些。但是也要适当提取动词、形容词、量词等。特别是在"土地资源"中，量词是具备区别特征的，如："土地"子领域表位于前 100 位的大多是名词概念——

面积、住房、开发商、泡沫、住宅、用地、二手、耕地、公交、城镇、楼盘、商品房、城区、别墅、地价、指标、园区、房地产业、村民、盐田、物业、房产、农田、山区、开发区、电力、利率、地块、田地、存量、楼市、招商、小区、街道、农产品、要素、使用权、地铁、景观、能耗、责任制、核电、利用率、花园……

量词：亩、公顷、平方公里、平方米、户

动词：城市化、购房、中介、绿化、配套、查处、出让、闲置、配置、垄断、供求、培育、租、建房、调研、占用、支付、拆迁、税收、转载、拍卖、投机、运营、流动、融资、信贷、修、征收、置业、集资……

形容词：发达、集约、节能、再生、富余、高档、紧缺

经过详细的考察，从词语频次排序来看，低于 6 次的词语中很少会有和"土地资源"相关的词语，高于 6 次（含 6 次）的词语共有 4055 个，在这些词语中包括：

承载力、粮食作物、种粮、房改、修路、写字楼、地貌、宅基地、扩建、土壤、地质、居住区、绿地、试验田、房地产商、征地、栽植、鱼米之乡、土地法、森林、喷灌、建设部、滴灌、涵养、地表水、高产田、地广人稀、高尔夫球场、湿地、承包田、承包地、稻谷、盆地、广种薄收、地权、因地制宜、育种、绿茵、四通八达、高楼大厦、防护林、风沙、园林、农牧业、荒坡、沙滩、失地、偏远、空地、国道、中低产田、盖房、

良田、补偿费、畜牧业、梯田、灌区、动植物、复耕、农副产品……

　　当然在整个词表中也不排除词频低的词语也是土地领域的词语，如只有 2 次词频的"烂尾楼、荒碱地"等。所以有关领域词语的有效提取还有待进一步深入。

　　由于在提取"土地资源"时被选词语基数过于庞大，因此我们为了减少子领域词表的提取基数，还进行了用一个子领域和其他子领域连续相减的实验。

　　2. 用森林资源的原始词表减去通用词语，再减去共用词语，得到的子领域词表为 7536 个词条，记为 Z1。

　　下面和其他几个子领域连续相减：

　　森林子领域词表减土地词表 =4076　　记为：X1

　　X1 减矿产词表 = 2942　　记为　X2

　　X2 减海洋词表 = 2763　　记为　X3

　　X3 减能源词表 = 2553　　记为　X4

　　X4 减水资源词表 = 2357　　记为　X5

　　从结果来看，Z1 的结果虽然庞大，但是领域特征词保留的比较多，而后来连续和几个子领域相减时，提取词语的效果不如 Z1，因为这几个领域在相减时把有本领域特征的词语也同时减掉了。所以，领域相减应该在语义距离较远的词表之间进行，如果是在同一领域的子领域之间，要避免直接用几个子领域连续相减的方法。目前最好是用该子领域的词表减去通用词语，再减去共用词语，得出子领域专用词语的被选词表。这样虽然得到的子领域被选词条基数大，但是没有去掉和该子领域相关的词语，也就是基本保留了有效信息。

　　如：Z1 中包含的"林业、面积、木材、亩、立方米、公顷、野生、造林、采伐、绿化、植树、覆盖率、再生、树、水土、生物、林区、绿、平方公里、造纸、地板、公园、管护、植物、法律、物种、限额、自然保护区、棵、公益、荒漠化、林场、水质、濒危、开垦、沙化、原始、绿化、土壤、流域、山区、绿地、水源、总面积、河流、用地、荒山、草原、耕地、大树、栽、珍稀、经济效益、树木、树种"等词语都在和其他子领域相减时去掉了，虽然到顺序相交最后的 X5 中包括："天然林、防火、大兴安岭、滥砍、滥伐、株、沙尘暴、盗伐、病虫害、防护林、流通、动植物、猎、砍伐"等更小的集合，但是前面的词语也是和主题相关的有效词语。可见，多个子领域连续相减会造成信息缺失，而只减去通用词语和共用词语的词汇分离的方法不会造成有用信息缺失。

　　所以在后面的子领域主题词群提取实验中，基本采用了用子领域词表减去通用词语，再减去共用词语的词语分离的方法。

3. 用矿产资源的原始词表减去通用词语，再减去共用词语，获得子领域词表 10728 个词条。

矿产子领域主题词群包括：

> 矿产、矿、钢铁、煤、矿山、矿业、铁矿石、地质、煤矿、海底、煤炭、储量、采矿、原材料、天然气、应急、货物、中西部、免征、铁路、节水、勘查、原油、矿区、铜、勘探、爆炸、补贴、预案、涨价、主产区、铁矿、增值税、进城、理顺、钢、水泥、矿石、市场准入、指标、短缺、镍、能耗、防护、油气、救助、铝、探矿、钨、征收、自然灾害、探明、降耗、许可证、金属、进出口、锌、钻探、蕴藏、存量、多渠道、钢材、油井、资源型、高能耗、钻、建材、经营权、劳动密集型、铅、生产能力、探测、铁合金、消耗量、鞍钢、砂、陨石、高耗能、矿工、采煤、矿井、瓦、油价、油田、电解铝、金属矿……

4. 用水资源的原始词表减去通用词语，再减去共用词语，获得子领域词表 6142 个词条。

水资源子领域主题词群包括：

> 水资源、节水、用水、立方米、污水、供水、防渗、水库、流域、水源、科学发展观、水质、循环经济、缺水、地下水、咸水、水量、珠江、短缺、自来水、湖底、黄河、饮用水、水价、灌溉、长江、淡水、水污染、干旱、海水、饮水、河道、河流、上游、饮用、应急、用水量、水土、水文、调度、东江、湖、抗旱、水位、水系、雨、水库、水利部、流量、流动、取水、植物、下游、利用率、沉降、雨水、紧缺、湖泊、含量、淮河、供给、市区、天然、排污、源、三角洲、废水、水体、井、毫米、降雨量、退化、大气、土壤、排放量、水费、灌区、处理厂、淡化、瓶颈、预警、公顷、达标、南水北调、农田水利、北江、发电、地表水、珠海、水道、水厂、降水、放水、蓄水、防洪、植被、净化、洪水、水域、用水、防汛、容量、瓦、江河、矿泉水、超标、化工、综合治理、源头、多样性、冰川、自然资源、水电、干涸、渗漏、水利厅、取水口、海啸、降雨、游泳、干流、河水、水利局、断流、资源量、总面积、造纸、水压、自然灾害、太湖、坎儿井、草、降水量、汛期、岸、供水量……

5. 用能源资源的原始词表减去通用词语，再减去共用词语，获得子领域词表 8055 个词条。

能源子领域主题词群包括：

> 节能、煤炭、电力、煤、煤矿、太阳能、废物、天然气、原油、燃料、钢铁、矿、能耗、瓦、油价、固体、电网、瓦斯、原材料、铁矿石、化工、短缺、核电、预测、电池、立方米、氢、气体、地质、电价、矿井、利用率、供暖、议定书、储量、煤层气、温室、节电、供热、瓶颈、增长率、热水器、勘探、水电、拉动、气化、钢、铜、汽油、生产能力、油气、钢材、伏、高耗能、中长期、核电站、欧佩克、燃油、额、份额、补贴、供电、涨幅、计量、增产、发动机、装机容量、资源型、电站、柴油、海域、铝、煤、液化、用电、矿区、免征、许可证、水质、燃气、温度、救助、太阳、石化、卡、煤气、消耗量、燃烧、通货膨胀、主产区、沼气、电器、输油、管线、增加值、贮存、均衡、电动、采暖、电能、电源、需求、风力、核能、电力、紧缺、排放量、油轮、互补性、石油、降耗、产出、能量、燃油、供需、油田、标准煤……

6. 用海洋资源的原始词表减去通用词语，再减去共用词语，获得子领域词表 4759 个词条。

海洋子领域主题词群包括：

> 海洋、渔业、海域、渔民、海底、大洋、船、水域、领土、海上、养殖、科考、生物、渔船、面积、捕捞、海啸、长江、岛屿、独岛、渔港、鲆、竹岛、远洋、平方公里、渔、防卫、休渔、小岛、近海、海水、陆地、捕、艘、鱼类、深海、增殖、水生、争端、村民、鲸鱼、群岛、水质、水产、主权、受灾、海洋学、捕捞、渔政、灾情、流域、观测、海滩、珊瑚、邻国、郑和、禁渔期、船舶、印度洋、侵略、大陆架、大海、天然、船上、东海、探测、潜水、海岸、救灾、虾、有事、蚶、海监、公顷、豚、水源、赤潮、物资、鲸、海兰法、专属经济区、膨胀、湖、热带、珊瑚礁、码头、钓鱼岛、冲之鸟、海里、硫化物、礁、船只、岛上、军舰、领海、鳍、捕鱼、大西洋、上游、水鸟、沙滩、水产品、牡蛎、海岸线、农业部渔业、考察船、污水、鲨鱼、渤海湾、产卵场、火山、水母、海区、灯塔、靠近、

他国、海面、航次、野心、装载、波、乌岛、抗议、鱼虾、淡水、内陆、物种、枯竭、海边、水体、微细、南海、灭绝、濒临、螺、禁渔区、礁石、强度、微生物、旅游业、水道、国家海洋局、天然气、深水、鲢、水中、鸟、鱼种、港口、鳝、藻、浪、渤海、养殖业、对虾、海沟、鱼儿、渔具、侵占、渔业协会、出海、蕴藏、捕捞业、远洋、航海家、钓、海岛、航行、国际海底管、下海、海事、休渔期……

（二）灾难子领域间的交集

灾难的子领域包括：爆炸、地震、海啸、火灾、车祸、飓风、空难、矿难、泥石流、山体滑坡、海难、踩踏事故。

灾难领域的共用词语是各子领域词表的交集：

地震词表和海难词表的交集 $zn1$　10845

$zn1 \cap$ 海啸词表　$zn2 = 8615$

$zn3 \cap$ 火灾词表　$zn4 = 5589$

$zn4 \cap$ 飓风词表　$zn5 = 4501$

$zn5 \cap$ 空难词表　$zn6 = 3911$

$zn6 \cap$ 矿难词表　$zn7 = 3696$

$zn7 \cap$ 泥石流词表　$zn8 = 3353$

$zn8 \cap$ 山体滑坡词表　$zn9 = 3054$

$zn9 \cap$ 爆炸词表　$zn10 = 3038$

$zn10 \cap$ 车祸词表　$zn11 = 2792$

$zn11 \cap$ 踩踏事故词表　$zn12 = 1571$

从上述交集结果来看，共有 1571 个词条在灾难领域的 11 个子领域中都出现。

其中各子领域交集在通用中的有 1520 个词条，灾难子领域交集不在通用词语中的有 71 个词条。去除数字和时间词后得到 37 个词语：伤亡、保险、遇难者、应急、尸体、家园、凌晨、亲人、悲伤、特大、遇难、共有、公安、惨重、丧生、说法、度、妻子、数百、死者、通知、现金、收集、队长、震撼、工具、今晨、电视台、抢救、事发、治安、市政府、日常、侥幸、高速公路、救援、抢救。这 37 个词语是灾难子领域的共用词语。我们认为这个共用词集比较小，因为这是 11 个子领域的最后交集。在上述相交过程中，哪个交集（多少个子领域相交取得的理想共用词集）最能够体现灾难子领域词语的共同特征，还有待进一步研究。

灾难子领域集合见表5-6：

表5-6 灾难子领域集合

子领域	词种	通用词语	累计频度	共用词语	累计频度	专用词语	累计频度
爆炸	17133	4965	71.40%	71	4.56%	12097	24.04%
踩踏事故	2662	1265	73.90%	71	2%	1226	24.10%
车祸	10456	3650	71.82%	71	1.93%	6735	27.27%
地震	21552	5442	74.38%	71	2.54%	16039	23.08%
海难	16042	4629	69.90%	71	2.8%	11413	27.3%
海啸	16133	5041	73.66%	71	3.98%	11021	22.36%
火灾	11063	3664	69.11%	71	2.11%	7328	28.78%
飓风	10063	4018	71.51%	71	3.41%	6974	25.08%
空难	11464	4197	75.70%	71	2.05%	7196	22.25%
矿难	11459	4467	75.23%	71	2.75%	6926	22.02%
泥石流	10224	3672	73.93%	71	1.90%	6481	24.17%
山体滑坡	9418	3474	69.30%	71	2.03%	5873	28.67%

从表5-6中可以看见通用词表的覆盖率在69%~76%。共用词语的覆盖率在2%~4%，而专用词语的覆盖率在22%~28%。其中共用词语体现了灾难子领域词语的普遍特征。

爆炸大词表中经过计算有4965个通用词语，减去通用词语和共用词语得到子领域词表12097。

用爆炸子领域的通用词表和领域通用词表相比较，发现位次变动比较大的有这些词：发生、事故、安全、现场、造成、事件、死亡、目前、受伤、警察、战争、突然、人数、危险、破坏、痛苦等。

下面将这些词语在爆炸子领域通用词语的排序和在19个领域通用词语的排序做一对比，如表5-7所示。

表5-7 "爆炸"词表中通用词语和领域通用词语排序位次差

词条	爆炸子领域通用词语排序	19个领域通用词语排序	位次差
发生	15	183	+168
事故	24	533	+509

词条	爆炸子领域通用词语排序	19 个领域通用词语排序	位次差
安全	28	220	+192
现场	53	699	+646
造成	59	353	+294
事件	62	417	+355
死亡	64	750	+691
目前	69	349	+280
受伤	77	1741	+1664
突然	199	2554	+2355
警察	223	1082	+859
严重	273	429	+156
人数	288	900	+612
调查	295	920	+625
危险	548	1958	+1410
破坏	790	1450	+660
痛苦	2374	2847	+473

从表 5 - 7 可以看到，和原来在 19 个领域的通用词表中的词语位次相比，在爆炸子领域的通用词语表中这些词的位次都大幅度地提前了。提升最大的是"突然"，反映了"爆炸"的特点；而"受伤、危险、事故、现场、死亡、人数、破坏、警察"等词语的位次也有很大提升，也说明了和"爆炸"这个主题相关的词语都随着主题的集中而进入爆炸通用词语的前列。因此，子领域主题的特征词语首先可以从子领域通用词语和 19 个领域通用词语的位次差中进行提取。这组词语是在主题聚类时显现出来的，由于它本身是通用词语，同时在子领域中又反映主题的一般性特征，像"发生、事故、现场、造成、受伤、死亡、人数"等，是灾难性报道和日常生活中的常用词语，所以这些词语是"爆炸"主题的基础，在基础汉语阶段就应该学会这些词。

另外在"爆炸"子领域词语集合中，"爆炸、煤矿、瓦斯、袭击、炸弹、恐怖、警方、家属、无辜、矿井、特大、引爆、炸药、消防、大火、抢救、煤气、事发、伤者、爆炸案、丧生、伤员、火灾、嫌疑人、袭击者、装置、目击者、货车、烧、爆炸声、大楼、陈家山、巨响、绑架、抢险、烟花、燃烧、身亡、遗体、暴力、爆炸物、当场、原子弹、灭火、善后、天然气、手榴弹、烟、爆破、雷管、扑灭、搜救……"这些词语都是和"爆炸"相关的主题词群。

从上面的考察中可以看到，子领域的主题词群可以作为该主题的特征词集合。这些特征性词语基本反映了"爆炸"事件的几个要素：时间、地点、爆炸物、现场、伤亡人数、救爱等。所以这些具有"爆炸"事件特征的词语可以和其他灾难类事件区分开来。

同样得到其他灾难类的子领域词表：

踩踏事故大词表有 1465 个词语在通用词表中，其中位次提升靠前的有："活动、事故、发生、大型、安全、春节、印度、造成、死亡、宗教、严重、导致、受伤、悲剧"等。子领域专用词语 1226 个。子领域特征词有："踩踏、庙会、灯展、密云、神庙、灯会、元宵、应急、预案、主办方、公园、灯谜、猜、楼梯、演出、治安、社会活动、丧生、朝圣者、伤势、伤者、白云观、游人、正月十五、印度教、惨重、践踏、集会、人流、伤亡、狭窄、骚乱、罹难、膜拜、教徒……"从这些词语中可以看到踩踏事故经常发生的地点、原因、过程、结果。

车祸大词表有 3650 个词语在通用词表中，位于前列的有："事故、死亡、现场、汽车、车辆、道路、路边、翻、处理"等。子领域词语有 6735 个；特征词语是：

车祸、司机、车手、货车、安全带、摩托车、行驶、卡车、伤者、开车、乘客、线索、民警、身亡、座椅、交警、相撞、路口、抢救、面包车、驾驶、驾车、当场、路段、轮胎、行人、车上、车队、死者、公车、事发、轿车、中巴车、伤员、重伤、刹车、伤口、骑、国道、高速公路、肇事、救护车、伤势、头部、乘车、丧生、拖拉机、马路、尸体、腿部、停车、车速、变形……

地震大词表有 5442 个词语在通用词表中；子领域词语有 16039 个，特征词语是：

地震、灾民、救灾、物资、爱心、预警、捐、里氏、慈善、海水、海底、自然灾害、警报、失踪、救助、赈灾、义演、募捐、余震、捐赠、红十字会、南亚、受灾、家园、救助、预报、海岸、人道主义、无情、灾情、火山、急救、善款、医疗队、演艺界、防灾、震中、直升机、药品、减灾、幸存者、特大、地质、震、房、倒塌、废墟、重灾区、救援、慰问、奉献、巨浪、震级、建筑物、强震、天灾……

海难大词表有 4649 个词语在通用词表中，子领域词语有 11413 个，特征词语有：

船、沉船、艘、海啸、打捞、沉没、船员、海底、海上、沉、海域、船上、失踪、海难、潜水、救助、救、船只、获救、潜艇、搜救、海军、南海、渡船、乘客、舰、珊瑚礁、船舱、海事、印度洋、鲨鱼、渔民、船舶、海洋、声纳、潜水员、游船、海岸、救援、货船、水下、船体、抵达、海水、航母、船长、救生筏、码头、水域、泰坦尼克号、演习、风暴、逃生、爆炸、舰艇、下沉、郑和、海面、水面、渔船、浮、航行、客轮、船队、船主、风浪、海浪、困、鱼雷、大海、小岛、预警、装载、舱、海边、救起、超载、航道、海滨、海里、海平面、事发、水上、小艇、沿岸、船头、航海、甲板、快艇、捞、丧生、出事、当地人、海岸线……

海啸大词表有 5041 个词语在通用词表中；子领域词语有 11021 个，特征词语有：

海啸、印度洋、救援、受灾、慈善、灾民、捐、捐赠、赈灾、救灾、物资、斯里兰卡、南亚、红十字会、预警、善款、马来西亚、募捐、船、海滩、失踪、义卖、义演、灾情、东盟、海域、遗体、艺人、人道主义、亲人、海水、捐献、自然灾害、重灾区、警报、死难者、废墟、医疗队、救助、旅游业、打捞、海底、拍卖、孤儿、巨浪、款项、奉献、海边……

火灾大词表有 3664 个词语在通用词表中，位于前列的有"现场、火、原因、损失、了解、死亡、迅速、蔓延、隐患"等；子领域词语有 7328 个；特征词语是：

火灾、消防、大火、烧、扑灭、火势、爆竹、烟花、燃放、消防车、消防员、队员、火场、起火、着火、灭火、摊位、扑救、烟、浓烟、烧毁、平房、报警、燃烧、预案、面积、引燃、应急、物品、天然气、大楼、爆炸、禁放区、燃、鞭炮、困、失火、火情、占用、禁放、夜总会、踩踏、

救援、直升机、煤矿、防火、火警、消防队、小区、消防栓、简易楼、逃
生、疏散、蹿、煤气、明火、出动、清理……

飓风大词表有 4018 个词语在通用词表中；子领域词语有 6974 个，特征词
语是：

海啸、飓风、印度洋、自然灾害、海水、洪水、受灾、海岸、使用权、
风力、减灾、风暴、巨、天气、海浪、地块、丧生、沿岸、能量、海
底……

空难大词表有 4197 个词语在通用词表中，位次靠前的词语有"事件、飞
机、航空、发生、事故、赔偿、家属、航班、旅客"等；子领域词语有 7196
个，特征词语有：

空难、应急、乘客、客机、救援、赔付、航线、民航、预案、赔偿金、
民航总局、坠毁、失事、死者、机票、机上、限额、打捞、飞行、残骸、
潜水员、保险、机组、坠机、直升机、事发、航意险、搜救、幸存者、运
营、航空公司、支付、波音、起飞、驾驶员、失踪、安全感、理赔、水下、
降落、遗体、承运人、黑匣子、指挥塔……

矿难大词表有 4467 个词语在通用词表中；子领域词语有 6926 个，特征词
语有：

煤矿、矿、矿工、瓦斯、井、煤炭、爆炸、矿井、煤、特大、遗体、
矿主、救援、搜救、善后、抢险、保险、困、山西、抢救、停产、赔偿金、
工伤、救护队员、看望、调查组、下落不明、亲人、整顿、监察、伤员、
政绩、通风、采、矿山、安全生产、查明、矿区、获救、赔付、指挥部、
超产、农民工、巷道、失踪、慰问、生产能力、抢救、井口、作业、重特
大、频发……

泥石流大词表有 3672 个词语在通用词语中；子领域词语有 6481 个，特征词
语有：

泥石流、天气、地质、洪水、暴雨、救灾、受灾、救助、洪涝、海啸、自然灾害、气象、滑坡、预报、山体、预警、台风、阵雨、住房、流域、灾民、传染病、失踪、大坝、应急、森林、山上、特大、灾情、困、疏散、救援、水土、雨、防汛……

山体滑坡大词表有 3474 个词语在通用词表中；子领域词语有 5873 个，特征词语有：

山体、暴雨、滑坡、天气、救灾、地质、预案、受灾、预警、伤亡、抢险、泥石流、降雨、救援、塌方、救助、倒塌、物资、毫米、气象、大雨、洪涝、灾情、水库、降水、防汛、武警、自然灾害、雨、洪水、山洪、坡、险情、失踪、阵雨、路段、山地、灾民、事发、坍塌、台风、中断、防洪、路面、毁、抗灾、降雨量、救助……

虽然计算机能够获得子领域的专用词表，但是这个词表中子领域特征词语的提取还需要一定的人工参与。

（三）文化子领域间的交集

文化子领域包括：传统文化、大众文化、精英文化、文化遗产、文化交流、文学、影视。

文化子领域取交集，获得文化子领域共用词表。

传统文化∩大众文化　wh1 = 6494

wh1 ∩影视　wh2 = 3571

wh2 ∩文学　wh3 = 3388

wh3 ∩遗产　wh4 = 3372

wh4 ∩精英文化　wh5 = 2984

wh5 ∩文化交流　wh6 = 2112

子领域交集在通用词表中有 1932 个词条。子领域共用的词语是 180 个，这些词语的覆盖率只有 1.21％，去掉数字词和时间词后有 136 个词语：导演、推荐、时尚、阅读、文学、电视台、剧本、经典、争论、个性、质疑、混、演出、乐趣、尝试、品牌、英雄、演绎、长篇、瞩目、名气、色彩、普通人、人性、美女、网络、演出、活泼、刺激、本书、场景、品位、多元、张扬、品质、奥运、曲、上演、大赛、参与者、自信、精致、京剧、秘密、重返、主演、可惜、鲜明、神奇、描写、书写、精华、讲究、吸收、流传、亲情、塑造、热闹、散发、纯、景象、剧情、流畅、幽默、题材、局限、开心、获奖、视觉、好奇、尽情、重复、脆弱、神、心思……

文化子领域提取结果：

传统文化词表有 5428 个通用词语，子领域专用词表有 17899 个词条。

大众文化词表有 2515 个通用词语，子领域专用词表有 2950 个词条。

影视文化词表有 4702 个通用词语，子领域专用词表有 11226 个词条。

文化交流词表有 3902 个通用词语，子领域专用词表有 5987 个词条。

精英文化词表有 2531 个通用词语，子领域专用词表有 2441 个词条。

文学词表有 5709 个通用词语，子领域专用词表有 23140 个词条。

文化遗产词表有 4327 个通用词语，子领域专用词表有 8146 个词条。

在文化子领域中还有更多的具体主题：如大众文化下有"博客""春节晚会"等；传统文化子领域内有"国学热"，更下位的概念是"儒学""孝道"等；文化交流子领域内有"韩流"，更下位还有"大长今"。

这些具体的主题都可以得到它们的专用词表。我们将在下一章介绍这些具体主题词群的提取。

同样，体育子领域中可以提取各比赛项目的专用词表：如举重词表、篮球词表、排球词表、乒乓球词表、拳击词表、网球词表、羽毛球词表、足球词表……限于篇幅，这里不详细讨论。下一章在单篇文本主题词群提取时再进一步分析。

任何一个子领域的专用词表获得都如上所述，将子领域大词表减去通用词和共用词，就是专用词语的初始集合。专用词语的最终集合的提取还要参考更多的因素，如频度、使用度、流通度的阈值等，包括去掉不表示领域特征的数字词和时间词等。在大词语表中不代表领域特征的词语比较多，所以提取后期需要人工干预，而在下一章我们将讨论单篇文本主题词群的提取，我们可以用词语分离的方法获得任意一篇文章的主题特征词语。

二、关于子领域共用词语

共用词语是子领域之间的领域特征词语，对判定文章的主题相关度有重要意义。前面我们提取的领域和子领域主题词群，是将围绕某一主题聚类的文本的词语表用词汇分离的方法去除了通用词语得到一级领域主题词群；子领域词表去掉通用词语和子领域共用词语，得到了二级子领域主题词群。在提取过程中我们发现通用词语的词汇分离作用更大，效果更明显。而子领域共用词语对于词汇分离的影响在有些情况下比较小，因为领域共用词语的交集有的非常小。

在语料量大的情况下，子领域的共用词语也能起到区分小类的作用，比如经济四个子领域——农村、旅游、贸易、金融之间的共用词语有 280 个。在下面的四种文章的大词表中减去通用词语和子领域共用词语，得到各自的专用词语。其中经济子领域共用词语起到了一定的作用（见表 5 - 8）。

表 5 - 8　经济子领域间的共用词语和专用词语

文本/词语数	词种数	通用词语	经济子领域共用词语	专用词语
知识产权	2309	1946	126	237
经济矛盾	2403	1951	144	308
"十一五" 规划	2575	2084	162	329
车市	2841	1994	179	668

在后文单篇文章提取主题词群时我们发现：具体到某一个单篇文本中可能只有很少的几个共用词语，但是这些共用词语都是子领域特征极强的词语，共用词语是该领域的特征词语，对主题词群的提取也有一定的贡献。如：在减灾的几个 300 ~ 400 字的单篇文本中，共用词语虽然数量少，但是体现出 "灾难" 类文章的特征（见表 5 - 9）。

表 5 - 9　"减灾" 文本中的共用词语

文本/词语数	词种数	通用词语	灾害子领域共用词语	专用词语
减灾	217	185	4	28
减灾 1	278	199	3	76
减灾 2	287	143	3	41
减灾 3	196	133	2	61

这里的子领域共用词语包括：灾害、损失、预报、应急、家园、伤亡、海啸。

这几篇减灾方面的文章内容是关于减灾的新闻报道，有泥石流、滑坡、地震、火灾，内容各不相同，拿这些文章的词表和前面提出来的灾难子领域共用词表相对照，共用词语的命中率并不高。因为灾难的子领域共用词表是在不同子领域的词语集合中提取出来的，是子领域之间的共用词语，这个集合由于语料规模的大小不同而不同。如果各个子领域的语料规模大，那么提取的共用词语就多。如果语料规模小或极不平衡则共用词语提取的数量小。如果用处于最下位的单篇文章词表和这个子领域共用词表对照的话，共用词语的数量极其有限。提取共用词语和领域的层级分类有关，任何一个层级都有共用词语，子领域之间有共用词语，子领域下位的主题词群之间也有共用词语，在词汇分离时要注意上位层级的共用词语和下位层级词表之间的关系，在提取下位主题词群时应排除通用词语和上位层级的共用词语，最后得到的词语就是下位层级的主题词群。共用词语在词汇分离中的作用主要是为了提取下位的个性主题词群，具体到单一文本来说就是用来提取文本的个性词汇。但是从主题表达的角度来说，这些共用词语也表现了文本的特征，所以在报刊新闻资源库中对子领域下位主题词群的提取来说，子领域共用词语起到良好的词汇分离的效果，但是在单篇文本的主题词群提取中，共用词语作为主题特征表达的词语应该在文本的专用词语之内。

第三节　下位主题词群提取实验

上面我们介绍了领域主题词群、子领域主题词群的提取实验，下面我们介绍更下位的主题词群的提取试验。

一、实验一

在医疗卫生领域内选取安乐死、艾滋病、禽流感三个内容的语料，将语料进行词语切分和排序。

医疗类——"安乐死""禽流感""艾滋病"。

文本文件合并：

1. 文本文件切分。

2. 文本文件排序。

3. 将文本文件导入 SQLserver 数据库。

4. 进行去标点、数字、特别符号的处理。

5. 得到各个子集的大词表，计算词表内各词频度。

select col001，count（col001）as frq into［zipin200507012］

from［200507］GROUP BY col001

6. 将词表按频度高低排序。

排序 SELECT ＊FROM zipin2005070120RDER BY frq DESC

得出三个包含所有出现过的词语的词语表：

安乐死大词语表　　　2422 个词条

艾滋病大词语表　　　2562 个词条

禽流感大词语表　　　6043 个词条

7. 在不同词表间比对，寻找交集、差集。

交集 select col001 from anlesi3 where col001 in（select WordItem from aizibing）order by col001

相减 select col001 from anlesi3 where col001 not in（select WordItem from aizibing）order by col001

8. 形成新表：

安乐死和艾滋病、禽流感三个子集中共用的词语表。

select col001，frq into anaiqin2 from annqin1 where col001 in（select col001 from annai1）order by col001 779 个词条。

一共求得三个专题的交集 779 个词语。（在约 35 万语料内）在这个交集中包括通用词语"生命、医疗、死、医生、法律、决定、痛苦、死亡、结束、选择、精神、律师、医院、健康、治疗、药物、生存、疾病、犯罪"等。

去除通用词表中的词语以及数字词、时间词，则这三个专题共用的词语包括："病人、卫生部、医药、患者、医学、病情、诊断、致命"等。

再把各个词表中的共用词语去掉，结果是各表独有的词语：

安乐死　120 个（安乐死主题词语初表：安乐死、立法、自愿、癌症、自由、证人、提交、反对、道德、保险、尊重、治愈、移植、抗争、开支、绝症、鼓励、自杀、主动、正视、预先医疗指示、幸运、萎缩、疼痛、书面申请、人性、签名、起诉、伦理、聆听、疗法、滥用、恐怕、剧烈、减免、家属、加速、关怀、顾虑、痴呆、病魔……）

艾滋病　102 个（艾滋病主题词语初表：艾滋病、爱心、安全性、黯淡、昂贵、毒品、迸发、比率、避孕套、惨痛、筹募、多渠道、遏制、贩毒、艾滋孤儿、关爱、红十字会、肌体、鸡尾酒疗法、畸形、几何级数、洁身自好、戒毒、静脉、救助、淋巴结、母婴、募捐、疱疹、皮疹、善待、寿命、输血、曙光、红丝带、顽症、挽救、惋惜、瘟神、吸毒、性交、性行为、针头、征服、治愈、注射器……）

禽流感　765 个（禽流感主题词语初表：禽流感、病毒、H5N1 型、疫情、感染、疫苗、高致病性禽流感、预防、传播、消毒、免疫、传染、防治、变异、监测、发病、流行、爆发、蔓延、扩散、检测、基因、死亡率、途径、传染病、防范、研制、防疫、肺炎、危险、污染、抗、急性、传染性、危害、周边、恐慌、监控、发病率、流行性、肆虐、化验、感染者、抑制、远离、警钟、恐惧、病源、危害性、灾难、志愿者……）

可将同一流程用于其他主题词群的建立。

可见关键的是通用词表的提取，通用词表确定以后，就可以提取各个领域内部的共用词表；也可以提取各子集内的专用词表。

二、实验二：中国政府白皮书主题词群的提取

以中国政府白皮书为实验语料，构建了一个小型实验语料库。政府白皮书涵盖范围广，是有关国计民生的重要政府文件，也是国内外关注的重要主题。语言严谨，逻辑严密，条理清晰，用词规范。它的作用是向国内外大众传播中国国情，有些文件是新词语产生并且向大众传播的源泉，如："十一五"规划、三个代表、和平发展、可持续发展等。白皮书的内容包括：民主政治、矿产资源、社会福利和保障、国防、粮食问题、环境保护、少数民族、知识产权、宗教信仰、台湾问题、西藏问题、妇女、儿童、海洋事业、航天事业、禁毒、人口、核扩散、罪犯改造、就业状况和政策等。这些内容和报刊新闻的领域分类有重合之处，提取出来的各类词语主题特征明显，浓缩性强，作为主题词群很有代表性。

白皮书共集及专集试验过程如下：

我们在前面的研究中利用大规模的分类语料对通用词语进行了考察。由于语料过大相对而言词表也过于庞大，对提取专用词语来说，我们尝试在一个小规模封闭的分领域集合内考察通用词语和专用词语的分布情况，我们搜集了1991—2005年以来中国政府发表的白皮书，一共有33份文件，这些文件的语料字数基本上在1万~3万。首先将这33份文件求交集，考察在白皮书内词语通用、专用和共用的情况。

中国政府白皮书交集试验如表5-10所示。

表5-10 中国政府白皮书交集实验数据表

白皮书名称	词次	词种数	交集	交集差	反向交集	交集差
2005和平发展	60637	4697			73	0

白皮书名称	词次	词种数	交集	交集差	反向交集	交集差
2005 民主政治	15750	2868	1683		73	0
2005 知识产权	5958	1419	794	889	73	0
2005 人权发展	7680	1937	593	201	74	1
2005 妇女	6283	1531	491	102	76	0
2004 就业	6337	1324	418	73	76	0
2004 海洋事业	5349	1352	355	63	76	0
2003 防核扩散	4668	1123	292	63	77	1
2002 国防	13269	2797	282	10	82	5
2001 农村扶贫	8105	1643	262	20	82	0
2002 台湾	5413	1307	210	52	83	1
2000 人权	6500	1788	194	16	93	10
2000 人口	5236	1324	173	21	96	3
2000 禁毒	5217	1533	168	5	109	13
2000 航天	3962	1069	151	17	115	6
2000 国防	4581	1412	145	6	130	15
1999 少数民族	9861	2378	144	1	136	6
1998 西藏人权	6365	1929	135	9	137	1
1998 人权	5836	1555	134	1	143	6
1998 国防	10709	2263	133	1	148	5
1997 宗教	4337	1390	122	11	148	0
1997 中美贸易	4690	1286	118	4	158	10
1996 人权	5186	1491	118	1	177	19
1996 粮食	5208	1403	113	5	188	11
1996 环境保护	7715	1830	113	0	211	23
1996 儿童	8128	2164	107	6	226	15
1995 人权	10313	2325	107	0	252	26
1991 人权	18792	3676	107	0	271	19
1995 军控	6145	1609	107	0	276	5

白皮书名称	词次	词种数	交集	交集差	反向交集	交集差
1995 计划生育	7613	1705	107	0	302	26
1994 知识产权	4730	1317	106	1	333	31
1994 妇女	9387	2260	106	0	524	191
1993 台湾	5508	1675	98	8		446

正向交集就是从表 5 - 10 中的第一个表往下顺序求交集，结果是：两个词表之间的最大交集为 1683，所有 33 个词表相交后最小交集为 98。

反向交集就是从表 5 - 10 中最后一个表向上顺序求交集，结果是：两个词表之间的最大交集为 524，所有 33 个表相交后最小交集为 73。

由于切词时各个词所标注的词性不止一个，因此产生了在正向和逆向的词表中词语数不相等的情形，我们将它们与不带词性的词表进行对比，发现不计词性的话，正向交集和反向交集的词条最终数目相等，都是 58 个词语形式。它们是：的、发展、中国、和、世界、是、地、在、了、与、国际、政策、将、为、上、对、国家、以、经济、也、中、一、不、通过、大、有、积极、并、建立、都、地区、个、从、原则、等、人、北京、基本、使、进行、所、中国政府、多、以来、方面、由、包括、得到、通过、二、条件、制度、政府、采取、以、目前、管理、实施。

考察结果：正向交集和反向交集匹配后词形数正相等。因此，在一个封闭的词表集合内，顺序不影响词条的统计结果，由大语料量开始统计，或是由小语料量开始统计，词形数结果不变。这些词语可以作为这 33 份白皮书封闭集合内的通用词语。

将这两个表中提取出来的词语和我们已经提取出来的领域通用词语相对照，它们都在通用词语中（见表 5 - 11）。

表 5 - 11　白皮书内通用词语和领域通用词语的位次差表

白皮书通用词语		Vs	在领域通用词语中位次		位次差
1	的		1	的	0
2	发展		18	发展	+ 16
3	中国		19	中国	+ 16

续表

白皮书通用词语		Vs	在领域通用词语中位次		位次差
4	和		3	和	−1
5	世界		163	世界	+148
6	是		4	是	−2
7	地		38	地	+31
8	在		2	在	−6
9	了		5	了	−4
10	与		15	与	+5
11	国际		132	国际	+121
12	政策		181	政策	+169
13	将		23	将	+10
14	为		11	为	−3
15	上		12	上	−3
16	对		9	对	−7
17	国家		34	国家	+17
18	以		32	以	+14
19	经济		42	经济	+23
20	也		14	也	−6
21	中		10	中	−11
22	一		6	一	−16
23	不		7	不	−18
24	通过		88	通过	+64
25	大		27	大	+2
26	有		8	有	−18
27	积极		183	积极	+156
28	并		48	并	+20
29	建立		173	建立	+144
30	都		30	都	0
31	地区		108	地区	+71

白皮书通用词语		Vs	在领域通用词语中位次		位次差
32	个		24	个	−8
33	从		40	从	+7
34	原则		353	原则	+319
35	等		19	等	−16
36	人		15	人	−21
37	北京		70	北京	+33
38	基本		260	基本	+222
39	使		151	使	+118
40	进行		55	进行	+5
41	所		89	所	+48
42	中国政府		1171	中国政府	+1129
43	多		31	多	−12
44	以来		476	以来	+432
45	方面		101	方面	+56
46	由		103	由	+57
47	包括		279	包括	+242
48	得到		317	得到	+269
49	通过		87	通过	+38
50	二		245	二	+195
51	条件		348	条件	+297
52	制度		125	制度	+73
53	政府		80	政府	+27
54	采取		364	采取	+310
55	以		32	以	−23
56	目前		156	目前	+100
57	管理		77	管理	+20
58	实施		205	实施	+147

从白皮书内通用词语的排序来看，"发展、中国、世界"应该是中国政府白皮书的核心关键词，而"国际、政策、国家、经济、积极、建立、地区、原则、中国政府、条件、采取、实施"等词语，是在任何一个白皮书中都通用的。这些词语体现了中国政府白皮书的普遍性特征——关注国计民生、面向世界。

白皮书交集之差集初步考察如下。

在将白皮书求交集的过程中，每相交一次，交集的数量就会减小，那么哪些词语在相交的过程中被去掉了呢？下面我们对差集中的词语做一初步考察：

差集内去掉的动词居多：制定、具有、生产、成为、解决、加强、使用、继续、开展、组织、合作、保护、努力、帮助、规定、保障、存在、实行、推进、改革、需要、推动、作为、按照、重视、开放、增加、颁布、建设、提高、上升、教育、批准、促进、调整、促进、设立、发挥、服务、改善、监督、完善、维护、给予、适应、减少、超过、开发、培训、统计、审判、负责。

名词：机构、范围、世纪、企业、经验、作用、体系、中心、技术、会议、职能、法规、权利、状况、事业、健康、阶段、系统、群众、电视、人类、模式、新闻、团体、社会主义、城市。

形容词：广大、高、重要、有效、专门、研究、安全、友好。

时间词：2000年、1998年、2001年……

连词：以及。

副词：约、十分、均。

名量词：各类、一些。

代词：这些。

从考察结果来看，多主题文本交集之差集中的词语是一般性的词汇，以动词居多，较少带有领域特征。下面我们考察一下单一内容的文本之间差集会有什么特点。

单一主题的多文本之间的交集和交集差如下。

在1991年到2005年的中国政府白皮书中，一共发布了七个有关人权的白皮书。下面我们首先考察这七篇人权白皮书的通用交集（见表5-12）。

这七篇人权白皮书的词语总表共有5945个词语。七个词表的最小交集是392个词语。其中有83个是白皮书中的通用词。减去白皮书通用词以后，还有309个人权领域的共用词语。

表 5 – 12　七篇人权白皮书的通用交集

人权专集		词次	词种数	交集	交集差
1991 人权		18792	3676		2466
1995 人权		10313	2325	1210	370
1996 人权		10709	2263	840	186
1998 人权		5836	1555	654	199
1998 西藏人权	6365	1929	455	40	
2000 人权		6500	1788	425	23
2005 人权		7680	1937	392	
			总词种数 5945		

人权的共用词语集合如下：

　　人权、少数民族、权利、公民、保障、机关、居民、增加、宗教、职工、案件、代表、政冶、农村、维护、事业、各级、会议、机构、享有、司法、达到、促进、自治、总数、统计、合法、建设、参加、状况、城镇、代表大会、以上、监督、卫生、余、人均、实现、制定、分别、解决、平均、民主、重视、其中、民主、群众、自治区、措施、加强、情况、西藏、保障、改善、区域、规定、参与、行政、民族自治、颁布、发展权、特殊、尊重、生存权、死亡率、自由、权力、选举、入学率、民主、监督、促进、贯彻、制定、处理、代表、公正……

由于这些共用词语在七个人权白皮书中都出现，我们可以把它们作为人权领域的特征词语。

下面我们将这七个人权白皮书以不同的年度之间分别求差集。

2000 年人权白皮书和 2005 年人权白皮书的对比：

寻找 2000 年的人权白皮书和 2005 年人权白皮书之间的差集，形成新表，2005 年人权文本不在 2000 年人权文本中的词语有 1088 个。2000 年人权文本不在 2005 年人权文本中的词语有 574 个。

可以看到 2005 年的人权白皮书有 1088 个词语是 2000 年的人权白皮书中没有的，同时 2000 年人权白皮书中的 547 个词语在 2005 年白皮书中没有出现。

同样我们也可以求出各个年度不同的人权白皮书在用词上的差异：

2000 人权白皮书不在 1998 人权白皮书中的词语 562

1998 人权白皮书不在 1996 人权白皮书中的词语 555

1998 西藏人权白皮书不在 1998 人权白皮书中的词语 701

1996 人权白皮书不在 1995 人权白皮书中的词语 652

1995 人权白皮书不在 1991 人权白皮书中的词语 272

　　如果用最早的 1991 年的人权白皮书和 1995 年的人权白皮书以及 2005 年的人权白皮书来做对比，是否可以发现人权白皮书在历时过程中用词的变化呢？考察结果如下：

　　①1991 人权白皮书不在 1995 人权白皮书中的词语 2466；

　　②1991 人权白皮书不在 2005 人权白皮书中的词语 2220。

　　上述两者交集为 1901。可见在 1991 年人权白皮书中有 1901 个词既不在 1995 年的人权白皮书中，也不在 2005 年的人权白皮书中。也就是说从 1991 年到 2005 年的人权报告中有些词语已经不再使用了。经过考察，这些词语是：

　　与世隔绝、殖民、制裁、制约、质证、中叶、主宰、资本主义、自觉、自然灾害、最终、尊敬、羁押、教训、阶段、结社、解放军、境遇、纠纷、举世、聚众、跨越、来自、劳动保险、累、秘密、免除、面貌、民族学院、命运、模范、判决、培养、贫雇农、起诉、强调、强奸、强制、抢劫、屈辱、烧、深入、失职、实质、识别、矢志不渝、示威、事项、手工业、书籍、甩掉、同类、统治、突出、无党派人士、无罪、习俗、县长、新生、行之有效、遗留、移送、印数、游行、旧中国、被告人、帝国主义、公安、刑事、压迫、程序、监察、开放、起诉、侵略、生存、属于、条约、予以、证据、逮捕、发动、封建、公开、审理、生产资料、所有制、统治、反动、国民党、毫无、建国、民事、人身自由、势力、寿命、县级、一律、主人、宗教界、剥削、公认、恢复、饥饿、开庭、可言、民主革命、损失、消灭、信教、选举法、押、预期、制约、住宅、半封建、半殖民地、封建主义、官僚资本主义、历届、列强、打击、地主、独立自主、废除、公诉、假释、检举、减免、减刑、解放、民主改革、民族主义、杀人、社会制度、生产方式、侮辱、压迫、一审、伊斯兰教、遗留、包办、悲惨、病夫、铲除、创伤、打骂、大汉族主义、地租、东亚、饿殍遍野、二审、发病率、法西斯、罕见、捍卫、饥寒交迫、极端……

上述词语中有些是历史名词，如"殖民、半殖民地、贫雇农、帝国主义、半封建、封建主义、官僚资本主义、民主革命"等；也有些词语目前很少再用，如"主人、列强、地主、病夫、大汉族主义、地租、饿殍遍野、法西斯"等，在2005年的人权报告中没有提及。

而2005年的人权白皮书中，有559个词语在1991年的人权白皮书中没有出现，这个年度差集中的词语可以作为2005年人权白皮书的年度专用词语，也体现了从1991年到2005年中国人权事业的变化：治国、女性、文盲率、从业、嫌疑人、村委会、恩格尔系数、十五大、统筹、选民、保险费用、妇幼保健、隔阂、黑社会、候选人、清真寺、上网、失业率、舆论、院士、增加值、综合国力、阿訇、必由之路、补贴款、参政、村务公开、短缺、对外贸易、扼杀、遏制、法律化、反腐倡廉、革故鼎新、计票、教育权、举报、举证、力度、屡禁不绝、论坛、毛入学率、民主化、赔偿法、批捕、歧视性、世界银行、事务所、司法部门、透明度、侮辱性、学前教育、渊薮、制度化、自由权……在这里面有很多1991年还没有的新词语，比如"嫌疑人、恩格尔系数、村务公开、反腐倡廉、上网"等，体现了词语使用的变化。

上述内容表明：不同年度的人权白皮书词语的交集体现出每年都共用的词语，代表人权领域词语的共性特征；从它们的差集中可以看见每年不同的词语使用情况，差集中的词语带有年度白皮书的个性特征，也体现每个人权报告的主题内容着重点有不同之处。也就是说交集体现共性，差集体现不同文本的特殊性。交集减去通用词语就是该领域的共用词语。共用词语可以作为该领域的特征词语。

我们用词语分离的方法提取出不同年度同一主题的白皮书的共用词语和专用词语（见表5-13至表5-16）：

表5-13 妇女白皮书的共用词语和年度专用词语

妇女专集	词次	词种	交集	覆盖率		妇女年度专用词语	
1994 妇女	9387	2260	747	74%		589	26%
2005 妇女	6283	1531	747	74.20%		471	25.80%

提取出妇女白皮书的共用词语为：161个。作为妇女问题特征词语。

表 5 – 14 知识产权白皮书的共用词语和年度专用词语

知识产权专集	词次	词种	交集	覆盖率	知识产权年度专用词语	
1994 知识产权	4730	1317	707	71.30%	378	28.70%
2005 知识产权	5958	1419	707	72.09%	396	27.91%

提取出知识产权白皮书的共用词语为 149 个，作为知识产权特征词语。

表 5 – 15 台湾问题白皮书的共用词语和年度专用词语

台湾专集		词次	词种	交集	覆盖率	台湾年度专用词语	
1993 台湾		5508	1675	701	77.55%	376	22.45%
2002 台湾		5413	1307	701	76.36%	309	23.64%

提取出台湾白皮书的共用词语为 129 个，作为台湾问题特征词语。

表 5 – 16 人口和计划生育白皮书的共用词语和年度专用词语

人口和计划生育		词次	词种	交集	覆盖率	计生人口年度专用词语	
1995 计划生育	7613	1705	693	71.70%	482	28.30%	
2000 人口		5236	1324	693	80.74%	255	19.26%

提取出人口和计划生育白皮书中共用词语 134 个，作为人口和计划生育的特征词语。

对于不同领域的白皮书，我们运用领域相减的方法获得各自的主题词群（见表 5 – 17 至表 5 – 22）：

表 5 – 17 提取环境保护和国防的主题词群

环境保护和国防	词次	词种	通用词覆盖率		共用词覆盖率		专用词覆盖率	
1996 环境保护	7715	1830	979	75.50%	108	3.90%	743	20.60%
2002 国防	13269	2797	1018	69.40%	108	1.86%	1671	29.74%

得到环境保护和国防的专用主题词群。

表 5 – 18   提取粮食和宗教的主题词群

粮食和宗教	词次	词种	通用词覆盖率		共用词覆盖率		专用词覆盖率	
1996 粮食	5208	1403	863	71.51%	39	2.78%	501	25.71%
1997 宗教	4337	1390	740	73.24%	39	2.81%	611	23.96%

得到粮食和宗教专用主题词群。

表 5 – 19   提取民主政治和海洋事业的主题词群

民主政治和海洋事业		词种	通用词覆盖率		共用词覆盖率		专用词覆盖率	
2005 民主政治	15750	2858	1468	71.19%	70	2.44%	1330	26.37%
2004 海洋事业	5349	1352	780	74.69%	70	2.18%	502	23.13%

得到民主政治和海洋事业专用主题词群。

表 5 – 20   提取航空航天与宗教的主题词群

航空航天 与宗教	词次	词种	通用词覆盖率		共用词覆盖率		专用词覆盖率	
2000 航天	3962	1059	688	74.36%	34	3.18%	347	22.46%
1997 宗教	4337	1390	740	72.24%	34	2.45%	616	24.32%

得到航空航天和宗教专用主题词群。

表 5 – 21   提取少数民族和中美贸易的主题词群

少数民族和中美贸易		词种	通用词覆盖率		共用词覆盖率		专用词覆盖率	
1999 少数民族	9861	2373	988	76.53%	50	2.10%	891	21.37%
1997 中美贸易	4690	1286	895	74.60%	50	1.88%	341	23.52%

得到少数民族和中美贸易专用主题词群。

表 5 – 22   提取就业和农村扶贫的主题词群

就业和农村 扶贫		词种	通用词覆盖率		共用词覆盖率		专用词覆盖率	
2004 就业	6337	1324	843	63.67%	110	8.31%	371	18.02%
2001 农村扶贫	8105	1643	870	52.95%	110	6.70%	663	20.35%

得到就业和农村扶贫专用主题词群。

由于白皮书的字数在 1 万到 3 万之间，每篇文章得到的专用主题词群在几百个甚至上千个，我们还有必要深入分析这些主题词群是否还可以进一步缩小范围，比如，用几十个词语甚至几个词语就能表达一个文本的主题。这就需要进一步的人工干预。

不过，对报刊新闻教学来说，一篇可以用作教材的文章一般要控制在 2000 字以内，经过词汇分离以后主题词群的备选数量就会缩小。下一章我们将尝试用词汇分离的方法得到任意一篇报刊文章的主题词群。

第四节　本章小结

本章进行了领域词语、领域共用词语和领域专用词语的提取实验，利用通用词语将领域词表、子领域词表中的词汇进行了分离。能够提取出有主题特征的一级领域主题词群、二级子领域主题词群，以及三级更为具体的主题词群。本章还考察了词表之间交集和差集的不同作用和结果，为报刊新闻主题词群的提取工作在方法上做了一些探索。

第六章

主题词群研究和报刊新闻主题教学

　　本章将利用主题词群的研究结果来探讨报刊新闻的主题教学。前面我们已经取得一些研究结果，包括建立了报刊新闻资源库，提取了 19 个领域的通用词表，并利用通用词表进行了提取领域主题词群和子领域主题词群的实验，还在具体主题词群的提取方法上做了一些尝试。由于前面的实验语料基数比较大，提取的主题词群数量也比较大，在相关阈值的设定方面还要做更深入的研究。对报刊新闻教学来说，教材的文章选择一般初级在 800 字以内，中级在 1200 字以内，高级在 2000 字左右。一篇可以用作教材的文章字数根据不同的汉语水平要有相应的控制，所以本章主要探讨如何用词汇分离的方法得到任意一篇报刊文章的主题词群，让主题词群研究直接为报刊新闻教学服务。

　　主题词群的研究包括：

　　1. 报刊新闻教学基础词表（通用词语）。

　　2. 报刊新闻教学领域主题词群（一级领域主题词群）。

　　3. 报刊新闻教学子领域词群（二级子领域主题词群，共用主题特征词群）。

　　4. 多文本聚类的子领域下位概念主题词群（三级主题词群）。

　　5. 单一文本的主题词群（文本个性主题词群）。

　　报刊新闻的知识体系是有层级的，由最上位的领域到子领域，再到子领域下位的概念，主题词群也是有层级的，每一个层级都有相应的主题词群。如：

　　　　文化——大众文化——草根/春节晚会/博客

　　　　教育——高等教育——高考移民/扩招/学费

　　　　生活——美容——人造美女/减肥热/变性人

　　其中 1~3 项的研究前文已经有所论述。本章将讨论 4~5 项的研究方法。

　　多文本聚类的子领域下位主题词群是该下位主题的特征词语集合，这些词语具有向心性和网络性，它们的聚合对判定文章的主题很有帮助，同时也有益于报刊新闻教学素材的选择。单一文本的主题词群则对提炼文章的核心内容、归纳文章主题有一定的参考价值。

第一节　多文本聚类的下位主题词群提取

前面我们已经利用通用词语和子领域共用词语提取了子领域的专用主题词群。现在我们在子领域中进行更下位的具体主题的主题词群聚合。

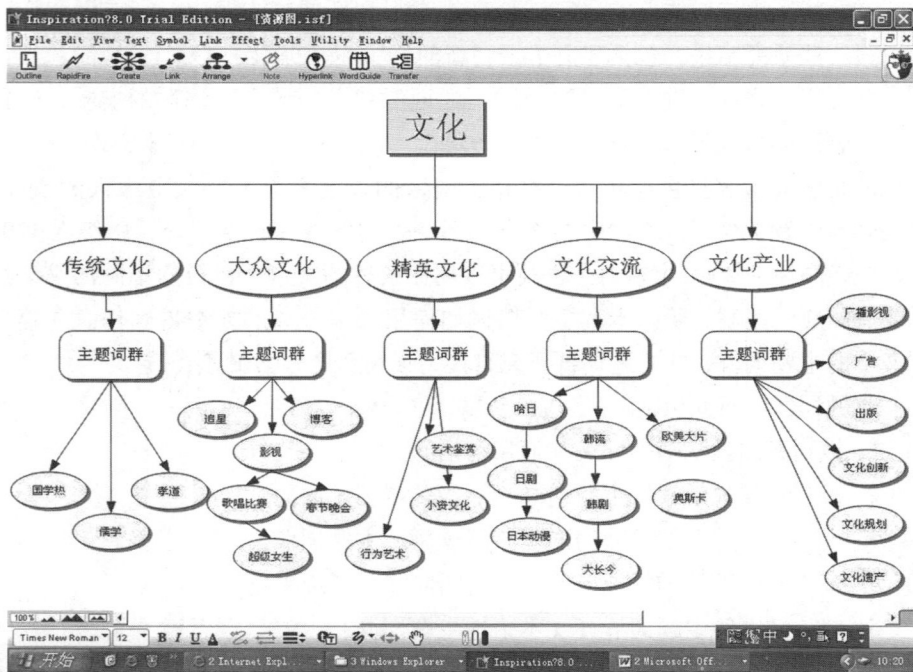

图 6-1　文化子领域主题图

以文化子领域为例，文化子领域包括：传统文化、大众文化、精英文化、文化交流、文化产业。(见图6-1)

上一章我们已经将文化的各子领域词表之间进行交集运算，得到了最小交集是文化子领域的共用词语。包括：导演、推荐、时尚、阅读、演、读、写、文学、电视台、剧本、经典、争论、个性、质疑、演出、乐趣、尝试、品牌、英雄、演绎、长篇、瞩目、名气、人性、美女、网络、活泼、刺激、场景、品位、多元、张扬、品质、自信、精致、京剧、秘密、重返、主演、可惜、鲜明、神奇、描写、书写、精华、讲究、吸收、流传、亲情、塑造、热闹、散发、纯、景象、剧情、流畅、幽默、题材、局限、开心、获奖、视觉、好奇、尽情、重复、脆弱、心思等。这些词语是文化子领域之间共有的词语，具有该领域的普遍特点。

子领域下位概念的主题词语聚合首先是同一内容的文本聚合，同一下位主题的多文本聚合之后，经过计算机处理，得到该下位主题的大词表，利用词汇分离的方法将通用词语和子领域共用词语层层分离，最后留下下位概念主题的专用词语，在这个专用词语为提取主题词群。

如：下位概念主题多文本聚合的词表减去通用词语和文化子领域的共用词语后可以得到如下主题词群。

博客专用词表5756个词条，位于前100位的主题词群包括：（博）客、游戏、地址、用户、日志、视频、搜索、日记、网页、玩家、网友、新浪、方兴东、门户、流行语、在线、推荐、帖子、业界、时尚、亚马逊、搜索引擎、新生代、排名、数码、高手、阅读、爱情、写作、关键词、登录、影片、创始人、色情、理智、撰写、认同度、名人、点击率等。

春节晚会专用词表6340个词条，位于前100位的主题词群包括：晚会、小品、联欢、相声、演出、导演、赵本山、演唱、千手观音、电视台、歌手、央视、歌舞、喜剧、舞蹈、歌曲、潘长江、冯巩、过年、范伟、剧组、演绎、民歌、除夕、春联、戏曲、大年三十、声乐、收视率、京剧、陪伴、卡通、灯光、新春、栏目、频道、动画、电视剧、新人、董卿、奥运、唱歌、录制、时尚、综艺、虚拟、陈佩斯、贺岁、评委、专辑、彩排、姚明、拜年、唱片、舞美、男高音、收视、台湾、幽默、年夜饭、乐谱、金奖、灯笼、文化部、红灯笼、蔡明、朱时茂、牛莉、布景、经典、文艺、忽悠、贺岁喜剧、黄宏、饺子、爱心、台词、热线、彩排等。其中有些是和春节晚会有关的演员或各界明星的名字。突出了春节晚会欢快、喜庆、与民同乐的特点，也可以看到这台晚会歌舞、小品、相声、戏曲样样俱全。

超级女声多文本聚集专用词表2126个词条。主题词群包括：超级、女声、品牌、传媒、湖南卫视、运营、增值、选手、产业链、唱片、电信、估算、艺人、总收入、资讯、衍生、制作商、投票、评委、偶像、赞助、投票、上海天娱、演出、营利、代理商、广告费、收视率、赛区、总决赛、包装、代言、频道、参与者、经纪、巡演、歌迷、获利、冠名、赞助费、眼球、粉丝、经济效益、赛期、点击率、艺员、代言人、门票、电视台、分赛区、湖南电视台、李宇春、盈利、冠名权、花絮、插播、签约、终极、冠名、飙升、报名、独家、打造、引爆、成名、身价、全程、周笔畅、盒饭、参赛、极致、演唱、对垒、赚取、审美、联动、人气、捆绑、知名度、上座率、告罄、塑造、播放、全权、淘汰、何洁、平民、巡演、脱颖而出、决赛、辐射、歌手、肖像、投票者、净利润、默契、赞助商、央视、多渠道、投资方、签名、亲朋好友、唱法、演艺、综艺、商业化、赛程、链条、预赛、张靓颖、盛宴、主打、三甲、流通、不可估量等。从这些词条中可以看到"超级女声"这个文化现象的基本主题有：超级女声、偶像、演唱、决赛、平民、包装、成名、身价、脱颖而出等。以"超级女声"为中心，在它的周围有几组词语和它关联（见图6-2）：

主题：超级女声——品牌、偶像、演唱。

①举办者：传媒、湖南卫视、上海天娱、赞助商。

②参与者：选手、艺人、报名者、评委。

③参赛过程：赛程、赛期、赛区、分赛区、参赛、预赛、淘汰、投票、人气、决赛、总决赛。

④比赛结果：三甲——李宇春、周笔畅、张靓颖、何洁。

⑤支持者：歌迷、粉丝、"玉米""盒饭""笔迷""凉粉"、亲朋好友。

⑥赛后：成名、签约、代言、巡演、签名、身价、知名度、不可估量。

⑦社会效果：平民、偶像、脱颖而出、引爆眼球——点击率、收视率。

⑧经济效益：产业链、总收入、赞助、营利、广告费、代理商、冠名、获利、盈利、赚取、净利润、投资方、商业化。

和主题相关的特色词语：包装、眼球、欲望、飙升、打造、引爆、人气、平民、主打、脱颖而出、跌宕起伏、盛宴、决一雌雄、不可估量。

从上述主题词群的分析来看，主题的中心词语在主题词群表中往往是处于最前列的，这一组词语都有向心性，同时也是环环相扣，具有网络性，体现了和这个主题相关的各个因素。总体来看，超级女声既是一场全民娱乐的盛宴，更是一个成功的文化产业商业化的模式，其经济效益在大众文化的面纱下欲盖弥彰了。

多文本聚合的下位概念主题词群体现了该主题的特色词语。

国学热主题词群包括：文学、经典、国学、阅读、儒家、论语、士大夫、笔记、学堂、四库、汉语、散文、孔子、书籍、古籍、二十四史、名著、疏、红楼梦、文献、诵读、诗歌、背诵、原作、版本、四书五经、利玛窦、史料、审美、教育家、弟子、精华、中华书局、知识分子、古文、

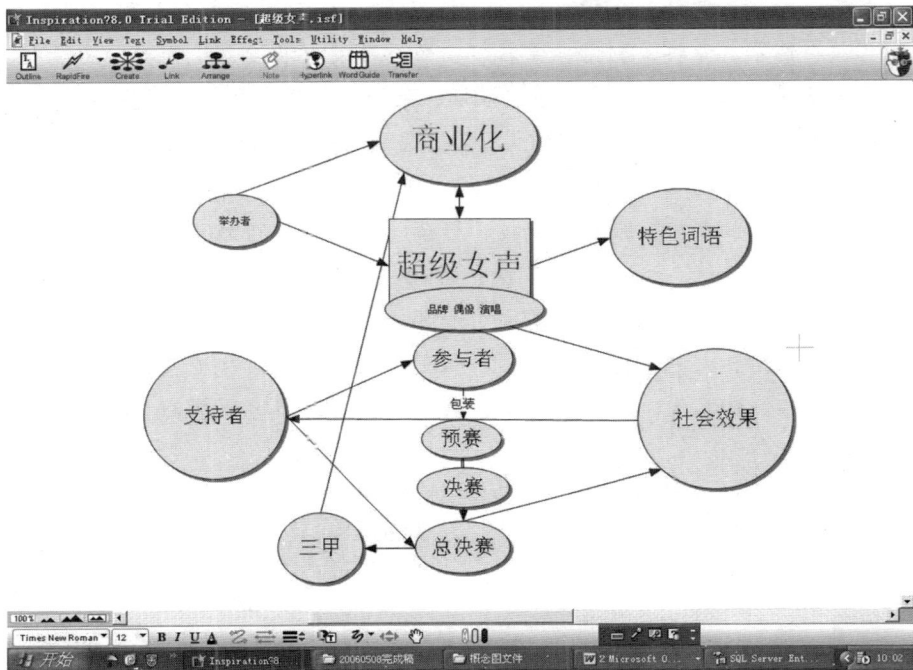

图6-2　"超级女声"主题图

严复、品德、庄子……

孝道主题词群包括：孝道、年夜饭、过年、礼、拜年、老人院、孔子、孝、养老、父、老年人、儿、祖母、长辈、亲情、拜、祖籍、儒家、礼节、老人家、祭祖、赡养、姥爷、儿媳、祠堂、祭拜、亲戚、喜剧、姥姥、团聚、躬、敬、看望、护理、探亲、亲自、孝敬、聊、家常、代际、拜访、孝子、君子、子孙、养老院、老太太、温情、生病、媳妇、君、公德、奶奶、照料、敬老、探望、血缘、论语、热闹、不孝、曾祖父、孝亲……

行为艺术主题词群包括：艺术家、美女、变态、趣味、时尚、漂流、王小帅、元素、张广天、戏剧、漫画、鸟巢、油画、名人、炒作、画家、试漂、符号、垃圾、当代、绘画、色彩、视觉、黑色、冰山、形式主义、灵感、美术、题材、个性、图案、雕塑、切·格瓦拉、自称、模特、恶心、此类、画廊、风气、狂、金钱、设计师、接轨、轰动、工作室、取向、表演场、潮流、刺激、质疑、庸俗、品位、力作、幽默、残酷、媚俗、泛滥……

韩流主题词群包括：电视剧、棋手、韩流、围棋、裴勇俊、演唱会、爱情、神话、歌迷、偶像、恋歌、连续剧、歌手、韩元、艺人、电视台、播放、儒家、专辑、剧情、美容、精致、可爱、浪漫、收视率、男女、美女、三星、细腻、整形、演艺、歌坛、乐坛、朝鲜半岛、明成皇后、美食、编剧、经典、走红、导演、皇后、潮流、独岛、汉城、东亚、票房、制片商、灰姑娘、色彩、雅丽、迷、收视、人气、李英爱、邻国、剧照、情侣、追捧、泡菜、太极、强劲、演技、野蛮、家庭剧、巧妙、打动、外形、巨星、饰演、服饰、主人公、亲情、结局、张娜拉、张瑞希、精美、婚礼、安七炫、演艺界、黄手帕、奶奶、征服、古典、媳妇、进军、包装、安在旭、跆拳道、大片、粉丝、引领、歌星、族、演绎、打造、崔恩景、演艺圈、气质、知名度、青睐、恋爱、风头、韩文、塑造、梦幻、韩星、中国市场、招牌……

　　大长今的主题词群包括：电视剧、大长今、李英爱、爱情、池珍熙、宫廷、剧中、剧情、偶像、收视、济州岛、美食、韩尚宫、该剧、时尚、豆腐、收视率、御膳、医道、浪漫、结局、人参、料理、闵大人、影迷、主演、题材、饰演、潮流、歌曲、韩元、茶、编剧、剧本、细腻、味道、烤肉、影片、粥、艺人、韩流、美女、演技、精致、海鲜、恋歌、风情、剧照、小长今、连续剧、历史剧、打动、主题曲、崔尚宫、皇后、郑尚宫、荧屏、出演、煮、走红、泡菜、香味、佐料、医术、播放、汉城、连生、演绎、复仇、古装、民俗、古装剧、原著、御厨、身世、气质、好看、菜肴、拍戏、大蒜、海边、闵政浩、服饰、美味、皇太后、讲究、食谱、皇帝、尽善尽美、浓郁、皇宫、宫女、优雅、取景、进食、东方、朝鲜半岛……

　　从这些词语中可以看见《大长今》的主题：宫女长今经过艰辛的努力，在御膳和医道上都取得了成功。

　　围绕着"大长今"这个中心主题词，其他相关因素在主题词群中显现出来（见图 6-3）：

　　电视剧的主要人物：大长今（李英爱）、闵政浩（池珍熙）；韩尚宫、崔尚宫、皇帝、皇后、郑尚宫、皇太后、连生

　　故事的场景：宫廷、济州岛

　　故事的主要内容：御膳、医道

　　和御膳相关的词语有：美食、豆腐、人参、料理、味道、烤肉、粥、

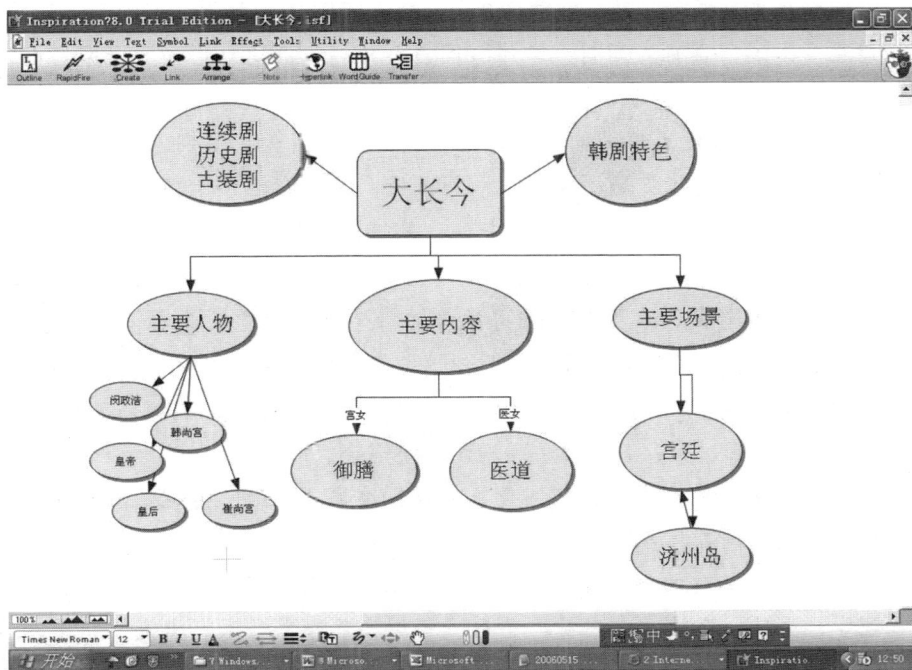

图 6-3　"大长今"主题图

海鲜、煮、泡菜、香味、佐料、御厨、菜肴、大蒜、美味、食谱、进食
和医道相关的词语　医术

该剧的特点：连续剧、历史剧、古装剧

韩剧特色：偶像、细腻、美女、浪漫、精致、打动、古装、民俗、服饰、浓郁、优雅、尽善尽美

此外，还有其他多文本聚合的主题词群，举例如下：

电影主题词群：票房、放映、国产、影片、数字化、暂行、国家广电总局、影院、放映、盗版、银幕、流动、放映厅、增幅、电影节、港资、影视、档、份额、非专业、录像、胶片、电影院、独资、创下、大片、华诞、合资、传输、分级、播映、分类、规模化、丰收、碟、方兴未艾、高奏、柏林、比拟、高标准、超越、产出、补贴、电影片、非凡、饱受、存贮、夺得、惯性、档案、对外开放、多元化、备忘录、长征、点播、不可估量、电影业……

动画主题词群：动画、动画片、三维、产业链、频道、电视台、漫画、衍生、卡通、剧目、题材、二维、国产、缺口、影视、广电、国家广电总局、三足鼎立、游戏、音像、影库、玩具、少儿、电视剧、长度、失衡、上海美术电影制片厂、流程、超人、盗版、市场化、类别、信誉、基数、鲜见、起步、大势所趋、票房、中外合资、改编、数字卡通、宝莲灯、品牌、上马、大片、上海电视节、产能、缺憾、史努比、受众、背离、赖以、消费品、盈利、淘气、擅长、收视率、扭转、大行其道、海内外、需求量、机器猫、米老鼠、数字化、相得益彰、狮子王、视觉、西游记、信息流、漫画家、侦探、卡通片、侵权、原创性、海底总动员、屈指可数……

追星主题词群：追星族、偶像、歌星、影星、榜样、梁朝伟、刘德华、李连杰、合影、崇拜、捷径、周润发、演唱会、掌声、歌迷、粉丝、狂热、沉迷、忠实、座无虚席、张国荣、传媒、追捧、幸运、羡慕、人生观、影迷、沉浸、执着、名扬四海、水泄不通、推波助澜……

变性人主题词群：变性、手术、婚姻、性别、离婚、畸形、男女、心理学、生殖、医学、女儿身、整形、首例、荒谬、离家、出走、阴道、再现、生理、后悔、配偶、修复、生殖器、再造、女孩子、传记、念头、桃色、婚变、小伙、婚礼、欲望、丰满、在意、激情、男孩子、乳房、割、外科、两性、性生活、男性、张克莎、开心、爱情、性感、奉劝、诊断、男孩、灰心、男朋友、婚姻法、激素、炒作、令人瞩目、猥亵、少女、变换、打扮、同性恋、知音、过错、与生俱来、粉黛、荷尔蒙、乐趣、手术费、挫折、异性、轰动、有史以来、个性、明知、脱毛、冷遇……

性骚扰主题词群：性骚扰、秘书、丑闻、男性、受害者、暴力、辞职、男童、上司、法庭、学员、指控、寄养、雇员、性别、职员、未成年人、出庭、骚扰、监狱、人权、色情、侵害、招聘、现年、揭露、受害人、职位、男孩、强奸、虐待、同事、辞呈、审理、男女、女生、匿名、猥亵、上级、诽谤、职务、原告、少年、报案、娈、抚摸、起诉、不端、婚姻、强迫、花瓶、亵渎、辞去、少女、异性、淫秽、陌生人、名誉、害怕、侮辱、侵害、轩然大波、声誉、阴影、当众、胁迫、清白、恶意、隐私、流氓罪、噩梦、惩治、恐吓、索赔、饱受、危害性、逃离、下流、上班、亲吻、肉体、所作所为、洗脱、后悔、羞辱、忍气吞声、非但、无能为力、免受、亲热、变态、亲密、绯闻、身陷、挑逗、检点、人性、矢口否认、恶心、贴紧、紧贴、腰、指认、不择手段、好色、勇敢、美貌、无耻、身心、有意、三番五次、堕落人造美女主题词群：美女、人造、整形、手术、选美、传媒、整容、美容、整容、东施、上瘾、流行语、审美、化妆师、皮肤、化妆、胸、公主、鼻子、注射、炒作、郝璐璐、爱美、时尚、化妆品、脂、西施、隆、电视台、美人、双眼皮、丑、化妆、模特、割、下巴、脸部、外貌、身材、低俗、泛滥、打针、外表、艺人、容貌、医学、部位、影视、偶像、瘦、拍戏、昭君、男友、皱纹、外科、打造、脸蛋、刺激、垫、好看、五官、皱、后悔、愈演愈烈、女生、影星、面部、胶、人体、肌、生物、天生丽质、服用、女友、牙齿、刻意、期望值、鼻、脱皮、沉迷、崩溃、鼻梁、追星族、追逐、美貌、激光、丽人、无可厚非、比比皆是、护肤品、丑小鸭、赏心悦目、本色、真实感、尺度、美学、美容院、审美、精雕细刻、十全十美、纯洁、肌肤、手术台、扬长避短、嘴唇、拯救、注射、胸部、身段、吃药、可怕、乳房、松弛、衰老、美容、浑身、诱惑力、弹性、相貌、人生观、崇尚、面试、一掷千金、美丑、靓女、自信心、靓丽、蜕变、热衷于、欲罢不能……

减肥主题词群：减肥、营养、体重、糖尿病、膳食、脂肪、患者、肥胖、热量、保健、人体、维生素、饱、瘦、服用、洋快餐、医学、胆固醇、脂、身材、刮痧、误区、诱惑、脂肪酸、免疫、血压、锻炼、慢性、肌肉、苗条、胃、药片、生物、手术、糖、饥、胖、健身、胖子、摄入、天然、高血压、纤维、肾、血糖、蛋白质、胰岛素、好吃、腹部、药品、减肥药、抑郁症、厌食症、减卓、功效、成分、主食、进食、摄入量、肝、能量、饥饿、中医、节食、馒头、细胞、心血管、胡萝卜、发胖、饿、肉类、饮料、吸收、代谢、营养素、症状、食疗、磅、超重、快餐、医治、整形、美容、果汁、油脂、摄取、动物性、心脏病、基因、内分泌、副作用、食谱、杂粮、过剩、肥胖症、体态、均衡、营养师、暴饮暴食、适量、减肥茶、一日三餐、曲线、汉堡包、肥胖率、新陈代谢、紊乱、卡路里、循序渐进、麦当劳、健身操、令人担忧、自卑、肯德基、OK减肥法、仰卧起坐、饥饿减肥法、立竿见影、食欲不振、饥不择食、大快朵颐……

学术腐败主题词群：博士生、评审、剽窃、导师、院士、学位、社会科学、原告、著作权、著作权法、侵权、抄袭、高等学校、署名、学历、期刊、作弊、职称、科技界、弄虚作假、品格、博导、心虚、品质、荣誉、名利、撰写、评定、赔礼道歉、查阅、科研处、公示、申报、反思、原创、复审、骗取、心安理得、师德、盗用、权威性、严肃性、虚假、弊端、揭露、大声疾呼、剽窃者、造假、隐匿、公正性、备案、急功近利、晋升、曝光、良心、时有发生、德高望重、洁身自好、名望、追名逐利、掩盖、前程……

上述这些多文本聚合的主题词群基本体现该主题的特点，而且随着新的文本的加入这个主题词群可以不断地动态更新，以更好地为报刊新闻教学服务。

第二节 单一文本的主题词群提取

上述多文本同一主题的主题词群提取，由于是对多个同一主题文本的主题词群考察，所以主题词群的数量比较大，对于主题来说这些词语可能是反映主题的一个较为全面的集合，不过在单一文本中，并不是所有表现主题的词语都能出现。而且随着文本的长度减少，主题词群的个数也相应减少。

判定一篇文本的主题，可以用文本词语减去通用词语，再减去子领域共用词语，最后得到文本专用词语。在文本专用词语中提取文本的主题词群。提取的原则是：提取名词概念、具有主题特点的动词性和形容词性的词和短语。其他领域特征表现弱的词语就被筛除了。

这里用102篇报刊文章来进行单一文本的主题词群提取试验。

单文本主题词群提取试验按照文本的长度（字数的多少）分组进行。

第一组：字数在4000左右的文本，取10个文本（见表6-1）。

表6-1 第一组单文本主题词群提取

文本	字数	词次	词种	通用词语	专用词语	主题词群
001 空难	6148	2334	680	417	220	134
002 整容	4700	2683	932	607	325	138
003 网瘾	3600	1754	730	458	272	142
004 追星	5631	3117	1085	784	301	155
005 财富观	4683	2476	1079	657	422	201
006 洪战辉	3832	1890	742	561	181	107
007 爱情	6800	2639	1011	739	272	150
008 留学	3923	2414	920	601	319	212
009 孔子	4584	2724	1141	663	478	259
010 富豪	4800	2778	1394	905	489	247

以"空难"为例，该文本的主题词群如下。

中心主题词：空难。

灾难特征词语：遇难、遇难者、出事、死难者、致命、尸体、遇险、丧生

空难状态词语：失事、解体、油渍、坠入、漂浮、坠机、残骸、爆炸声、坠落、机身、散落、火光、撞击、遗骸、坠毁、黑匣子

空难环境：天气、沿岸、自然灾害、暴雨、海岸、水面、深海、港口、大雨、暴风雨、上空、云层

空难发生时间、人数、地点：5 月 4 日、凌晨、2 时 15 分、大约 100 人、黑海

乘机专用词语：等候、起飞、燃料、波音、搭乘、度假、降落、陆地、检修、空客、抵达、客机、救生衣、空中客车、空姐、塔台、盘旋、迫降、乘客、雷达、民航、驾驶员、包机、型号、飞行员、着陆、载有、通话、电台、机组、候机、飞行

空难影响：住宅楼、居民区

空难发生之后的行动：连夜、搜索、救援、搜救、营救、军用、船只、能见度、水平面、运输机、艘、捞、潜水员、冰冷、海面、海域、水下、水上飞机、打捞、辨认

空难相关各方：宗契机场、航空公司、亚美尼亚航空、俄方、格鲁吉亚、亚美尼亚、俄罗斯当局、俄罗斯政府

亲人反应：亲属、亲人、守候、哭泣、心碎、彻夜、悲伤、抽泣、伤心

政府悼念：降半旗、哀悼、哀悼日、悼念、志哀

传媒报道：电视台、快讯、俄新社、路透社、国际文传电讯、俄塔社、美联社

各方慰问：致电、致以、诚挚、慰问、慰问电

空难原因：众说纷纭、猜测、机械、故障

从上面的数据来看，4000 字左右的文本提取的主题词群大约在 100～200 个词语。文本越长，提取的主题词群越多。

第二组：字数在 2000 左右的文本，取 10 个文本。见表 6－2。

表6-2 第二组单文本主题词群提取

文本	字数	词次	词种	通用词语	专用词语	主题词群
011 福娃	2338	1246	746	477	269	119
012 郁闷	1998	1083	654	401	243	107
013 无所谓	2374	1069	677	466	211	97
014 婚外恋	1750	947	491	369	122	64
015 抄袭	2700	1124	717	501	216	101
016 婚姻	2300	1182	665	455	210	93
017 蒙学	2254	1156	616	431	185	86
018 汉服	2103	1032	704	474	230	102
019 电影	2298	1034	574	461	113	72
020 超女	2311	1399	634	477	157	83

如"福娃"主题词群为：

吉祥物、奥运、奥林匹克、羚羊、北京奥组委、五环、图案、娃娃、雅典、原型、熊猫、圣火、欢欢、大地、晶晶、妮妮、燕子、韩美林、贝贝、大熊猫、纹、熊猫、森林、纹样、会徽、灵感、纹饰、色彩、评选、激情、卡通、火娃、猴王、国际奥委会、揭晓、喜爱、候选、海洋、五娃、虎、金丝猴、欢快、丹顶鹤、孙悟空、兔儿爷、江河、辽阔、降生、狗、入选、新颖、黑马、风筝、含义、头饰、金木、水火、灿烂、11月11日、物种、征集、吻合、淘汰、揭晓、好运、蕴含、心愿、设计师、陶土、契合、团队、黑色、黄色、草原、2008年、福娃妮妮、童趣、火焰、吉祥、装饰、篮球、体操、简洁、倒计时、壁画、与众不同、福娃、中国娃、活泼、喜庆、仰韶文化、工艺美术、福娃贝贝、敏捷、个性、特许、知名度、盛典、飞翔、一波三折、装饰性、嫩绿、国宝、沙燕、憨态可掬、脱颖而出、表现力、天真无邪、北京奥运会、纪念品、莲花、技法、鲤鱼、纯洁、北京奥组委、新石器、集思广益、寄托

以这里的有限语料来看，2000字左右的文本提取的主题词群大约在60～100个词语。

第三节　文本主题相关度的初步测量

主题词群和文本三题的关系可以通过该词群覆盖该领域或子领域主题词群的比率来判断。我们将相关度值设为 1～5，0～20% 为 1，20%～40% 为 2，40%～60% 为 3，60%～80% 为 4，80%～100% 为 5。

在同一个主题的前提下，我们用单文本提取出来的主题词群和子领域的主题词群相比较（见表 6-3）。

"博客"文本的 46 个主题词群有 38 个在子领域词表中，占 82.61%。

"追星"文本的 155 个主题词群有 129 个在子领域词表中，占 83.22%。

"慈善"文本的 28 个主题词群有 23 个在子领域词表中，占 82.14%。

"电影"文本的 72 个主题词群有 65 个在子领域词表中，占 90.20%。

"蒙学"文本的 86 个三题词群有 76 个在子领域词表中，占 88.37%。

"婚外恋"文本的 64 个主题词群有 57 个在子领域词表中，占 89.61%。

"老龄化"文本的 46 个主题词群有 37 个在子领域词表中，占 80.43%。

"水资源"文本的 47 个主题词群有 38 个在子领域词表中，占 80.90%。

"能源"文本的 49 个主题词群有 40 个在子领域词表中，占 81.63%。

"空难"文本的 134 个主题词群有 120 个在子领域词表中，占 89.56%。

"传统文化"文本的 87 个主题词群有 76 个在子领域词表中，占 87.36%。

"网球"文本的 33 个三题词群有 28 个在子领域词表中，占 84.85%。

表 6-3　文本主题相关度初步测量实验

主题/子领域	文本主题词群	主题词群在子领域中的个数	主题词群命中率	文本的主题相关度
博客	46	38	82.61%	5
追星	155	129	83.22%	5
慈善	28	23	82.14%	5
电影	72	65	90.20%	5
蒙学	86	76	88.37%	5
婚外恋	64	57	89.61%	5
老龄化	46	37	80.43%	5

主题/子领域	文本主题词群	主题词群在子领域中的个数	主题词群命中率	文本的主题相关度
水资源	47	38	80.90%	5
能源	49	40	81.63%	5
空难	134	120	89.56%	5
传统文化	87	76	87.36%	5
网球	33	28	84.85%	5

用不同主题的单一文本和某一个固定的子领域词表进行对比。

单一文本主题词群和子领域传统文化主题词群相比较，见表6-4。

表6-4　单一文本主题词群命中率测量实验

主题/子领域	文本主题词群	主题词群在传统文化子领域中的个数	主题词群命中率	文本的主题相关度
乒乓球赛	69	12	17.39%	1
博客	46	21	45.65%	3
追星	155	73	47.1%	3
慈善	28	11	39.3%	2
电影	72	3	4.2%	1
蒙学	86	76	88.37%	5
婚外恋	64	14	21.9%	2
老龄化	46	15	32.6%	2
水资源	47	3	6.4%	1
能源	49	8	16.3%	1
空难	134	5	3.7%	1
网球	33	3	9%	1

　　上述各单文本主题词群在与子领域"传统文化"主题词群相对照时，相同词语的比例越高其相关度就越高，有关"蒙学"的文本词语占"传统文化"主题词群的88.37%，可见这个文本跟"传统文化"的主题相关度很高。而"网球、空难、水资源"等文本的主题词群与"传统文化"主题词群相对照则命中

率极低，说明这些文本和"传统文化"的主题相关度极低。可见用主题词群命中率来判断文章的文本主题相关度是有一定效果的。在同一领域内，文本主题词群如果和相关子领域主题词群相对照，属于子领域主题词群的词语越多，则主题相关度越高。相反，不同领域之间的主题词群和任意一个子领域主题词群相对照，属于子领域主题词群的词语越少，则主题相关度越低。在有大量的领域词表和子领域词表的支持下，文章的归类就可以做到进一步的细化，如：不但能够判定"蒙学"文本属于"文化"领域，而且还可以直接定位到"传统文化"子领域；甚至如果训练语料足够典型，已经提取出有效的"蒙学"主题词群，那么一篇和"蒙学"有关的文本直接定位到下位更小的子节点"蒙学"。这就提高了文本分类的精准性。

通过这种方法基本可以判定任意一篇文章的主题归属，这只是一个初步的测量结果，有待进一步深入。

第四节 主题词群提取的方法

一、词汇分离

利用 19 个领域的通用词语和子领域共用词语，提取专用词语。这个专用词语可以是领域专用、子领域专用、某下位主题专用、单一文本专用。

所谓词汇分离，是利用各领域间的通用词语将各领域独有的词语提取出来。当领域大词表减去其中的通用词语之后，能够得到这个领域的专用词表；当子领域词表减去通用词语之后，就可以得到子领域的专用词表。而当子领域的某一下位主题的词表减去通用词语和子领域的共用词语之后，就可以得到这个下位主题的主题词群。任何一个文本都可以用词汇分离的方法，将通用词语和子领域的共用词语剔除，得到的就是该文本独有的词语，也可以说是该文本的个性词语、文本特征词语。这些词语在教学中既可以作为主题教学的重点词语，也是该文本的生词要考虑的范围。

所以词汇分离的方法对文本特征词语的提取、主题分析、词语之间关联性考察都是有贡献的。

二、参考频度、使用度、流通度数据

使用度越高，作为主题词语的可能性越大。流通度越高，作为主题词群的

可能性越大。频度越大，作为主题词群的可能性越大。

关于频度：

频度：每一个词语的使用次数与整个考察语料的总词语数的比例。计算公式为：

$$F_i = n_i/N \times 100\%$$

其中 n_i 为词语 i 的出现次数，N 为所有考察语料的总词语数。

关于使用度：

使用度：每一个词语的频率与该词语在文本中的散布系数的乘积。

词语在文本中的散布系数是一个词语出现的文本数与所有的文本数的比值。计算公式为：

$$U_i = F_i \times t_i/T$$

其中 t_i 为词语 i 的出现的文本数，T 为所有考察语料的总文本数。

关于流通度：

报纸 j 的流通度目前只考虑"发行量系数""地域系数"和"周期系数"。

1. 发行量系数：目前，我们是以《人民日报》（上述报纸中发行量最大）的日发行量作为衡量标准，设定《人民日报》的发行量系数为1，其他报纸的发行量系数为：报纸 j 日发行量/《人民日报》日发行量。

2. 发行周期系数：1/发行周期（日）。

3. 发行地域系数：地方性报纸0.5，全国性报纸1。

设词语 i 在报纸 j 中的使用率是 U_{ij}，报纸 j 的流通系数是 c_j，则词语 i 的流通度定义为：

$$(\sum_{j=1}^{k} \sqrt{U_{ij} \times C_j})^2/k \text{（k 为报纸的种类数）}$$

从我们的考察结果来看，频度高的词语，使用度和流通度也比较高，通用词语的词条在我们考察的15家报纸媒体中都出现了，体现了较强的流通性和媒体覆盖的广泛性。

在主题词群的提取过程中，因为取的是各个词表前100位的高频词，词语的频度、使用度和流通度都呈现了一致的趋势。体现了主题词群也具有高流通性和使用广泛的特性。这是我们在报刊新闻教学中的必学词汇，对学生掌握文章主题和自主学习都相当有益。

关于通用度：

考察某一个词在多少个领域中出现，出现的领域越多，通用度越大，比如："环境""教育"在19个领域都出现，表明通用度很高。

某一个词出现的领域越少，通用度越小。比如：在"人口"领域中的"性别比失衡"就只出现在一个领域，通用度越低的词专用度越高。

所以对一个词语来说，通用度越高，专用度越低；反之通用度越低，专用度越高。限于时间关系，本研究还未对词语通用度进行详细考察，相关研究会继续跟进。

第五节　主题词群与报刊新闻主题教学

一、主题词群与文本个性主题

任何一篇文章都是有主题指向的，即使是表达同样主题的文章，不同的文章有不同的表达重点，也就是说有该文本独特的个性，也有人称之为"文章指纹"，文章的个性体现在个性词语的使用，我们发现主题词语的提取对确定文章的主题很有帮助。现代社会在学术、文学方面抄袭剽窃的事件层出不穷，如果用"文章指纹"——个性词语来判定的话，判断一篇文章是否抄袭的准确性应该是很高的。

报刊新闻教学的一个任务是培养学生归纳文章主题的能力，在文章的字里行间寻找主题。而我们利用计算机也可以做到这一点，这也是对人类语感的一个模拟。

下面我们来看一些同一主题的文本是如何表现其个性的。

1. 在关于"航天"的三个文本中：

航天文本 1 的主题词群：月球、天体、样品、采集、地壳、观测、飞船、岩石、土壤、氧、大气、宇航员、温度、度、赤道、燃料、生物、登月舱、宇宙、天文、亘力、返回、迥然不同、机器人、提取、背面、零下、安家、征服、人造、建造、必需品、通信、火箭、造福、物理、标本、勘探、永久性、一无所知、天文台、欧洲航天局、驾驶、面纱、深层

航天文本 2 的主题词群：发射、航天城、酒泉、返回式、航天史、导弹、瑞星、回收率、核武器、安装、配备、航天、丝绸之路、对外开放、嘉峪关、戈壁滩、火箭、人造卫星、搭载、地图

航天文本 3 的主题词群：发射、通信卫星、东方红三号、升空、研制、送入、航天、火箭、运载火箭、东方红二号、转发器、姿态、长征三号甲、

可靠性、推力、东三、轴、陀螺、波段、寿命、总指挥、西安卫星测控、西昌卫星发射、装有、商用、设计师、载荷、传输、运载、定点、氢、故障、发动机、长三甲、长征、西昌、中国空间技术、双星

从上述三个文本的主题词群中可以看到三个文本各自描述的重点不同：文本 1 是描写登月探索，文本 2 介绍中国的航天城，文本 3 详细描述了成功发射火箭的过程。可见通过文本个性主题词语的提取可以基本了解该文本的个性主题。

2. 在关于"水资源"的三个文本中：

水资源文本 1 的主题词群：水资源、防洪、洪水、立方米、水土、缺水、堤防、节水型、大河、黄河、公顷、灌溉、河流、湖、江河、水库、水面、长江流域、长江、干旱、洪涝、特大、支流、河道、排放量、综合治理、污水、嫩江、湖泊、流域、抗御、沿海地区、控制性、工农业、年均、防汛、水域、松花江流域、节水、洪区、短缺、受旱、标本兼治、滞洪、水旱、丰水、水资源量、饮水、源、抢险、三峡、抵御、松花江、超量、千年一遇、森林、农田、开源节流、地下水、断流、水利枢纽、供求、干旱、草原、耕地、水污染、下游、小浪底、供水、除害兴利、脆弱、缺水、抗旱、退化、上下游、保险、占有量、匹配、河段、干枯、统筹兼顾、枯水、沙化

水资源文本 2 的主题词群：水量、立方米、长江、水资源、耕地、调水、流域、径流量、南水北调、上游、华北地区、黄河、引水、支流、供水、缺水、水源、长江流域、余缺、密度、海河、河川、迫在眉睫、密集、提水、粮棉、西线、南北方、供需、中线、干旱、棉花、财力、面积、淮河、可怜、水土、贫水国、临界、大河、汉江、顺理成章、引水、悬殊、下游、引滦入津、黄河上中游、分期、开渠、自流、引黄、源泉、缺水、中游、调剂、亩均、降水、淡水、水资源量、论证、大中城市、源、黄淮海平原、平均数、东线、以南、必需、命脉、产值

水资源文本 3 的主题词群：水日、水周、大河、干涸、警告、恶化、灾难性、后果、退化、涓涓细流、埃及、尼罗河、南美洲、亚马逊河、水系、断流、大坝、淡水鱼、灭绝、印度河、科罗拉多河、约旦河、令人担忧、温室、效应、自然规律、萎缩、尖锐化、冲突、沙漠、饮用水、气候

从这三个文本的主题词群来判断：文本 1 详细介绍中国水资源的现状，包括

各个流域的水资源以及抗旱、防洪等问题；文本2介绍南水北调工程，包括西线、中线、东线；文本3的主题是"世界水日"，介绍世界性的河水断流问题。

3. 在关于"妇女"问题的四个文本中：

　　妇女文本1的主题词群：精神文明、解放思想、妇联、生产力、三八、半边天、积极性、男尊女卑、建设者、面貌、无私奉献、爱岗敬业、崇尚、优越性、施展、谱写、3月8日、身心健康、妇女节、才华、生气勃勃、敬业、各显其能、投身、承上启下、摈弃、模范、风尚、各行各业、锐意、新风、埋头苦干、勤勉、建功立业、锐意进取、更新、妇女观、男女平等

　　妇女文本2的主题词群：暴力、虐待、施暴、妻子、丈夫、婚姻法、家务事、强迫、离婚、司法部门、取证、根深蒂固、性关系、清官、已婚、人身、体力、故意、家丑、有法可依、受害者、预防、全国妇联、婚姻、修养

　　妇女文本3的主题词群：男性、主、男女、半边天、女方、商定、婚后、用工、男方、居住权、勇敢、首当其冲、当家、志气、性别、倒插、独立自主、天生、撑、欲望、开支、冲破、社会关系、男女平等、落户、商量、淘汰

　　妇女文本4的主题词群：丈夫、婚姻、自强、妻子、自尊、神圣、平起平坐、自信、自立、男女平等、三八、四自、妇女节、夫妻、保姆、唠叨、法宝、并肩、甩、情愿、追、格外、婚后、挽救、转型期、停顿、居高临下、旗鼓相当、难过、前妻、世妇会、相伴、安全感、靠不住、过头、谴责、高高在上、婆婆妈妈、持久、女作家、嫁、迎头赶上、并驾齐驱、白头偕老、下岗、老婆、伴侣、势均力敌、比翼齐飞、水平线、心安理得、兼得、双管齐下、寄托、加倍、天职、立于不败之地、退居、哭天喊地

　　上述四个文本在谈妇女问题时各有侧重。文本1是三八妇女节来临时的一篇评论文章，表达了妇女在现代社会建功立业的积极面貌；文本2的主题是家庭暴力；文本3则谈论男女谁当家的问题；文本4强调妇女要有自尊、自信、自立、自强的"四自"精神。

　　从上面这些单文本的主题词群可以看见，虽然这些文章所属的主题领域相同，但每篇文章的具体内容又各不相同，每篇文章都有自己的个性主题。文本的主题词群基本能表现出文本的个性主题，这对教学来说也是对单文本主题提炼的一个辅助手段，有一定的实用价值。

二、报刊新闻主题教学

主题教学是盛行于国外特别是欧美国家的一种教学形式。主题教学主要采用主题图的形式，主题图中包括主题（topic）、连接（cross – links）和层级结构（hierarchical frameworks）。主题用专有名词或符号进行标记；交叉连接表示同一主题下概念之间的相互关系；层级结构是主题的展现方式，中心主题置于主题图的最上层或最中心，从属的概念安排在下面。某一领域的知识还可以考虑通过超级链接提供相关的文献资料和背景知识。因此，主题图是表示在这一主题下各个词语概念之间相互关系的空间网络结构图。

现代的认知主义学习理论和建构主义学习理论都支持主题教学。被誉为构建 21 世纪教育新模式的信息技术和脑科学，也为主题图的正确性和无比广阔的应用前景提供了大量的事实说明。例如，现代脑科学发现，人的大脑是由大约 140 亿个神经元组成，每个神经元都与其他的神经元形成功能网络。人类对大脑的认识已经发展到泛脑网络阶段，泛脑网络学说认为，人的大脑可从宏观到微观分为回路、神经元群、神经元及分子序列四级层次的网络。人的学习、记忆和思维正是通过这样一个网络系统来进行的。主题图的结构特征充分地符合了这一人脑的生理机制。

报刊新闻课的学习资源极为丰富，如何在浩渺的信息世界中有效地学习，知识高度浓缩和结构化的主题图能为教学提供更多可参考的模式（如主题图导航模式）。对学生来说，主题图能促使他们整合新旧知识，建构知识网络，浓缩知识结构，从而使学生从整体上把握知识。主题图还可以作为一种元认知策略，提高学生的自学能力、思维能力和自我反思能力。

主题图蕴含着丰富的教学功能，可以作为一种教学的技能和策略，提高教和学的水平。主题图同时也是一种学习的策略和元认知策略，能帮助学生进行有意义的学习，提高反省认知的能力，最终使学生学会学习。在建构主义学习理论视野下，主题图还是学生建构知识的脚手架（scaffold）。学生可以根据主题图链接的主题词群探寻知识的各个层面，拓展视野，提高认知能力。

本研究提取出来的任何一个主题词群都可以以主题图的形式表现出来，如前面介绍的"超级女声"和"大长今"的主题图。对任何一个报刊新闻的领域来说都可以用主题图的形式表示出来。从大领域到子领域再到具体的主题，主题图可以标明其间的层级关系，而在不同的层级里，都有相应的主题词群来支持。这可以说是为报刊新闻教学搭建一个知识系统平台。

如：面对一个具体的文章，教师可以给学生提供以主题词群为基础的主题图，帮助学生理清文章脉络，拓展思维，有利于学生自主学习。以一篇有关"空难"的报道为例，文本首先经过切词处理，之后词语按频次降序排序，去除通用词语之后可以得到这篇文章的专用词语。

恶劣天气造成亚美尼亚客机坠毁①

新华社莫斯科5月3日电（记者卢涛）俄罗斯紧急情况部发言人别利佐夫3日对媒体表示，初步调查表明，恶劣的天气是导致亚美尼亚A－320客机当天在俄境内坠毁的主要原因。

失事客机当天凌晨从亚美尼亚首都埃里温飞往俄南部城市索契，由于天气条件恶劣，这架空中客车A－320客机抵达索契时曾两次试图在机场迫降，但在第二次迫降时不幸坠入附近的黑海海域，机上113人全部遇难。飞机失事前，地面指挥中心没有接到机组人员有关飞机遇险的报告。俄交通部官员也证实，在这架A－320客机抵达索契时，当地天空的低云层和低能见度导致飞机无法安全着陆，结果飞机在迫降时坠毁。

亚美尼亚航空公司商务副总裁阿加贾诺夫说，出事客机机械状况良好，而且机组人员经验丰富。当天因为天气条件不是很理想，客机起飞后不久机组人员原本决定返回埃里温，但索契机场指挥中心表示，天气会有所好转，于是飞机继续向索契飞行。但在客机即将抵达目的地时，天气状况恶化。客机在索契机场上空盘旋两周后从雷达屏幕上消失。俄总检察院新闻发言人娜塔丽娅·维什尼亚科娃表示，目前没有任何证据表明，这起空难是恐怖袭击所致。俄总检察院已将这起空难事件作为违反飞行安全条例事故立案调查。

据报道，失事客机残骸位于黑海海域水下400米处。目前，搜救人员和搜救船只已经打捞到40多具遇难者尸体，但客机的"黑匣子"尚未找到。当地的暴风雨天气给搜救和打捞工作造成很大困难。

根据俄紧急情况部公布的名单，失事客机上没有中国公民。另据亚美尼亚埃里温机场方面公布的遇难者名单，失事客机上有85名亚美尼亚人，26名俄罗斯人，1名格鲁吉亚人和1名乌克兰人。

事故发生后，俄罗斯总统普京与亚美尼亚总统科恰良进行了电话交谈，双方决定把5日定为志哀日，举国降半旗为空难遇难者志哀，同时将取消两国电台和电视台当天准备播出的所有娱乐节目。双方表示，两国有关部

---

① 恶劣天气造成亚美尼亚客机坠毁［EB/OL］．新华网，2006－05－03．

门会尽一切努力将事故原因调查清楚。

亚美尼亚航空公司当天失事的这架 A-320 客机载有 8 名机组人员和 105 名乘客，其中包括 6 名儿童。这架客机是 11 年前制造的。

教师可以先给出一个"灾难"领域的宏观构图（见图 6-4），再进入下位节点"空难"。在报刊新闻资源库的训练文本中已经给出"空难"的主题词群，这是描写空难的专用特征词语集合，如"失事、坠毁、残骸、遇难、遇难者、尸体、事故原因、黑匣子"等。具体到这一篇文章，除了上面表示"空难"的特征词语以外，提取出来的文本主题词群还包括：恶劣、天气、凌晨、空中客车、抵达、着陆、试图、迫降、坠入、黑海、海域、指挥中心、机组人员、乘客、遇险、云层、能见度、着陆、恶化、盘旋、雷达、屏幕、恐怖、袭击、客机、搜救、暴风雨、打捞、亚美尼亚、俄罗斯、格鲁吉亚、乌克兰、志哀、降半旗、俄罗斯紧急情况部、亚美尼亚埃里温机场等。这个主题词群概括了"空难"的相关因素，如空难发生的时间、地点、现场情景、死亡人数、政府措施、搜救场面、空难原因、相关国家和机构、各方反应等。这里所有的词语都有一种语义向心性和网络性，全都指向"空难"这个中心主题词语，基本表现了空难的典型特征。如果学生掌握了这些特征性的词语，再看更多的有关"空难"的报道就不会有词语上的障碍了。

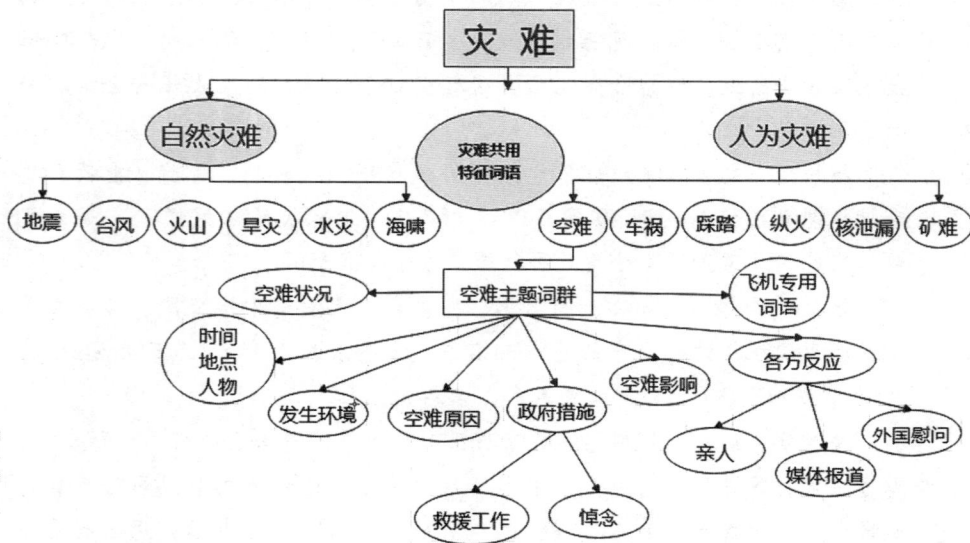

图 6-4　"灾难"主题图

与此相关的一个研究课题是考察每一篇文章的主题词群和标题的关系。我们看这篇空难文章的标题"恶劣天气造成亚美尼亚客机坠毁",其中除了动词"造成"以外,其他五个词语"恶劣、天气、亚美尼亚、客机、坠毁"都属于这篇文章的主题词群。可见文章标题的主题表达相当凝练,同时也可以表现出主题词群对主题表达的贡献。

另一篇文章是介绍一起文学作品抄袭事件,标题是"郭敬明你该道歉了"。这篇文本经过词汇分离的处理之后主题词群如下:

郭敬明、庄羽、抄袭、判决、终审、官司、北京市高院、判决书、审理、春风文艺出版社、赔偿、文坛、剽窃、情节、抄袭者、照搬、原作者、损失、天才、道歉、雷同、炒作、精神损失费、著作权、侵权、维权、守法、吹捧、独创性、原文、版税、取证、销量、赚取、谩骂、照抄、可耻、索赔、赔偿金、赔礼道歉

从上述主题词群可以看到这篇文章的主题及相关内容:

文本主题:抄袭

抄袭特征词语:剽窃、情节、抄袭者、照搬、原作者、雷同、独创性、原文、照抄、取证

相关人物:郭敬明、庄羽

相关出版社:春风文艺出版社

事件:北京市高等法院、审理、判决、终审、官司、判决书、赔偿、损失、道歉、赔偿金、精神损失费、著作权、侵权、维权

影响:文坛、炒作、守法、吹捧、天才、销量、赚取、谩骂、可耻

用主题图表示如图6-5所示。

目前提取出来的领域三题词群、子领域主题词群领或特征性强。在教学的时候,文本主题词群是核心内容,其他领域特征词语就可以作为引导学生自主学习的路标,以主题词群为建构基础的主题图教学就是在最小的范围内给学生一个知识扩散的方向。在教学中每一个主题都有必学词语和扩散的和主题相关的词语。这些词语是在某一主题范围内最高频、最有效的词语,同时能让学生的自主学习有明确的方向性。在词汇的扩展和阅读面扩大的过程中会接受更多的和本主题相关的知识。

主题图符合学生的认知规律,主题词群的研究是主题教学的基础,使词汇的扩充更加科学化。主题教学符合认知规律,有利于词语的拓展,培养学生自

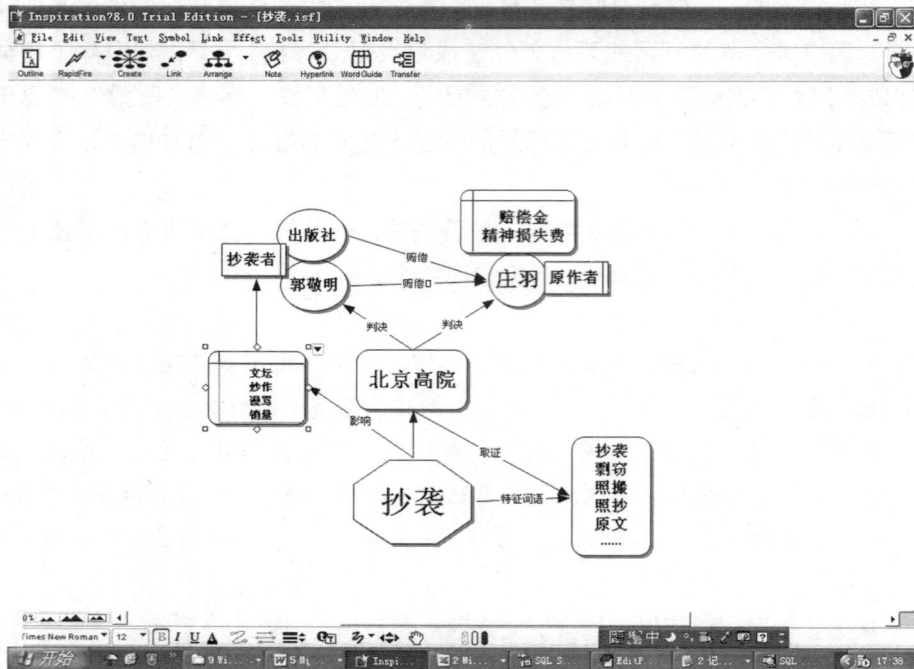

图 6-5　"郭敬明抄袭事件"主题图

主学习的能力。给学生提供一个可扩展的主题词群，在课堂讨论的时候学生的发言就会有更大的视野，寻找更多的思考方向。

第六节　提取出来的各项词表的应用

一、词表应用方案：

1. 通用词语用于常规教学，基础汉语综合课，口语课，听力课，阅读课。如：的、了、人、我、你、他、中国、环境、教育、问题、发展、健康……

通用词表中的词语难度不高，这一点我们在下一章验证中可以看到它们多属于 HSK 四级词中的甲级词和乙级词，这些词语应该在初级汉语阶段的教学中解决。

2. 一级领域主题词群用于初、中级报刊教学，普及读报知识，了解一般国情。如"环境"领域主题词群：湿地、室内、天气、排放、森林、污染物、污水、防渗、甲醛、绿化、生物、水质、植物、沙尘、酸雨、自然保护区、二氧化硫、水资源、检测、气象、装修、大气、有害、指标、节能、国家环保总局、林地、噪声、水源、水污染、太阳能、吸烟、节约型、垃圾、脱硫、尾气、木材、二氧化碳、野生、草原、绿地、保护区、水土、浓度、沙尘暴、大自然、景观、耕地、节水……

了解这些词语也就基本上掌握了有关"环境"的基本词汇。

3. 二级子领域主题词群用于中高级报刊阅读，这一层级的报刊教学阅读面比较广，内容也更有深度。如"大众文化"主题词群：受众、传媒、时尚、文学、剧本、经典、个性、质疑、品牌、英雄、演绎、人性、美女、网络、刺激、场景、品位等。

4. 三级下位主题词群用于当代话题、热点评论、电影欣赏、文化专题讨论等高级汉语课程的学习。下位主题如"国学热、追星、博客、超级女声、整容热、减肥热、中国电影"等，都有各自的主题词群。

5. 文本个性主题词群对分析文本的主题、标注生词、拓展学生自主学习相当有利。任何一个文本都可以有自己的个性词语，以前我们是凭语感选择主题词或者关键词，现在我们可以用词汇分离的方式得到任何一个文本的主题词群，从主题词群里面可以归纳文章的主题，还可以标注初中级汉语里没有学过的生词，特别是主题词群可以引导学生的自主学习，让学生可以阅读更多的相关文章，获取更多的相关知识。

二、主题词群有助于报刊新闻教学文本选择的实验

由于主题词群具有主题的显著特征，所以在判断哪些文本更适合做某一主题的教学素材时就可以考虑用主题词群来验证。

主题词群既可以作为判断文章是否和主题相关的依据，也可以作为选择表示主题特征词语比较多也就是主题相关性比较高的文本的依据。下面的考察中，如果文本词语和台湾主题相关，数值为1；如果文本词语和台湾主题词群不匹配，那么数值为0。

我们选取了"台湾"主题词群中的一些词语，用 PERL 语言编程，考察这些词语在实际文本中的匹配情况（见表6-5）。

这些词语有：[0] 台湾 [1] 台商 [2] 台独 [3] 陈水扁 [4] 海基会 [5] 海协会 [6] 陆委会 [7] 马英九 [8] 包机 [9] 九二（共识）[10] 台海 [11] 国务院台办 [12] 大陆 [13] 两岸 [14] 三通 [15] 一国两制。

表6-5　主题词语在文本中的词频和散布情况

文本编号	[0]	[1]	[2]	[3]	[4]	[5]	[6]	[7]	[8]	[9]	[10]	[11]	[12]	[13]	[14]	[15]	相关
文本1	6	0	5	2	0	0	0	0	0	0	2	0	1	6	3	0	1
文本2	0	0	0	0	0	0	0	0	0	0	0	0	0	0	0	0	0
文本3	0	0	0	0	0	0	0	0	0	0	0	0	0	0	0	0	0
文本4	11	2	15	4	0	0	0	0	0	0	2	0	2	5	2	0	1
文本5	10	0	12	0	0	0	0	0	0	4	3	0	0	3	0	1	1
文本6	8	5	13	1	0	0	0	0	10	3	2	0	1	6	0	0	1
文本7	9	2	10	5	0	1	0	1	0	0	4	0	0	13	1	0	1
文本8	11	7	12	6	0	0	1	0	3	0	1	0	2	0	1	1	1
文本9	11	6	5	10	0	0	0	0	0	0	3	0	0	0	2	0	1
文本10	7	3	6	19	0	2	3	0	4	0	3	0	2	3	2	1	1
文本11	13	5	11	14	0	0	2	0	0	3	0	0	0	5	1	1	1
文本12	14	4	6	0	17	16	0	0	0	4	0	0	5	8	4	2	1
文本13	4	0	3	0	0	0	0	0	0	0	0	0	0	0	0	1	1
文本14	10	0	11	3	1	1	0	0	0	0	0	0	3	7	0	0	1

文本编号	[0]	[1]	[2]	[3]	[4]	[5]	[6]	[7]	[8]	[9]	[10]	[11]	[12]	[13]	[14]	[15]	相关
文本15	8	3	5	6	3	2	3	3	0	2	1	0	4	6	0	1	1
文本16	0	0	0	0	0	0	0	0	0	0	0	0	0	0	0	0	0
文本17	6	0	2	1	0	0	0	0	5	0	0	0	0	0	0	1	1
文本18	/	0	11	9	0	0	0	0	0	0	0	0	0	5	0	0	1
文本19	0	0	0	0	0	0	0	0	0	0	0	0	0	0	0	0	0
文本20	0	0	0	0	0	0	0	0	0	0	0	0	0	0	0	0	0
文本21	11	2	10	11	8	9	4	8	0	0	3	6	8	25	2	1	1
文本22	0	0	0	0	0	0	0	0	0	0	0	0	0	0	0	0	0
文本23	3	0	5	0	0	0	0	0	0	0	0	0	0	0	0	0	1
文本24	4	0	5	0	0	0	0	0	0	0	0	0	0	0	0	0	1
文本25	0	0	0	0	0	0	0	0	0	0	0	0	0	0	0	0	0
词语频次	153	39	147	91	29	30	13	12	22	16	24	6	28	92	18	10	

　　从文本是否和主题相关来看，一共 25 个文本中，有 18 个文本各有若干个词语和台湾主题词群匹配，和台湾问题相关；有 7 个文本的词语匹配数都是零，说明这些文本中没有一个词语属于台湾主题词群，因此这 7 个文本和台湾问题不相关。经过人工验证，的确这七个文本和台湾问题毫无关系。

　　从文本和主题的相关程度来看，这些文本的词语和台湾主题词群匹配数量多少不一，我们认为匹配词语数量多的文本相关程度高，而匹配词语数量少的相关程度低。

　　文本 21 的词语匹配情况最好，有 14 个词语命中，占 16 个被选词的87.5%；文本 15 有 13 个词语命中，占被选词的 81.25%；文本 10 有 12 个词语命中，占被选词的 75%；文本 12 有 11 个词语命中，占被选词的 69%；文本 8 有 10 个词语命中，占被选词的 62.5%；文本 6 有 9 个词语命中，占被选词的 56.25%；

　　词语匹配最少的两个文本（文本 23、文本 24）中只有"台湾""台独"两个词语命中，占被选词的 12.5%。

　　我们在选择和台湾问题有关的文本时，可以考虑优先选择词语的主题相关程度高的文本。特别是利用语料库编选教材时，语料量大、文本数多，人们往往会无从下手，让计算机来批量处理文本，初步判断文本的相关程度，就能让教材编选工作更有针对性，提高人工选篇的效率。

　　虽然有的文本中包含的主题词语比较多，有的则包含得少，但是在每篇文章都出现"台湾"和"台独"这两个词语，也就是说这是台湾问题特征性最强的词语。出现频率最高的词语是"台湾"，有 153 次，其次是"台独"147 次，再次是"两岸"92 次，"陈水扁"91 次。这些词语可以作为主题特征词语来判定一个文本是否和"台湾"问题相关。

　　在这些主题词群中，"台湾""台独"出现在 18 个文本中，"陈水扁"出现在 13 个文本中，"两岸"出现在 10 个文本中；"大陆"出现在 8 个文本中，"海基会"出现在 3 个文本中，"海协会"出现在 5 个文本中，"陆委会"出现在 4 个文本中，"马英九"出现在 3 个文本中，"国务院台办"出现在 1 个文本中。

　　像"泛蓝""泛绿""反分裂国家法"等特征性明显的词语，由于分词软件已经将它们切碎了，没有能够标记出来，就不能计入词语统计。这些词语使用相当稳定，只是计算机由于分词底表的局限不能把它们提取出来。我们目前尝试用前接指数和后续指数的判断方法，把这些词语判为"成熟度"很高的词语。这些内容在王强军博士的《基于动态流通语料库的信息技术领域新术语自动提取研究》一文中已有详细探讨，我们在机器识别"语"这一部分还有更多的工作要做。

从上述结果来看，主题词群对教材文本的选择有辅助作用。上述 25 个文本中，文本 21、文本 15、文本 10、文本 12 都有可能成为教学素材的备选，这就为报刊新闻教材的选篇提供了一条科学的途径。我们可以在语料库中用计算机选取那些和主题词群符合度高的文本，作为报刊新闻教材的备选文本，通过使用这种方法使报刊新闻教学素材能够得到及时有效的更新。

因此，在报刊新闻资源库中可以建立支持对外汉语报刊新闻教学的平台，在报刊新闻分类体系的框架下，将各级主题词群都链接到相应的节点，既有利于动态更新的文本正确归类，也有利于报刊新闻动态教材的选编。

第七节　本章小结

本章主要介绍了主题词群研究对报刊新闻主题教学的支持。进行了文本相关度的实验，对文本词语在主题词群中的匹配情况做了统计，结果表明主题词群能够作为特征词语来选取文本。以报刊新闻资源库和各级主题词群为基础建立报刊新闻教学平台，能够对报刊新闻教学和教材的选编起到一定的推动作用。这也是报刊新闻教学改革的一个有益尝试。

第七章

有关通用词语和主题词群的测试报告

本章对提取出来的通用词语、领域主题词群、下位主题词群、单文本主题词群的结果进行验证。

对照词表：19 个领域词表、HSK 甲乙丙丁四级词表（8822 个词语）、二年级报刊基础教学词表（726 个词语）、二年级新闻听力教学词表（746 个词语）、三年级报刊阅读教学词表（1803 个词语）。

第一节　各类词表测试报告

一、关于通用词语的提取测试

通用词语在 HSK 词表中所占的比例，见表 7 – 1、表 7 – 2。

我们用两组通用词语来测试：一组是 2661 个通用词语（几个通用词表的交集），另一组是 5611 个通用词语（19 个领域通用词语）。

表 7 – 1　通用词语在 HSK 四级词表中的比例（一）

2661 词	甲级词	乙级词	丙级词	丁级词	在 HSK 词表	不在 HSK 中
在词表中	677	968	549	409	2603	58
比例	25.44%	36.38%	20.63%	15.37%	98.13%	1.87%

这 2661 个通用词语 98.13% 都在 HSK 的词表中，其中 61.8% 是甲级词和乙级词。也说明这个通用词表中常用词语比较多。这个词表中不在 HSK 中的词语是：环保、本报、网络、力度、理念、出台、启动、新华社、网站、获悉、手机、透露、上网、市场经济、承诺、诚信、举措、先进性、小康、营造、侵权、

氛围、定位、涉嫌、截至、监控、倡导、调研、突发、心态、互动、打造、内涵、竞争力、载体、预警、拓展、授权、研发、依托、质疑、势头、联手、产业化、全方位、流程、捐助、演绎、核实、漏洞、兼顾、凝聚、涵盖、务实、数据库、亟待、快捷、瞩目等。因为我们的通用词语是从 15 家主流报纸中提取出来的，从这些词语中可以看到报刊新闻的特色词语，比如新词语、缩略语等，而且大多是短语的形式。

表 7-2 通用词语在 HSK 四级词表中的比例（二）

5611 词	甲级词	乙级词	丙级词	丁级词	在 HSK 词表	不在 HSK 中
在词表中	1241	1683	969	868	4761	850
比例	22.11%	30%	17.27%	15.47%	84.85%	15.14%

在 5611 个通用词语中有近 85% 的词语在 HSK 词表中。另有 15.14% 的词语是超纲词语，如板块、版面、版权、参政议政、产权、产业化、诚信、猖獗、承诺、承载、创意、点评、调控、发展观、覆盖面、互动、互联网、基金会、涵盖、媒体、诠释、嘉宾、火爆、堪称、弱势、可行性、跨国公司、全方位、全球化、资深、涉嫌、市场经济、锁定等。这些词语是在报刊新闻方面的通用词语，体现了报刊新闻通用词表的特殊性。针对报刊新闻课来说，应该有符合报刊新闻特点的通用词表。本文提取的报纸通用词表应该是报刊新闻的通用词表。超纲词多反映了 HSK 词表有必要修订。词表除了反映词语的静态，也就是那些不变的核心词语外，动态的词语部分要调整，原来的词表中有的词语已经退出了时代流通领域，有些显示出生气勃勃活力的新词语则应加入词表。

表 7-3 领域通用词表在教学词表中的比例

5611 词	二年级报基词表	二年级新闻听力词表	三年级报阅词表
在词表中	480	493	542
比例	66.1%	66.09%	30.06%

如表 7-3 所示，这 5611 个通用词语分别覆盖了报刊基础和新闻听力的 66% 的词语，而只覆盖了 30% 三年级报刊阅读词表中的词语，说明这个通用词表基本上属于报刊新闻常用词，可以在报刊新闻教学的基础阶段教授给学生。

二、领域词表测试报告

考察 11 个领域词表中的词语覆盖 HSK 四级词表以及二年级报刊基础教学词

表（以下简称报基）、二年级新闻听力教学词表（简称新闻）、三年级报刊阅读教学词表（简称报阅）的情况，如表7－4所示。

表7－4 领域词表在HSK四级词表、教学词表中所占的比例

领域词语/等级词语	甲 1090	乙 2132	丙 2303	丁 3826		报基 726	新闻 746	报阅 1803	
资源领域词表	426	1412	2064	3705		493	591	1653	
	39.1%	66.2%	89.2%	96.8%		67.9%	79.2%	91.6%	
灾难领域词表	314	1204	1882	3562		463	465	1629	
	28.8%	56.5%	81.7%	93.1%		63.7%	62.3%	90.3%	
科技领域词表	282	993	1505	2844		411	421	1395	
	25.8%	46.6%	65.3%	74.3%		56.6%	57.9%	77.3%	
教育领域词表	289	1046	1953	1916		420	406	1455	
	26.5%	49.1%	84.8%	50%		57.9%	54.4%	80.7%	
生活领域词表	231	826	1135	1992		298	274	1017	
	21.2%	38.7%	49.3%	52.1%		41%	37.7%	56.4%	
体育领域词表	298	1064	1574	2862		385	381	1324	
	27.3%	49.9%	68.3%	74.8%		53%	51%	73.4%	
文化领域词表	315	1180	1810	3309		423	422	1447	
	28.9%	55.3%	78.6%	84.5%		58.3%	56.6%	80.3%	
军事领域词表	270	1024	1613	2932		411	408	1351	
	24.8%	48%	70%	76.6%		56.6%	56.2%	74.9%	
政治领域词表	285	1050	1635	3153		467	453	1097	
	26.1%	49.2%	70.9%	82.4%		65.5%	62.4%	60.8%	
外交领域词表	81	385	593	943		184	225	534	
	7.4%	18%	25.7%	24.6%		25.3%	30.2%	29.6%	
经济领域词表	288	1056	1607	3022		444	433	1513	
	26.4%	49.5%	69.7%	79%		61.2%	58.1%	83.9%	

从领域词表覆盖各级词表的情况来看，资源领域词表中的词语出现在HSK甲乙丙丁四级词中的比较多，所占甲乙丙丁四级词语的比例逐级上升，甲级词有39.1%，乙级词占66.2%，丙级词占89.2%，丁级词占96.8%。占三种报刊

教学词表的比例也很高，分别是 67.9%、79.2%、91.6%。资源领域词表中所占比例较高的在乙、丙、丁级词和三年级报刊阅读词表。其他领域词表的词语覆盖情况和资源词表基本类似，都是甲级词语比较少，乙、丙、丁级词语以及三年级报刊阅读中的词语比较多，比例呈明显逐级上升趋势，特别是丁级词和三年级报刊阅读词表的比例最高。可见领域词表的词语适合中高级报刊新闻教学。

我们考察了 19 个领域词表减去 HSK 词表中的词语的情况。发现去除了 HSK 词表中的词语之后，原领域词表位于前列的领域特征词语稍有变化，如相对于法制原始领域词表，在法制超纲词词表前 30 位中，"死刑、法官、杀、审、罪、审判、公安、判决、法庭、判处、审理"等重要领域特征词语被去掉了，所以 HSK 词表相对于通用词表来说对提取领域特征词语并不适用，因为 HSK 词表中并没有排除各领域特征词语。而通用词表因为是 19 个领域通用词语的最小集合，基本上不含各个领域专用的特征性词语，所以对提取领域特征词语有比较好的效果。我们认为领域词表前 100 位的词语是强领域特征词语，也就是说它们是通用度低，专用度高的领域词语。因为领域词表包含该领域所有的用词，是该领域词语的最大集合，我们将领域词表作为一级主题词群。由于其数量庞大，限于篇幅，本文只选取词表前 100 位作为最有领域代表性的领域一级主题词群。

在对比了三个报刊新闻教学词表后我们发现，领域词表占三年级报刊阅读教学词表的比例高于二年级的报刊基础和新闻听力教学词表。从而也说明领域词表由于其领域的专用性而体现了词语具有一定的难度，所以领域词表适用于中高级的报刊新闻教学。

三、子领域下位主题词群测试报告

将下位主题词群和 HSK 甲乙丙丁四级词以及报刊基础、新闻听力、报刊阅读教学词表相对照，考察下位主题词群在各级词表中所占的数量多少。

表7-5 子领域下位主题词群测试报告

领域词语/等级词语	甲 1090	乙 2132	丙 2303	丁 3826	报基 726	新闻 746	报阅 1803	
贸易摩擦	37	48	129	373	54	52	327	
财富	5	12	16	24	3	3	8	
慈善事业	25	48	124	289	11	23	315	
旅游	32	45	187	320	65	88	432	
福娃	24	56	197	253	28	49	396	
博客	99	326	391	663	108	103	340	
国学热	124	439	584	925	125	134	411	
追星	114	416	480	791	112	128	328	
韩流	138	385	455	669	74	95	224	
空难	86	390	499	828	161	162	446	
爱情	106	377	489	847	167	148	482	
婚外恋	36	119	177	310	50	55	161	
奥运	45	142	157	249	60	61	147	

从表7-5中这些下位主题词群在HSK甲乙丙丁四级词表中所占的数量来看，甲级词数量最少，乙级词略微多些，丙级词更多，而丁级词是最多的。在三个报刊新闻教学词表中同样也随着级别的增高下位主题词群所占数量逐级上升，在三年级的报刊阅读词表中的词语最多。因此子领域下位主题词群适用于三年级以上的中高级报刊新闻教学。

第二节　主题词群提取准确度测试

一、人工选择主题词群和计算机提取主题词群对比试验

这个对比试验相当于语感测试，考察人工选择的主题词语和计算机选择的主题词群匹配情况如何。

由于时间有限，我们仅选了10篇测试文章，长度从2000字左右至200字不等，请8位教师自主选择主题词语。选词原则：选择能够表达主题特征的词语。

过程如下：

1. 测试语料的选择：选择了 3 篇 2000 字左右的文章、3 篇 1000 字左右的文章，3 篇 500 字左右的文章，2 篇 100～200 字左右的文章，请 8 位教师选择认为是表达主题特征的词语；

2. 教师从文章中抽取认为是代表主题的词语，做出标记；

3. 汇总每篇文章的提取结果。

表 7-6　单文本主题词群人工提取结果

A/T	2000a	2000b	2000c	1000a	1000b	1000c	500a	500b	500c	200a	200b
T1	15	10	10	11	10	13	8	7	6	5	4
T2	12	14	11	12	11	12	5	8	7	4	4
T3	13	12	17	10	15	13	7	9	7	5	5
T4	17	11	13	10	14	12	9	8	8	6	5
T5	13	11	15	8	13	10	6	7	7	6	4
T6	10	17	19	9	12	10	7	9	9	5	3
T7	11	10	11	14	9	9	6	8	9	5	4
T8	11	18	10	13	12	13	6	6	8	4	5
交集	8	9	10	7	8	7	5	5	5	4	3
并集	28	25	33	27	28	23	15	17	16	11	9

我们将教师组的每篇文章选择词语的结果都做了交集和并集（见表 7-6），交集就是所选词语的最小集，并集包括所有选择出来的词语。我们在下面对照的时候选择的是并集，也就是语感中能够找到的这篇文章最多的主题词语。

用机器分词，进行词汇分离，得出属于该篇文章的主题词群，见表 7-7。

表 7-7　单文本主题词群机器提取结果

A/M	2000a	2000b	2000c	1000a	1000b	1000c	500a	500b	500c	200a	200b
词种	976	1008	853	495	587	473	254	267	276	89	89
通用	733	825	641	373	441	405	212	179	208	59	65
专用	243	183	212	122	146	69	42	88	68	30	24
主题词群	93	71	79	53	64	30	23	29	21	12	14

将上述两组测试结果做对比，如表7-8所示。

表7-8　主题词群的人工提取和机器提取两组结果对比

T/M	2000a	2000b	2000c	1000a	1000b	1000c	500a	500b	500c	200a	200b
教师	24	25	33	27	28	23	15	17	16	11	9
机器	93	71	79	53	64	30	23	29	21	12	14
机器正确	21	19	26	22	21	19	9	13	11	7	8
召回率	0.754	0.763	0.787	0.815	0.75	0.826	0.6	0.764	0.688	0.636	0.888
准确率	0.226	0.268	0.334	0.415	0.328	0.633	0.391	0.448	0.523	0.583	0.571

召回率和准确率如下。

设全部词种数为 N，其中包含的主题词群条数为 T（本试验中为教师选取的全部主题词语数），机器提取的主题词群条数为 S，其中和教师组相比正确的条数为 t，则有：

召回率（recall）：$R = t / T$

准确率（precision）：$P = t / S$

召回率＝机器提取正确的主题词群数目/教师提取的主题词群数目

准确率＝机器提取正确的主题词群数目/机器提取的主题词群数目

将机器提取结果与教师组结果匹配，分别计算每个文本主题词群的召回率和准确率。从数据中可以看到召回率的数值介于60%~88%，而准确率在22%~57%。越长的文章召回率和准确率都越低，越短的文章召回率和准确率都相应地高一些。

主题词群的召回率比较高，而准确率相对较低。机器选出的主题词群数量比较多，是人工选择的几倍。教师的主题词群选择比较谨慎，每一篇文章的主题词群选择都相对较少。计算机提取的结果包含了教师选择的大部分词语，所以召回率数据比较好。然而因为机器选择的词语数量大，所以准确率相对较低。

经过考察发现：教师选择的大多是名词概念和新构成的短语，有些选择的短语机器无法提取，如"学术腐败（学术/n　腐败/a）"、"十一五规划（十一五/NUM　规划/n）""丙二醇（丙/nr　二/nr　醇/Ag）""亮菌甲素（亮/a　菌/n　甲/n　素/n）""法理台独（法理/n　台独/j）""宪改（宪/nr　改/v）""废统（废/v　统/v）""终统（终/d　统/v）""泛绿（泛/v　绿/a）""泛蓝（泛/v　蓝/a）""高考移民（高考/vn　移民/n）""负面效应（负面/b　效应/n）"、

"泛娱乐化倾向（泛/v 娱乐/v 化/v 倾向/n）、"女体盛（女/b 体/Ng 盛/v）"、行为艺术（行为/n 艺术/n）"等，所以机器提取的主题词群和人工提取的主题词群差别比较大。计算机选择的词语除了名词概念和动词，还包括形容词等其他词性的词语和机器切出来的短语，如动词"跟随、劝说""中国社科院台湾研究所/ORG""中国演出家协会/ORG""政协常委/n"，教师一般不选这些专名，所以在主题词群提取时可以考虑只提取和主题相关的专名。机器选择和人工选择的差距较大，所以还需要必要的后处理。

如一篇有关"追星"的文章中，机器提取出来的主题词群有 93 个：刘德华、林鹃、追、倾家荡产、歌迷、痴迷、收藏、嫁、今兰、责难、褒贬、演唱会、非理性、不切实际、刀戒、轻生、兰州、仔、转交、跟随、格调、签名、怪诞、着装、债台高筑、暴力、偶像、示范性、情操、人生观、影响面、相遇、近乎、救救、情人、崩溃、楼房、瘫、心力交瘁、真情、信件、荒废、奇怪、隔阂、个性、筹借、回信、追寻、凑、滴、苦心、一家人、租、欠、住房、名列前茅、付费、彩电、面对面、地步、值钱、劝说、奔亡、哽咽、恍惚、账、身心、凑足、苍白、心愿、剪贴、发誓、失眠、喜爱、花季、断绝、天意、梦见、断绝、债务、念头、后半生、高额、两居室、亲眼、体弱多病、靠近、偏差、学业、如愿、相片、北京工人体育馆/LOC。

而教师提取出来的词语并集只有 24 个：追星、刘德华、倾家荡产、偶像、发誓、愿望、债台高筑、不惜一切、代价、歌迷、痴迷、相片、心力交瘁、昼思夜想、轻生、失眠、天意、荒废、学业、崩溃、演唱会、签名、圆梦、梦中情人。教师选择词语的交集只有 8 个，相当于本文的核心主题词群：追星、刘德华、偶像、代价、痴迷、签名、荒废、圆梦。

在机器选择的词语中有 21 个和教师选择的并集重合，教师选择的 7 个词语不在机器提取的词群内，它们是：追星、愿望、不惜一切、代价、圆梦、演唱会、梦中情人。其中"愿望、代价"这两个词在通用词语为，在词汇分离的过程中已经去除了。其他 5 个词语因为计算机切词的问题无法完整地提取，如：追星——追/v 星/n（机器是的主题词群中有"追、追寻"）；不惜一切——不惜/v 一切/r；圆梦——圆/v 梦/v（机器提取了"梦见"）；演唱会——演唱/v 会/n；梦中情人——梦/n 中/f 情人/n；等等。

在另外一篇有关"超级女声"的文本中"语"的问题同样存在。"超级女声"切分为 超级/b 女声/n；"超女"切分为 超/h 女/b；教师选择的词中还有"海选""PK""平民偶像"等词语，机器在提取过程中将"海"和"选"分别切成了两个词，标为"海/n 选/v"；"平民偶像"则标为"平民/n 偶像/

n";"PK"作为字母词在目前的分词软件下还无法提取。其他还有更多的教师选择的词语被切分了，如：

一/NUM　夜/q　成名/v

一/NUM　夜/q　暴富/v

火/v　暴/a

海/n　选/v

短/a　信/n　投票/v

末/f　位/q　淘汰/v

文化/n　盛宴/n

赢/n　家/n

目前的切词软件是不能将这样的新词语提取出来的，我们还有必要开发一个面向报刊新闻教学的新词语提取系统，更有效地提取主题词群。

当然计算机分词系统主要是借助已有的底表进行分词，未登录词无法提取是不可避免的。我们还可以开发适应词语动态变化的分词系统，以更好地为动态更新需求强的报刊新闻教学服务。

在两组选择重合的词语中，有这样一些词语比较有特色，如和"粉丝"相关的词语——"玉米、笔迷、凉粉、盒饭"，这些词语在文本中加了引号和注释，因而更引人注目。除了"笔迷"被切分以外，机器的选择和人工的选择几乎是一致的。

"/w　粉丝/n　"（/w　FANS/nx　）/w　们/k　更是/d　自称/v　"/w　玉米/n　"（/w　李宇春/PER　的/u　歌迷/n　）、"/w　笔/n　迷/Ng　"（/w　周笔/PER　畅/a　的/u　歌迷/n　）、"/w　凉粉/n　"（/w　张靓颖/PER　的/u　歌迷/n　）、"/w　盒饭/n　"（/w　何洁/PER　的/u　歌迷/n　）……/w　有/v　组织/v　地/u　进行/v　拉/v　票/n　。

总体而言，机器提取的主题词群在召回率上还是比较好的，也就是说机器提取的主题词群占教师提取的主题词群的60%以上，有的文本高达88%，这也说明计算机通过词汇分离的方法提取主题词群有一定的效果。

另外，在教师选择的主题词群中。还包括通用词表中的一些词语，如"环境、教育、台湾"等。我们认为通用词语中可能含有最上位的中心主题词，共用词语表示领域特征，在选择中起到区别领域的特征词的作用。而专用词语则起到标志本文特色词语的作用。所以我们在主题词群选择的过程中，需要综合通用词语、共用词语、专用词语三个词表的结果能够得到基本靠近语感的主题词群。

本文的提取主题词群试验最关键的是能够得到该文本特色词语，有助于提取文章的主题。主题词群对于分析单一文本的主题特征有较好的辅助作用。关于主题词群的提取还有待进一步细化和深入。

二、关于主题词群提取范围

在上文对主题词群的验证中，人们的语感和机器提取出来的主题词群结果有一定的差距，在机器提取的结果中还有很多杂质，如何去除这些杂质，如何更加准确地用计算机自动提取有效的主题词群也是要继续深入研究的课题。

上文的试验中，我们给教师的是文章，没有给出主题词群的候选词，因而教师的选择比较自由随机，各有各的出发点。下面我们给教师从一个文本中提取出来的主题词群，请教师从中选择他们认为和主题相关的词语。实验要求是：对词语做出判断，是主题词群，或者不是主题词群。

给出文本《评"超女毒害论"》的主题词群表，由教师们在计算机提取的结果中选词，如表7-9所示。

表7-9　单一文本主题词群提取验证

1 超级	√8	25 官场		49 传媒	
2 女声	√8	26 独裁	√5	50 玷污	
3 刘忠德	√8	27 说了算		51 个体	
4 谬误		28 高雅	√4	52 站不住脚	
5 封杀	√6	29 主观臆断	√6	53 样板	
6 有害	√3	30 狙击手		54 惯性	
7 文艺		31 动不动		55 制高点	
8 毒草	√3	32 文革		56 志向	
9 文艺界	√2	33 压抑		57 不得而知	
10 扭曲		34 意图		58 铲除	
11 开火		35 论点		59 先知	
12 自命不凡		36 功利	√8	60 驱逐	
13 发泄		37 心虚		61 品格	
14 艺术家		38 容身		62 毒害√8	
15 本原		39 当头棒喝	√8	63 中青年	
16 多重		40 功不可没		64 苛刻√2	

17 一叶障目		41 两面性		65 空话	
18 兼容并包	√8	42 投票		66 丰富多彩	
19 如出一辙		43 宽容	√8	67 浸淫	
20 评判	√6	44 孤立	√6	68 资产阶级	
21 随之而来		45 渲染		69 以偏概全	√3
22 未必		46 如火如荼	√4	70 划线	
23 论调		47 岂		71 滥用	
24 被害		48 严谨	√5		

从表 7-9 中可以看到教师一共选择了 21 个词语，交集集中"超级女声、刘忠德、兼容并包、功利、当头棒喝、宽容、毒害"这 7 个词语反映这个文本的核心主题：对"超级女声"目前有不同的看法，有人（刘忠德）当头棒喝，认为它太功利，毒害青少年，应该封杀；但是另一种观点则是要用兼容并包的态度来看待超级女声，要宽容，不能主观臆断，也不能以偏概全。我们看到这些表达主题的词语都已经包括在机器提取的主题词群中了。不过机器提取的词语数量比较多，所以主题词群的提取要提高准确率。

单文本的主题词群提取相对来说数量小些，我们在前面提取领域主题词群时就是因为词群数量太大，所以我们仅选择了词表的前 100 位词语作为领域特征词语，那么是不是前 100 位词语就比后面的词语能更有效地表达主题呢？我们选择了一个领域词表进行验证。

验证过程：

1. 提取教育领域的 1~100 位词语，以及 101~200 位的词语；

2. 让教师圈出 1~100 位和 101~200 位的与教育主题相关的词语；

3. 对比前 100 位和 100~200 位主题词语分布的密度；

4. 得出结论。

表 7-10　教育领域词表中主题词群的提取验证

序号	词语	选择√	序号	词语	选择√	序号	词语	选择√
1	考生	√	101	妈妈	√	201	歌手	
2	招生	√	102	成人	√	202	赌场	
3	教师	√	103	哲学		203	一级	

续表

序号	词语	选择√	序号	词语	选择√	序号	词语	选择√
4	课程	√	104	打工	√	204	名牌	
5	游戏	√	105	高职	√	205	当代	
6	留学	√	106	中介		206	足球	
7	学费	√	107	数学	√	207	等级	
8	英语	√	108	反腐倡廉		208	转载	
9	高中	√	109	回国		209	全校	√
10	教育部	√	110	翻译	√	210	网吧	√
11	学位	√	111	待遇	√	211	金额	
12	扩	√	112	评审	√	212	时尚	
13	院校	√	113	新西兰		213	心情	
14	高考	√	114	共有		214	多元	
15	本科	√	115	抄		215	会计	
16	办学	√	116	个性	√	216	辅导班	√
17	考	√	117	新增		217	硕士生	√
18	招	√	118	少年		218	院士	√
19	留学生	√	119	注册	√	219	日子	
20	留学	√	120	生物		220	使馆	
21	录取	√	121	授予		221	农民工	
22	高等学校	√	122	颁发		222	严禁	
23	志愿	√	123	分数线	√	223	廉政	
24	学历	√	124	高等	√	224	户口	
25	录取	√	125	用户		225	学年	√
26	报名	√	126	测试	√	226	半年	
27	硕士	√	127	著作权		227	终身	
28	校	√	128	法庭		228	彩票	
29	证书	√	129	周济	√	229	张宁	
30	实习	√	130	说法		230	职位	
31	报考	√	131	女生	√	231	俱乐部	

序号	词语	选择√	序号	词语	选择√	序号	词语	选择√
32	考研	√	132	公示		232	团队	
33	出国	√	133	择校生	√	233	答辩	√
34	该校	√	134	高素质		234	写作	√
35	博士生	√	135	侵权		235	针对性	
36	义务教育	√	136	名额	√	236	监考	√
37	民办	√	137	推荐	√	237	预防	
38	奖学金	√	138	招聘会	√	238	大专	√
39	宿舍	√	139	消费者		239	教练	
40	作弊	√	140	马克思主义		240	漫	
41	招收	√	141	预防		241	妻子	
42	导师	√	142	留学人员	√	242	积极性	√
43	初中	√	143	预科	√	243	普及	√
44	本科生	√	144	校区	√	244	职称	√
45	纲要	√	145	中学生	√	245	本书	
46	抄袭	√	146	珠海		246	在校	√
47	考场	√	147	自费	√	247	枪手	√
48	教材	√	148	流动		248	北航	√
49	入学	√	149	社会科学		249	东莞	
50	签证	√	150	工具		250	剧本	
51	分数	√	151	赞助费	√	251	不知	
52	乱收费	√	152	师生	√	252	实验室	√
53	文学	√	153	助学	√	253	学士	√
54	填报	√	154	申请人		254	刀郎	
55	高考	√	155	保险		255	查	
56	教室	√	156	过年		256	常委会	
57	外语	√	157	通讯员		257	电视剧	
58	美术	√	158	法学		258	简历	
59	技能	√	159	大赛		259	语文	√

续表

序号	词语	选择√	序号	词语	选择√	序号	词语	选择√
60	六级	√	160	抓好		260	丈夫	
61	通知	√	161	校方	√	261	黎明	
62	实习	√	162	应届	√	262	排名	√
63	中等	√	163	试点		263	选手	
64	中小学	√	164	招聘		264	爸爸	√
65	用人		165	报名	√	265	考点	√
66	学员	√	166	讲座	√	266	远程	
67	公办	√	167	家教	√	267	周六	
68	试卷	√	168	辅导	√	268	宋鱼水	
69	中考	√	169	深造	√	269	技工	
70	攻读	√	170	暴力	√	270	以色列	
71	档案	√	171	发放		271	招聘	
72	在校生	√	172	玩家		272	调研	
73	课堂	√	173	高等院校	√	273	现金	
74	品牌		174	体检		274	专业性	
75	德育	√	175	教委	√	275	荷兰	
76	基础教育	√	176	婚姻		276	发达	
77	就业率	√	177	人格		277	开庭	
78	实习生	√	178	歌曲		278	审理	
79	训练	√	179	被告		279	育人	√
80	试题	√	180	在职		280	教育展	√
81	证券		181	查处		281	罪	
82	瘾	√	182	例		282	公园	
83	学业	√	183	文凭	√	283	爱情	
84	生源	√	184	职工		284	品质	√
85	寒假	√	185	职务		285	作业	√
86	考上	√	186	艺术类	√	286	工程师	
87	学期	√	187	考核	√	287	实验区	

序号	词语	选择√	序号	词语	选择√	序号	词语	选择√
88	指标	√	188	学子	√	288	补课	√
89	上课	√	189	省级		289	升学率	√
90	学籍	√	190	东方		290	理论	
91	以人为本	√	191	支付		291	四级	√
92	贫困生	√	192	新生	√	292	通讯	
93	师资	√	193	陈丹青	√	293	阅读	√
94	专科	√	194	人事		294	钢琴	√
95	假期	√	195	师生员工	√	295	大众化	
96	名校	√	196	违纪		296	福利	
97	退学	√	197	竞赛	√	297	锻炼	√
98	剽窃	√	198	应试	√	298	住宿费	√
99	作文	√	199	经济学	√	299	期限	
100	违规	√	200	大纲	√	300	大城市	
		97/100			48/100			33/100

从表 7 - 10 可见，在教育领域词表前 100 位词语中，没有被选为主题词语的只有三个"用人、品牌、证券"，有 97 个词语都和教育主题相关；在教育领域词表 101~200 位词语中，有 48 个词语被选为与主题相关的词语；在教育领域词中 201~300 位的词语中，有 33 个词语被选为与主题相关的词语。丛数据结果来看，说明领域词表前 100 位中主题词群的密度是最大的。

然而并不是说这里没有选择的词语就和"教育"主题无关，应该说有些词语和"教育"或多或少会有一些联系，比如"名牌、时尚、爱情……"，只是被试者们认为这些词语离"教育"主题的核心还是距离远了些，不是直接相关，而是间接相关，因此不划入主题词群内。当然由于各人的考虑角度不同会有选取原则不一致的情况，这些误差暂且不计。

从上述结果来看，领域词表的前 100 位应该是报刊新闻在教育主题方面的最常用词汇，基本体现了主题的特征。

第三节 利用相关词表进行文本难易度初步分析

一、利用通用词表对比几种教材词表的难度

表 7－11 几种教材词表的难度对比

教材词表	词种	通用词语	通用比例	专用词语	专用比例	
报刊基础 A（二年级）	7395	3376	45.7%	4019	54.3%	
报刊基础 B（二年级）	10250	4027	39.3%	6223	60.7%	
报刊阅读 C（三年级）	12514	4253	34%	8261	66%	
当代话题 D（四年级）	13482	4889	36.3%	8593	63.7%	
文化讨论 E（文化三）	14977	4091	27.3%	10886	72.7%	
热点评论 F（四年级）	32708	5374	16.4%	27334	84.6%	

本研究提取出来的通用词表大部分的词语在 HSK 的甲级词和乙级词中，相对来说比较容易。从表 7－11 中的几组教材的词语对比情况来看，随着年级的增加，词种数的不断增长表明各年级教材文章的长度有明显的不同，通用词语的比例不断减少，教材的专用词语比例不断增加，从这个趋势可以基本判断教材的难度也在不断增加。

二、文本难易度初步分析

对外汉语报刊新闻课使用的教学素材过去一般由教师积累，文本难易的判断则依赖于教师的语感或者经验。这样难以适应报刊新闻课内容不断更新和短时间内获取大量材料的要求。因此，利用计算机按难易程度对报刊语料进行初

判断，从而根据不同的难易度要求迅速提供一定量的待选材料，就有很高的实用价值。

（一）文本难易度

文本的难易度是指文本的难易程度。这是一个相对的概念，是相对于各个不同级别的学生来说的。随着一个人语言能力与认知能力的提高，同样的文本会变得越来越简单。在不同的人眼中，同样的文本可能难易度不一样。比如一篇文章一年级的同学觉得很难，但是四年级的学生就会觉得很简单。面对母语非汉语的留学生来说，我们在编写教材、设计教学方案、制订教学计划时需要有词语和文本难易度的分级标准，从而判断学习者到何种程度时应该能理解何种文章，这也是编写教材时选择文本材料的依据。

影响文本难易度的因素分析。从文本来看，难易度由以下一些因素决定：

1. 词汇的通用程度（专业词语覆盖率越大越难）；

2. 词汇的使用度（使用度低的词语覆盖率越大越难）；

3. 文本长度（一般情况下文本越长越难）；

4. 语法结构复杂度（复杂结构的覆盖率越大越难）；

5. 文本所在的领域（也就是领域度的问题，一些领域较另一些领域更为人熟悉，相应的文本难度会降低）；

6. 文本包含的文化因素和语用因素也会增加文本的难度；

7. 作者的行文风格以及文本的题材体裁等。

我们只考察文本长度和通用度对文本难易度的影响。

（二）区分文本难易度实验

文本难易度的判断以往用文本长度、词汇密度等方法来判断，但都有一定的偏差。文章长度和用词多少有关，词语密度只能反映文本中用的词种数占用词总数的多少，两者都和词语的难易等级无关，因而会出现把2000字的用词简单的文章判成难度高，而把200字的专业词语多的文章判成难度低。前面我们还尝试过用文本词语占HSK甲乙丙丁四级词的数量多少来测量文本的难易程度，但是由于HSK四级词表相对于实际的报刊文本来说超纲词太多，这四级词表并不一定适用于单一报刊文本的难易程度判断。因为我们提取出来各领域通用词表是在大规模中国主流报纸语料的基础上产生的，对新闻类的文本有较好的代表性。所以我们用文本长度和通用词语的覆盖比例来判断文章的难易度。

1. 首先考察文本长度对文本难易度的影响

试验选取北京大学出版社出版的《新编汉语报刊阅读教程》（初级本、中级本、高级本）三本教材中的70篇文本，将文本分词、词频统计处理后导入数据库，对文本中的通用词、专用词进行标注后以文本为单位统计。

选取教材文章一共 7C 篇，其中初级 20 篇，中级 22 篇，高级 28 篇。

表 7－12 区分文本难易度实验

初级报刊教材文本

文本文件	词种	甲级词	乙级词	丙级词	丁级词	超纲词
001	148	112	49	13	14	63
002	160	113	51	11	15	43
003	150	114	56	14	12	53
004	99	77	38	6	11	42
005	192	159	66	16	14	57
006	69	38	21	4	6	26
007	169	106	58	14	18	65
008	71	40	21	5	6	26
008	188	103	70	13	20	46
010	206	115	53	18	15	77
011	138	82	39	16	10	54
012	120	46	32	11	19	55
013	108	36	27	9	12	46
014	134	65	41	18	14	44
015	153	137	53	14	7	42
016	159	122	43	15	12	66
017	142	74	50	10	22	63
018	139	67	27	12	4	88
019	170	98	95	54	24	32
020	169	112	51	20	13	36

中级报刊教材文本

文本文件	词种	甲级词	乙级词	丙级词	丁级词	超纲词
021	328	223	161	18	24	32
022	259	146	105	17	34	92
023	186	88	61	30	25	105
024	264	123	160	20	29	171
025	252	212	116	21	22	98
026	209	162	113	21	26	69
027	243	199	80	23	34	83
028	291	211	107	23	36	145
029	172	84	88	33	33	104
030	267	134	50	25	46	118
031	229	149	96	20	48	89
032	164	68	62	35	46	81
033	198	118	104	27	36	97
034	398	215	149	58	57	147
035	167	97	56	43	36	63
036	243	113	105	28	30	103
037	315	166	110	33	30	148
038	213	124	100	31	29	63
039	156	76	44	19	39	72
040	292	182	100	26	47	92
041	248	127	102	31	32	101
042	280	161	105	39	32	80

高级报刊教材文本

文本文件	词种	甲级词	乙级词	丙级词	丁级词	超纲词
043	341	265	255	43	39	119
044	317	296	181	39	47	139
045	297	196	84	29	42	145

文本文件	词种	甲级词	乙级词	丙级词	丁级词	超纲词
046	188	73	58	38	56	110
047	203	78	72	30	39	107
048	356	225	111	42	38	135
049	447	239	203	38	47	211
050	428	291	243	50	49	195
051	461	372	172	46	62	152
052	534	306	284	115	127	176
053	365	273	239	74	67	82
054	443	292	175	57	61	173
055	358	253	199	122	131	118
056	376	232	165	76	99	134
057	560	302	138	64	45	265
058	550	344	223	113	84	254
059	1086	671	274	143	128	571
060	406	316	142	36	46	142
061	341	374	182	39	36	79
062	790	591	217	103	62	291
063	388	342	110	58	26	135
064	335	233	131	63	80	138
065	393	214	187	58	37	177
066	397	409	173	80	36	94
067	465	319	155	40	40	159
068	387	243	194	37	42	146
069	493	257	119	58	46	283
070	537	339	136	61	43	246

从《（汉语水平）词汇等级大纲》甲乙丙丁四级词的覆盖率来看，初级、中级、高级三级文本无明显差别（见表7-12）。

表7-13是三个等级70篇文本的词语平均覆盖情况。

表7-13　初、中、高三个等级文本的词语平均覆盖情况

等级	初级	中级	高级
甲级词覆盖率	43.1456%	39.5730%	43.8453%
乙级词覆盖率	22.3569%	25.1577%	21.7000%
丙级词覆盖率	6.9613%	6.5494%	7.4773%
丁级词覆盖率	6.3673%	6.7485%	1.1816%
超纲词覆盖率	21.1689%	21.9715%	19.9894%

　　数据表明超纲词在三个等级的教材文本中出现率都比较高，约20%左右。初级、中级、高级三级文本除了在文本长度上有显著区别外，在文本的通用词覆盖率上并无明显区分。

　　表7-14是三个等级70篇文本的通用词平均覆盖情况：

表7-14　初、中、高三个等级文本的通用词平均覆盖情况

等级	初级	中级	高级
通用词覆盖率	80.0665%	80.5731%	79.6755%

　　所以仅以文本长度来区分教材的难易程度是比较片面的。

　　2. 利用通用词语考察文本的难易度

　　文本的难易度不仅取决于其文本长度，而且取决于其词汇的难易程度。

　　如果将词汇划分为通用词汇与专用词汇，那么文本的词汇的难易程度表现在其通用词汇的覆盖率上。也就是说，一篇文章中通用词汇越多，相应地专用词汇越少，那么这篇文章就越简单，反之则越难。

　　预设难易等级：

通用词语占90%以上　　　5级　　极易

通用词语占80%~89%　　　4级　　易

通用词语占70%~79%　　　3级　　偏易

通用词语占60%~69%　　　2级　　中

通用词语占50%~59%　　　1级　　偏难

通用词语占50%以下　　　0级　　难

表 7 – 15　一组主题确定的文本难易度考察

文本	词次	词种数	通用词语/比例	专用词语/比例	难易等级	人工标注
网球	405	193	106/54.9%	87/45.1%	偏难	偏易
灾难	433	217	185/85.3%	32/14.7%	易	中
老龄化	467	252	203/80.6%	49/19.4%	易	易
能源	412	206	141/68.5%	65/31.5%	中	中
艾滋病	437	224	153/68.3%	71/31.7%	中	中
台湾	452	249	168/67.5%	71/32.5%	中	偏易

表 7 – 16　一组妇女问题文本的难易度考察

文本	词次	词种数	通用词语/比例	专用词语/比例	难易等级	人工标注
妇女 1	754	424	330/77.8%	94/22.2%	偏易	中
妇女 2	398	193	147/76.2%	46/23.8%	偏易	偏易
妇女 3	377	139	147/77.7%	42/23.3%	偏易	偏易
妇女 4	602	293	225/76.8%	68/43.7%	偏易	偏易
妇女 5	843	537	388/72.3%	149/27.7%	偏易	中
妇女 6	2011	1109	749/69.8%	360/30.2%	中	难

表 7 – 17　一组网球文本的难易度考察

文本	词次	词种数	通用词语/比例	专用词语/比例	难易等级	人工标注
网球 1	334	190	124/65.3%	66/34.7%	中	中
网球 2	345	191	106/55.4%	85/44.6%	偏难	易
网球 3	387	269	180/66.9%	89/33.1%	中	中
网球 4	391	275	188/68.1%	88/31.9%	中	中
网球 5	402	294	181/61.5%	113/38.5%	中	中
网球 6	374	193	106/54.9%	87/45.1%	偏难	易

表 7 – 18   一组台湾文本的难易度考察

文本	词次	词种数	通用词语/比例	专用词语/比例	难易等级	人工标注
台湾 1	453	239	148/61.9%	91/38.1%	中	中
台湾 2	354	198	134/67.6%	64/32.4%	中	中
台湾 3	207	89	75/84.3%	14/15.7%	易	易
台湾 4	221	103	81/78.6%	22/21.4%	偏易	易
台湾 5	3727	1307	701/76.4%	309/23.64%	偏易	难
台湾 6	452	249	168/67.5%	71/32.5%	中	中

表 7 – 19   一组超女文本的难易度考察

文本	词次	词种数	通用词语/比例	专用词语/比例	难易等级	人工标注
超女 1	1014	473	333/70.4%	140/29.6%	偏易	中
超女 2	2354	1126	757/67.2%	369/32.8%	中	难
超女 3	1320	634	477/75.2%	137/24.8%	偏易	中
超女 4	958	328	243/74.1%	85/25.9%	偏易	中
超女 5	981	455	331/72.7%	124/27.3%	偏易	中

表 7 – 20   一组减灾文本的难易度考察

文本	词次	词种数	通用词语/比例	专用词语/比例	难易等级	人工标注
减灾 1	527	217	185/85.2%	32/14.8%	易	易
减灾 2	553	278	199/71.6%	79/28.4%	偏易	偏易
减灾 3	446	187	143/76.5%	44/23.5%	偏易	偏易
减灾 4	363	196	133/67.9%	63/32.1%	中	偏易
减灾 5	201	89	59/66.2%	30/33.8%	中	易

表 7 – 21   一组艾滋病文本的难易度考察

文本	词次	词种数	通用词语/比例	专用词语/比例	难易等级	人工标注
艾滋病 1	390	191	145/75.9%	46/24.1%	偏易	偏易
艾滋病 2	437	224	153/68.3%	71/31.7%	中	中

文本	词次	词种数	通用词语/比例	专用词语/比例	难易等级	人工标注
艾滋病 3	286	194	163/84%	31/16%	易	易
艾滋病 4	412	227	176/77.5%	51/22.5%	偏易	难
艾滋病 5	337	181	133/73.5%	48/26.5%	偏易	偏易
艾滋病 6	256	116	89/76.7%	27/23.3%	偏易	偏易
艾滋病 7	599	343	256/74.6%	87/25.4%	偏易	难

我们将这个考察结集进行了人工验证，验证结果，在一共 41 篇文章中，有 22 篇文章标注一致，另有 19 篇文章不一致（见表 7-15 至表 7-21）。53.7% 的人工判断和上述结果一致，46.3% 的文本人工判断结果并不符合我们预设的难易等级。比如，以通用词语所占比例的标准，妇女文本 6、台湾文本 5、超女文本 2、艾滋病文本 7 等的难易等级为中或者偏易，但是被试者的语感判断却觉得难。网球文本 2 和网球文本 6 原来标的是偏难，但是人工验证的结果却是易。

由于单纯的长度判断和通用词语比例判断的结果都不理想，我们进行了进一步实验，综合考虑文本的长度以及文本中通用词的覆盖率。

实验步骤如下。

（1）语料选择。随机选取 DCC 动态流通语料库中 2005 年主流报纸文本 2549 份作为实验语料。其中，《北京青年报》文本 43 篇，《光明日报》515 篇，《人民日报》1313 篇，《中国青年报》678 篇。考虑到对外汉语阅读课程对文本长度的要求，所选取的文本文件大小有所限制，从 2KB 到 6KB。

（2）文本处理。对实验语料进行分词、词频统计，并将相应数据导入 SQLServer2000 数据库。分词采用中科院自动化所的分词软件。词频统计程序用 PERL 语言编写。

（3）利用 SQLServer2000 数据库，根据通用词表标注词条属于通用词还是专用词，并以文本为单位计算通用词频次、专用词频次、文本总词数以及通用词、专用词占整个文本的比例。考虑到一般情况下字母词、数字词比较容易，故未统计在内。

（4）以单篇文本为单位，计算通用词覆盖率，加权计算，与文本长度加权后的值相加，得到整个文本的难易度。

计算公式如下：

通用词覆盖率 = 通用词频次和/文本总词数

文本长度值 =（当前文本总词数 – 最小文本总词数）/
（最大文本总词数 – 最小文本总词数）

文本难易度 = 通用词覆盖率×α + 文本长度值×β

其中，α、β为相应系数，通过调整其具体值来改变通用词覆盖率与文本长度的相对权值。α + β = 1。

（5）根据难易度对文本按从大到小顺序进行排序，难易度值越大，说明文本越简单，反之则越难。人工选取一定阈值，相应阈值内的属于同一难度等级。

实验结果如下。

为了验证不同系数取值对于文本难易度区分的不同效果，本实验从实验语料中随机抽取300篇的文本进行人工标注。标注等级分1、2、3三个等级，其中，1级是初级难度，2级是中级难度，3级是高级难度。通过观察标注文本在何种系数取值情况下难度相同的文本聚在一起的效果最好，来确定最佳的α，β系数。具体方法是通过给定α，β系数计算文本难易度，并按难易度大小排序。标注语料中1级文本68篇，2级文本119篇，3级文本113篇。按照文本难易度排序，理想的状况应该是从第1篇到第68篇为1级文本范围，从第69篇到第187篇为2级文本范围，从第188篇到第300篇为3级文本范围。如果在相应等级范围出现的是其他难度等级的文本，则用该难度等级减去出现范围等级，将三个范围的这些相减的值累加，得到给定系数情况下错误分级数。选择错误分级数最小的分类作为最接近人工标注的难易度分级（见表7 – 22）。

表7 – 22　三级词语错误分级实验

α，β系数	1级范围错误分级得分	2级范围错误分级得分	3级范围错误分级得分	错误分级得分总和
1，0	72	69	93	234
0.9，0.1	37	67	56	160
0.8，0.2	29	54	27	110
0.7，0.3	25	45	20	90
0.6，0.4	22	37	15	74
0.5，0.5	18	32	14	64
0.4，0.6	17	29	12	58

续表

α，β 系数	1 级范围 错误分级得分	2 级范围 错误分级得分	3 级范围 错误分级得分	错误分级 得分总和
0.3，0.7	14	26	12	52
0.2，0.8	13	26	12	52
0.1，0.9	12	24	12	48
0，1	13	26	13	52

从表 7 - 22 中可以看出，当系数 α = 0.1，β = 0.9 时，选择错误分级数最小。因此，本次实验采用该系数。则文本难易度计算公式为：

文本难易度 = 通用词覆盖率 × 0.1 + 文本长度值 × 0.9

根据验证的情况，初步把系数 α = 0.1，β = 0.9 时难易度分级的几个临界点规定为：

文本难易度 ≥ 0.924408883 时，难易度等级为 1（即初级水平）；

文本难易度 < 0.924408883 且文本难易度 ≥ 0.729389923 时，难易度等级为 2（即中级水平）；

文本难易度 < 0.729389923 时，难易度等级为 3（即高级水平）。

在系数 α = 0.1，β = 0.9 情况下，计算文本的难易度，根据以上所确定的难易度分级的几个临界点，对实验语料进行难易度分级。分级结果如表 7 - 23 所示。

表 7 - 23　文本难易度实验

难度等级	文本数量	占实验语料的比例
1 级	130	5.10%
2 级	1220	47.86%
3 级	1199	47.04%

利用文本中通用词的覆盖率和文本长度两个因素计算文本难易度。实验发现，综合考虑文本的通用词覆盖率和文本长度比仅根据其中一个因素对文本进行难易度分类效果更佳。针对本次实验所用实验语料，当通用词的覆盖率系数 α 取 0.1，文本长度系数 β 取 0.9 时，区分效果最佳。

在人工标注文本难易等级的过程中，我们发现文本领域也是一个重要的医素。不同领域题材的文本通用词覆盖率相同、文本长度相同的情况下，其难易度并不一定相同。其中一个原因就是人们对不同领域的词汇的熟悉程度是不同的。对于那些人们很熟悉的却不在通用词表内的词语，人们觉得难度不大。例如体育领域的文本，虽然其通用词覆盖率比较低，但是难度却比较小。因此，对待不同领域的文本，应该考虑通过文本领域度的系数进行调解，使难易度的计算更接近于人的标注。所以文本的难易度既和文本长度有关，也和文章的用词有关，还和文本所属领域有关。有关领域度的研究需要进一步展开。

第四节　主题词群在对外汉语教学中所起的作用

一、有助于文本选择和分类

主题词群的提取数量和文本选择的长度有关，因此要控制文章的难易度首先要在文本的长度方面有所限制。其次通用词语在文本中使用得越多，文章越容易；反过来说，专用的主题词群使用得越多，则文章就越难。所以我们在教材选篇时要注意选择文章的长度和难度。

由于主题词群是表示该主题的特征词语，在文本分类方面，以主题词群为对照词表可以提高文本分类的精度。分类也可以更加细化。

二、有助于教材编写的层级性、连贯性和系统性

主题词群的层级性也有助于教材编写的层级性。我们提取出来的一级领域主题词群，二级子领域主题词群，以及三级更下位的主题词群分别可以支持报刊新闻初级、中级、高级课程的编写。在教材中已经学过的词语有标记，没学过的词语会用特殊的方式显示。在词汇上、内容上会有层级性、连贯性和系统性。而随着年级的增高，讨论的主题也层层深入。而我们用词汇分离技术提取出来的单篇主题词群对分析文章的主题和特色都会有帮助，以主题词群为基础的主题图也能促进学生的自主学习。

三、有助于文章理解、成段叙述和表达，提高教学效果

主题词群教学因为集中了大量与主题相关的有效词语，对留学生的阅读理解和成段表达都有很大的帮助。在阅读理解方面知识面随着主题词群的拓展而拓宽了，提高了阅读速度和理解水平。在成段叙述和表达方面效果更加明显，

由于主题词群教学能极大地增加学生的词汇量，特别是主题词群的中心性和网络性使学生能够在课堂表达中有意识地运用与主题相关的词语，因此词语的使用中专用词语的比例比较高。我们在北京语言大学三年级为留学生开设了《文化专题讨论》课，把它作为主题教学的实验课，在教学过程中有意识地利用主题词群进行主题教学，提高学生围绕某一主题讨论问题的能力，在口语表达和书面语表达方面都有较好的效果。下面以留学生的讨论报告为试验语料考察留学生的词汇使用情况。

留学生《文化专题讨论》课的讨论提纲用词情况考察如下。

样本：136 篇。单词总数：4901；总词次：32888。

词个数	频次	频度	累加频度
1 字词：1006	15106	45.9316	45.9316
2 字词：3273	16596	50.4622	96.3938
3 字词：426	925	2.8126	99.2064
4 字词：170	229	0.6963	99.9027
5 字词：20	26	0.0791	99.9818
6 字词：3	3	0.0091	99.9909
7 字词：2	2	0.0061	99.9970

在这 4901 个单词中，通用词语有 2574 个，占总词数的比例是 52.52%。覆盖率达到 86.72%。

留学生作业中通用词语前 50 位的如表 7-24 所示。

表 7-24　留学生作业中通用词语提取实验

词条	词性	频次	频度	累计频度	使用度
的	u	2965	9.0154	9.0154	9.0154
是	v	756	2.2987	11.3141	2.2987
我	r	719	2.1862	13.5003	2.1862
人	n	394	1.198	14.6983	1.198
不	d	392	1.1919	15.8902	1.1919

续表

词条	词性	频次	频度	累计频度	使用度
在	p	330	1.0034	16.8936	1.0034
了	u	311	0.9456	17.8392	0.9456
有	v	297	0.9031	18.7423	0.9031
我们	r	269	0.8179	19.5602	0.8179
这	r	256	0.7784	20.3386	0.7784
也	d	253	0.7693	21.1079	0.7693
他	r	224	0.6811	21.789	0.6811
和	c	221	0.672	22.461	0.672
很	d	221	0.672	23.133	0.672
自己	r	188	0.5716	23.7046	0.5716
中国	LOC	187	0.5686	24.2732	0.5686
都	d	175	0.5321	24.8053	0.5321
他们	r	175	0.5321	25.3374	0.5321
对	p	174	0.5291	25.8665	0.5291
一	NUM	167	0.5078	26.3743	0.5078
一个	NUM	165	0.5017	26.876	0.5017
所以	c	157	0.4774	27.3534	0.4774
了	y	154	0.4683	27.8217	0.4683
文化	n	150	0.4561	28.2778	0.4561
说	v	141	0.4287	28.7065	0.4287
能	v	130	0.3953	29.1018	0.3953
生活	vn	126	0.3831	29.4849	0.3831
这样	r	120	0.3649	29.8498	0.3649
就	d	117	0.3558	30.2056	0.3558
时候	n	117	0.3558	30.5614	0.3558
上	f	114	0.3466	30.908	0.3466
但	c	112	0.3405	31.2485	0.3405
现在	TIM	103	0.3132	31.5617	0.3132

续表

词条	词性	频次	频度	累计频度	使用度
看	v	102	0.3101	31.8718	0.3101
但是	c	98	0.298	32.1698	0.298
到	v	98	0.298	32.4678	0.298
什么	r	93	0.2828	32.7506	0.2828
要	v	93	0.2828	33.0334	0.2828
好	a	90	0.2737	33.3071	0.2737
孩子	n	88	0.2676	33.5747	0.2676
觉得	v	88	0.2676	33.8423	0.2676
可以	v	88	0.2676	34.1099	0.2676
如果	c	88	0.2676	34.3775	0.2676
问题	n	88	0.2676	34.6451	0.2676
会	v	87	0.2645	34.9096	0.2645
社会	n	87	0.2645	35.1741	0.2645
最	d	82	0.2493	35.6727	0.2493
地	u	80	0.2432	35.9159	0.2432
电影	n	80	0.2432	36.1591	0.2432
教育	vn	69	0.2098	41.5713	0.2098

从通用词语中可以看到本课程着重"文化"领域的内容,学生们在讨论中常常谈到的主题通常有"文化、生活、孩子、社会、电影、教育"等,这是学生们关注的普遍性问题。

在留学生作业中专用词语有2327个,占总词数的47.48%,从作业专用词语占总词数比例来看,高于一般文章专用词语占20%~30%的比例。由于专用词语使用的次数比较少,覆盖率只有13.28%。

位于学生作业专用词语前50位的如表7-25所示。

表 7 - 25　学生作业中通用词语和专用词语所占的比例

词条	词性	频次	频度	累计频度	使用度
神话	n	43	0.1307	0.1307	0.1307
爱情	n	35	0.1064	0.2371	0.1064
妈妈	n	31	0.0943	0.3314	0.0943
东方	s	28	0.0851	0.4165	0.0851
教师	n	24	0.073	0.4895	0.073
美术	n	23	0.0699	0.5594	0.0699
妻子	n	21	0.0639	0.6872	0.0639
歌手	n	20	0.0608	0.748	0.0608
爸爸	n	19	0.0578	0.8058	0.0578
婚姻	n	19	0.0578	0.8636	0.0578
同居	v	18	0.0547	0.9183	0.0547
仁爱	n	18	0.0547	0.973	0.0547
偶像	n	17	0.0517	1.0247	0.0517
愚忠	an	16	0.0486	1.0733	0.0486
灰姑娘	n	15	0.0456	1.1189	0.0456
宠物	n	15	0.0456	1.1645	0.0456
王子	n	14	0.0426	1.2923	0.0426
西化	v	13	0.0395	1.3713	0.0395
养	v	13	0.0395	1.4108	0.0395
公忠	PER	12	0.0365	1.4473	0.0365
婚外恋	n	12	0.0365	1.4838	0.0365
丈夫	n	11	0.0334	1.5506	0.0334
全盘	d	11	0.0334	1.584	0.0334
丁克	PER	11	0.0334	1.6174	0.0334
皇帝	n	11	0.0334	1.6842	0.0334
渐渐	d	11	0.0334	1.7176	0.0334
高中	n	11	0.0334	1.751	0.0334
忠德	PER	10	0.0304	1.7814	0.0304

词条	词性	频次	频度	累计频度	使用度
闷	v	10	0.0304	1.8118	0.0304
有时候	d	10	0.0304	1.903	0.0304
男女	n	10	0.0304	1.9334	0.0304
曹操	PER	9	0.0274	1.9608	0.0274
精华	n	9	0.0274	1.9882	0.0274
现代人	n	9	0.0274	2.0156	0.0274
糟粕	n	9	0.0274	2.043	0.0274
补习班	n	9	0.0274	2.0704	0.0274
这时候	r	9	0.0274	2.0978	0.0274
高考	vn	9	0.0274	2.1252	0.0274
弟弟	n	9	0.0274	2.1526	0.0274
知足常乐	l	9	0.0274	2.18	0.0274
猫	n	9	0.0274	2.2074	0.0274
心情	n	9	0.0274	2.2348	0.0274
犹太人	n	9	0.0274	2.2622	0.0274
恋爱	v	9	0.0274	2.2896	0.0274
三字经	n	9	0.0274	2.317	0.0274
幽默	a	7	0.0213	2.8519	0.0213
迷恋	v	7	0.0213	2.8732	0.0213
孔子	PER	7	0.0213	3.0223	0.0213
儒家	n	6	0.0182	3.2984	0.0182
道家	n	5	0.0179	3 3163	0.0179

　　从专用词语可以看到本课程讨论的主题有：神话、爱情、家庭、婚姻、同居、偶像、宠物、婚外恋、丁克、曹操、高考、知足常乐、三字经、幽默、儒家等。

　　从词语覆盖率来看，学生的通用词语掌握得比较好，专用词语从使用数量来看也呈可喜的趋势。体现留学生汉语水平的主要是对高级汉语词汇的使用能力。所以主题词群教学应该有更进一步的研究。

还可以考察留学生个人用词情况，作为文章评分的标准。

下面是"文化专题讨论课"韩国学生用词个案分析：

一名优秀生的一篇作业和一名一般生的一篇作业词语使用情况对比，如表7－26所示。

表7－26 两名韩国学生各一篇作业用词对比实验

学生等级	作业词种数	甲级词	乙级词	丙级词	丁级词	超纲词	通用词	专用词
优秀生	324	88	71	42	38	85	207	117
		27.1%	21.9%	12.9%	11.7%	26.2%	64%	36%
一般生	295	105	76	47	17	50	211	84
		35.6%	25.7%	15.9%	5.7%	16.9%	71.5%	28.5%

一名优秀生的八篇作业和一名一般生的八篇作业词语使用情况对比，如表7－27所示。

表7－27 学生专用词语的掌握和汉语水平的关系测量实验

学生等级	作业词种数	甲级词	乙级词	丙级词	丁级词	超纲词	通用词	专用词
优秀生	1686	479	457	230	164	427	1133	553
		28.4%	27.1%	13.6%	9.7%	25.3%	67.2%	32.8%
一般生	1263	470	318	222	89	233	959	304
		37.2%	25.1%	17.6%	7.1%	18.5%	75.9%	24.1%

从两者的对比中可以发现优秀生的用词数量高于一般生，用词等级高于一般生的用词等级。优秀生的专用词语的使用超过一般生八个百分点。因此在学习效果来看，词语的掌握是学习水平的一个判别标志。其中超纲词语和专用词语的使用能够体现学生较高的表达能力。所以在教学中应该特别探讨如何将有效的主题词群教授给学生，使学生用词丰富而恰当，增强语言表达能力。

第五节　本章小结

　　本章对提取出来的通用词语、主题词群进行了验证。从通用词语和 HSK 甲
乙丙丁四级词的对比来看，通用词语覆盖了甲级词和乙级词的大部分，丙级词
和丁级词的小部分。基本是属于初级汉语的基础阶段应该掌握的词语。验证了
主题词群提取的准确度。将人工主题词群的选择与机器自动选择词语的结果进
行了对比研究。探索了一条判断报刊新闻文本难易度的方法。基本能够区分初、
中、高三个等级的文本，为报刊新闻教材语篇的选择提供参考。用学生的实际
用词情况说明主题词群教学的初步效果及其必要性。

第八章

存在的问题和后续研究工作

　　本书概述了对外汉语教学报刊新闻资源库的建设和领域通用词语的提取工作,从实用的角度着重探讨了报刊新闻教学的主题词群提取方法,将主题词群分为不同的层级,即领域一级主题词群、子领域二级主题词群、更下位的三级主题词群。这些不同层级的主题词群可以为不同等级的汉语教学服务,通用词语是基础教学阶段的词语教学重点,而报刊新闻教学就可以对应于不同的年级采用不同级别的主题词群进行教学,使我们的教学内容具有中心性和网络性。本书还提取了单篇文本的主题词群,使教学更有针对性。考察了各类主题词群及文本的难易度,对报刊新闻主题教学做了有益的探索。但是因为报刊新闻资源库的建设还在起步阶段,相关的领域分类以及领域度的研究还需要进一步深入,还存有一些尚未解决的问题和难点,主题词群的提取和研究工作还需要大量艰苦的后续工作才能得以推进和完善。本章提出本研究存在的问题以及下一步继续研究的工作方案。

第一节　本研究存在的问题

一、关于领域度

　　领域度是指领域的宽度、深度和本领域语料量多少的程度。

　　领域离大众生活越近,对人们的影响就越大,和人们的衣食住行密切相关的领域如“经济”“资源”“环境”“社会”“生活”等,其领域中包含的词语涉及日常生活的各个层面,从感觉上而言这些领域有很大的宽度。

　　领域的深度是指某个领域的分层体系是否层级复杂,节点层层深入。领域的深度有客观存在的深度,也有人们的认知深度。从结构图上来看,有深度的领域有多层下位子领域，而且还可能有不断拓展深化的趋势。如"文化"领域相对较为复杂，子领域如何分类和细化尚待进一步研究。而"灾难"作为报刊新闻资源库的一个领域只是为了教学的实际需要，在科学的分类体系中它也许只是"社会"领域的一个'减灾'子领域，或者是"环境"领域中的"自然灾害"子领域，这些都有待细化研究。

二、关于通用词表

在领域通用程度方面，尚需考察多少个领域的交集作为通用词语比较合适。19个领域的最小交集是否就合适？会不会有的词语因为领域语料量太小或者语料不全而造成遗漏，特别是本书的研究语料来源于中国的15家主流报纸语料，语料的特性决定了词表中的日常用语比较少，书面语比较多的特点，像"爸爸、妈妈、哥哥、姐姐、弟弟、妹妹"这样的生活常用称谓语没有进入通用词语，而书面语色彩的"父亲、母亲、父母、兄弟"则进入了通用词语。这似乎和人们的语感不相符。所以要考虑词语的领域度的问题，将和人们日常生活密切相关的领域词语加大权值，那些和人们联系紧密的词语就会进入通用词表。

另外这个提取出来的通用词表中是否有在人们语感中并不通用的词语？因为在通用词表中既包括在各领域中使用频度高的词语也包括在各领域中使用次数不多的词语，限于时间关系我们并没有对之进行充分的考察，所以在如何确定通用词语的各项提取阈值上还有待进一步研究。

三、关于主题词群的提取

目前主题词群的提取是在通用词语、共用词语和专用词语的研究基础之上进行的。不同层级的主题词语会起到不同的作用。主题词群的提取和现实语感还有一定程度的差距。计算机自动将把每个主题词表的前100位或者200位词语提取出来，靠机器帮助解决了大问题，但是还是有一些和主题无关的词语进入了主题词表，如何将这些词语排除在专用词语之外是要继续研究的课题。

四、有关低频词及其他问题

从大众媒体中得到的原始领域词表数量相当大，其中有一部分是高频词，包括停用词和各个领域中都通用的实词。中等频度的词语包括各类主题词群。然而词表中更大的一部分是低频词。低频词中包括：新产生的词语、切分错误的词语、很少用到的专业词语、文言词语、方言词语、表示具体时间的词语。新产生的词语有可能进入现代汉语词汇，也有可能成熟度不够逐渐消失了。在低频部分有一部分是真正的垃圾，但是也有应该放入"待观察"库中的词语，观察词语的消长状况，这里也许是新词语的"孵化场"。对未登录词的提取目前还没有有效的软件，有一些相关的研究工作，比如北京语言大学王强军博士就探讨了词语的"成熟度"问题，从前接指数和后续指数的考察中获取一个词语的成熟度。

专用的词语会随着这个词语的使用频度和范围的扩大而进入通用词语，如："艾滋病"已进入通用词语，医学名词"抑郁症""整容"等词语也进入大众媒体流通领域。

待研究的问题还很多，大众传媒不以学科划分，报纸的内容板块有大有小，读者阅读层次有高有低，语料量有大有小，那么我们的研究是否需要领域间的语料保持平衡？

大众传媒和词语研究的关系上还有词语"关注度"的问题，这是和"领域度"相关的问题。现实语料反映了媒体和大众的关注度。媒体影响大众，大众影响媒体。从大众传媒学的角度可以考察媒体和受众之间的互动关系；从语言学的角度可以研究词语的大众关注度和媒体关注度。这体现了语言学和大众传媒学的学科交叉关系。这些问题的研究还有待跟进。

第二节　后续研究工作

一、通用词表的细致研究

通用词表不是本研究的重点，但是为后续研究提供了一个平台，19 个领域的通用词语表共有 5611 个词条，如何在不同领域中调整通用词表，使通用词表具有稳定性和动态性尚需进一步的研究。稳定性就是这个通用词表的词语相对稳定，对不同主题词群的提取都能起到良好的词汇分离作用。动态性就是随着时间的推移、领域度的变化、领域范围的宽窄，这个词表又是一个动态更新的词表，体现词语随着社会生活的变化而变迁的特点，在数量上也可以根据相交的领域而调整，比如从小语料领域词表交集来看：五个领域相交的通用词表有6075 个词条，三个领域相交的词表有 7110 个词条，两个领域相交则有 9339 个词条。但是超大语料领域相交则会有不同的结果：两个领域的交集是 51058、十个领域的交集是 17290、十五个领域的交集是 11015。本书还进行了平衡语料提取通用词语的试验，随着语料的减少，通用词语的数量也相应减少。那么通用词语表的数量取到多少最有效最合理？哪些词语该提取，哪些词语不必提取？这些问题还有待进一步验证。对通用词语的稳定性和动态性的研究要继续深化。

二、关于词语的通用度和专用度

通用词语可以是学科领域通用、时间通用、地域通用。词语通用和专用的程度是可以度量的。在领域通用方面，一个词语出现的领域越多，这个词语的通用度越大，专业度越小。反之，一个词语出现的领域越少，它的通用度越小，专业度越大。停用词表中的词语通用度最大，十九个领域通用词表中的"我们、中国、社会、问题、经济、发展、工作、环境、教育"等词语的通用度也最大，在每一个领域中都出现。而领域词表中的本领域独用的词语则通用度低，如"科技"领域的"空间站、宇航员、火星"等；"环境"中的"湿地、酸雨、甲醛"等；"人口"领域中的"性别比、育龄、生育率"等词语的通用度就低。通用度的计算和词语的频度、文本散布度、领域覆盖度等相关。词语到底通用到什么程度才算是真正的通用词语？有关词语的通用度和专用度的研究，本文才刚刚开始。在不同的领域之间取交集时，覆盖所有领域的词语是通用度最大的词语，只覆盖其中某一个领域的词语是通用度最小的词语。所以在提取通用词表的过程中，随着领域的增加，通用词表的数量最小。我们可以把最后十九个领域的最小交集看作通用度最大、专业度最小的词语；也可以把某一个领域独有的专用词语看作在本领域内通用度最小、专用度最大的词语。科学地判定词语的通用度和专用度将有助于更加科学而准确地提取主题词群。

三、主题特征词语的细化研究

主题特征词语对文本分类质量的提高有相当大的贡献。现有的文本分类主要还是在大类方面的研究，比如判断文章是属于文化类还是经济类或体育类，而如果在领域分层体系的框架上在不同层级节点上提供相关的主题特征词语，则文本分类就可以细化到子领域甚至更深层的下位领域。这对于信息检索的定位和教学素材的选择都会有极大的帮助。本书的主题词群提取工作就为主题特征词语的研究提供了必要的基础平台。

四、主题词群提取的进一步深入

经过验证，主题词群能反映主题特征，但是和人们的语感还有一定的差距。在机器提取的结果中还有很多杂质，如何去除这些杂质，如何更加准确地用计算机自动提取有效的主题词群也是要继续深入研究的课题。为进一步提高主题词群提取的准确度，还有必要对相关阈值进行调整，包括对词语的频度、使用度、流通度排序的对比研究。对主题词群的提取还要进行一些人工的后处理。和主题相关的高频词基本就是一个主题事件的框架，其中包括人物、时间、地点、过程、结果等，这是以后进一步要研究的课题。

主题词群有助于在报刊教学中筛选文本、更新文本，从而可以确定主题，更新主题。这个主题词群是动态的，可以应对今后的教材更新。对于报刊新闻课程来说，比别的课程在动态更新方面的要求更高，围绕核心主题，可以做到不断更新文本，并且提取新文本的主题词群，作为有效的单词表。

五、主题教学的进一步探索

验证的结果表明：机器筛选主题词群的结果是有效的。现在提取出来的领域主题词群、子领域主题词群领域特征性强。在教学的时候，文本主题词群是核心内容，其他领域特征词语就可以作为引导学生自主学习的路标，以主题词群为建构基础的主题图教学就是在最小的范围内给学生一个知识扩散的方向。在教学中每一个主题都有必学词语和扩散的与主题相关的词语。这些词语是在某一主题范围内最高频最有效的词语，同时能让学生的自主学习有明确的方向性，使学生在在词汇的扩展和阅读面扩大的过程中接受更多的和本主题相关的知识。

主题图符合学生的认知规律，主题词群的研究是主题教学的基础，使词汇的扩充更加科学化。主题教学符合认知规律，有利于词语的拓展，培养学生自主学习的能力。给学生提供一个可扩展的主题词群，在课堂讨论的时候学生的发言就会有更大的视野，寻找更多的思考方向。

六、报刊新闻教学平台的进一步建设

1. 对报刊新闻资源库进行动态更新；
2. 报刊新闻领域分类及层级划分的进一步细化；
2. 利用资源库以及主题词群的研究成果服务于对外汉语教材选篇；
4. 有关文本主题相关度和难易度的进一步研究。

参考文献

一、中文

[1] 布龙菲尔德. 语言论 [M]. 袁家骅, 等译. 北京: 商务印书馆, 1980.

[2] 杰弗里·利奇. 语义学 [M]. 李瑞华, 等译. 上海: 上海外语教育出版社, 1987.

[3] 安东尼·伍兹, 保罗·弗莱彻, 阿瑟·休斯. 语言研究中的统计方法 [M]. 陈小荷, 等译. 北京: 北京语言文化大学出版社, 2000.

[4] 费尔迪南·德·索绪尔. 普通语言学教程 [M]. 北京: 岑麒祥, 译. 商务印书馆, 1994.

[5] 赵元任. 语言问题 [M]. 北京: 商务印书馆, 1980.

[6] 刘珣. 对外汉语教育学引论 [M]. 北京: 北京语言文化大学出版社, 2000.

[7] 林杏光. 词汇语义和计算语言学 [M]. 北京: 语文出版社, 1999.

[8] 梅家驹, 等. 同义词词林 [M]. 2版. 上海: 上海辞书出版社, 1988.

[9] 于根元. 二十世纪的中国语言应用研究 [M]. 上海: 书海出版社, 1996.

[10] 姚汉铭. 新词语·社会·文化 [M]. 上海: 上海辞书出版社, 1998.

[11] 张普, 等. GB12200.1－90 汉语信息处理词汇01部分: 基本术语 [M]. 北京: 中国标准出版社, 1991.

[12] 黄昌宁, 李涓子. 语料库语言学 [M]. 北京: 商务印书馆, 2002.

[13] 北京语言学院语言教学研究所. 现代汉语频率词典 [M]. 北京: 北京语言学院出版社, 1986.

[14] 赵金铭. 对外汉语研究的跨学科探索 [M]. 北京: 北京语言大学出

版社，2003.

　　［15］赵金铭.汉语研究与对外汉语教学［M］.北京：语文出版社，1997.

　　［16］郭绍虞.同义词词林序［M］//梅家驹，等.同义词词林.上海：上海辞书出版社，1983.

　　［17］冯志伟.现代术语学引论［M］.北京：语文出版社，1997.

　　［18］冯志伟.应用语言学综论［M］.广州：广东教育出版社，1999.

　　［19］冯志伟.自然语言的计算机处理［M］.上海：上海外语教育出版社，1996.

　　［20］陈小荷.现代汉语自动分析：Visual C＋＋实现［M］.北京：北京语言文化大学出版社，2000.

　　［21］翁富良，王野翊.计算语言学导论［M］.北京：中国社会科学出版社，1998.

　　［22］黄伯荣，廖序东.现代汉语（增订三版）［M］.北京：高等教育出版社，2002.

　　［23］陈章太，等.世纪之交的中国应用语言学研究［M］.北京：华语教学出版社1999.

　　［24］刘润清.外语教学中的科研方法［M］.北京：外语教学与研究出版社，2002.

　　［25］国家对外汉语教学领导小组办公室汉语水平考试部.汉语水平词汇与汉字等级大纲［M］.北京：北京语言学院出版社，1992.

　　［26］孙瑞珍.中高级对外汉语教学等级大纲［M］.北京：北京大学出版社，1995.

　　［27］刘开瑛.中文文本自动分词和标注［M］.北京：商务印书馆，2000.

　　［28］徐波，孙茂松，靳光瑾.中文信息处理若干重要问题［M］.北京：科学出版社，2003.

　　［29］常宝儒.现代汉语频率词典的研制［M］//陈原.现代汉语定量分析.上海：上海教育出版社，1989.

　　［30］尹斌庸，方世增.词频统计的新概念与新方法［J］.语言文字应用，1994（2）.

　　［31］陈小荷.动宾组合的自动获取与标注［M］//黄昌宁，董振东.计算语言学文集.北京：清华大学出版社，1999.

　　［32］董振东，董强.面向信息处理的词汇语义研究中的若干问题［J］.语言文字应用，2001（3）.

［33］冯志伟.中国语料库研究的历史与现状：语料库研究回顾和问题
［C］.国际中文电脑学术会议论文，2001.

［34］段慧明，松井久仁於，徐国伟，等.大规模汉语语料库的制作与使用
［J］.语言文字应用，2000（2）.

［35］邢红兵.基于第三代语料库的信息领域术语动态更新［J］.语言文
字应用，2000（2）.

［36］黄昌宁.关于处理大规模真实文本的谈话［J］.语言文字应用，
1993（2）.

［37］黄昌宁.统计语言模型能做什么［J］.语言文字应用，2002（1）.

［38］俞士汶，朱学锋.关于汉语信息处理的认识及其研究方略［J］.语
言文字应用，2002（2）.

［39］张普.关于汉语语料库的建设与发展问题的思考［M］//徐波，等.
中文信息处理若干重要问题.北京：科学出版社，2003.

［40］张普.主持人的话："语言知识动态更新"是语言信息处理领域的一
个新的命题［J］.语言文字应用，2000（2）.

［41］邹嘉彦，黎邦洋.汉语共时语料库与信息开发［M］//徐波，等.中
文信息处理若干重要问题.北京：科学出版社，2003

［42］张普，石定果.论历时中包含有共时与共时中包含有历时［J］.语
言教学与研究，2003（3）.

［43］张普.关于大规模真实文本语料库的几点理论思考［J］.语言文字
应用，1999（1）.

［44］张普.关于控制论与动态语言知识更新的思考［J］.语言文字应用，
2001（4）—2002（5）.

［45］张普.关于语感与流通度的思考［J］.语言教学与研究，1999
（2）.

［46］张普.流通度在术语识别中的应用分析：关于术语、术语学、术
语数据库的研究［A］.辉煌二十年：中国中文信息学会二十周年学术会议论文
集［C］.北京：2001.

［47］张普.信息处理用语言知识动态更新的总体思考［J］.语言文字应
用，2002（2）.

［48］李芸，王强军，张普.信息技术领域术语自动提取和动态更新研究
［C］//辉煌二十年：中国中文信息学会二十周年学术会议论文集.北京：2001.

［49］刘群，李素建.基于〈知网〉的词汇语义相似度计算［C］."第三

届中文词汇语义学研讨会"论文，中国台北，2002.

[50] 隋岩. 动态流通语料库理论的概念和方法 [J]. 语言文字应用，2000（2）.

[51] 隋岩，张普. 1997 年中文报纸媒体流通度分析 [M] //黄昌宁. 计算语言学文集. 北京：清华大学出版社，1999.

[52] 孙茂松，黄昌宁，方捷. 汉语搭配定量分析初探 [J]. 中国语文，1997（1）.

[53] 孙茂松，左正平，邹嘉彦. 高频最大交集型歧义切分字段在汉语自动分词中的作用 [J]. 中文信息学报，1999（1）.

[54] 孙茂松，邹嘉彦. 汉语自动分词研究评述 [J]. 当代语言学，2001（1）.

[55] 俞士汶. 大规模标注汉语语料库开发的基本经验 [C]. 新加坡：国际中文电脑学术会议论文集，2001.

[56] 俞士汶，段慧明，朱学锋. 汉语词的概率语法属性描述 [J]. 语言文字应用，2001（3）.

[57] 张昊琪，周强. 大规模真实文本中汉语动词语法搭配模板的自动识别 [M] //黄昌宁，张普. 自然语言理解与机器翻译. 北京：清华大学出版社，2001.

[58] 周强，孙茂松，黄昌宁. 汉语最长名词短语的自动识别 [J]. 软件学报，2000，11.

[59] 袁毓林. 基于统计的语言处理模型的局限性 [J]. 语言文字应用，2004（2）.

[60] 王强军. 基于动态流通语料库（DCC）的信息技术领域新术语自动提取研究 [D]. 北京：北京语言大学，2003.

[61] 李芸. 信息科学和信息技术术语概念体系研究 [D]. 北京：北京语言大学，2003.

[62] 隋岩. 基于"动态流通语料库"的"有效字符串"提取研究 [D]. 北京：北京语言大学，2004.

[63] 甘瑞瑗. 国别化《对外汉语教学用词表》制定的研究：以韩国为例 [D]. 北京：北京语言大学，2004

[64] 刘华. 基于关键短语的文本内容标引研究 [D]. 北京：北京语言大学，2005.

[65] 郑泽之. 基于动态流通语料库的汉语字母词语识别及考察研究 [D].

北京：北京语言大学，2005.

［66］杨建国. 基于动态语料库的熟语单位研究［D］. 北京：北京语言大学，2005.

［67］杨尔弘. 突发事件信息提取研究［D］. 北京：北京语言大学，2005.

［68］彭瑞情，王世巽. 报刊阅读教程（上、下）［M］. 北京：北京语言大学出版社，2004.

［69］刘士勤，等. 新闻听力教程（上、下）［M］. 北京：北京语言大学出版社，2001

［70］白崇乾，未建中. 报刊语言基础（上、下）［M］. 北京：北京语言大学出版社，2001.

［71］吴丽君. 新编汉语报刊阅读教程（初、中、高）［M］. 北京：北京大学出版社，2000.

［72］周上之 Susian Staechle. 中文报刊阅读教程［M］. 北京：北京大学出版社，2004.

［73］吴雅民. 读报知中国：报刊阅读基础［M］. 北京：北京大学出版社，2002.

［74］吴成年. 读报纸 学中文：中级汉语报刊阅读［M］. 北京：北京大学出版社，2002.

［75］汉语教材常用词表及常用字表统计分析报告［M］. 国家汉办（孔子学院总部）教材处，北京师范大学信［76］息科学与技术学院，2008.

［76］张普. 动态语言知识更新研究［M］. 北京：商务印书馆，2009.

［77］教育部语言文字信息管理司. 中国语言生活状况报告［M］. 北京：商务印书馆，2011—2018.

二、英文
［1］RYAN A，WRAY A. Evolving Models of Language［M］. Cambridge：Cambridge University Press，1997.

［2］LAUFER B，DEVILLE. Taking the Easy Way Out：Non Use and Misuse of Contextual Clues in EFL Reading Comprehension［J］. English Teaching Forums，1985，23（2）.

［3］BIBER D，CONRAD S，REPPEN R. Corpus Linguistics［M］. Cambridge：Cambridge University Press. 1998.

［4］BRILL E. Transformation – based error – driven learning and natural language processing: a case study in part – of – speech tagging [J]. Computational Linguistics, 1995, 21 (4).

[5] CHURCH K. A stochastic parts program and noun phrases parser for unrestricted text [C] //SONDHEIRMER N, BALLARD B. Proceedings of the Second Conference on Applied Natural Language Processing. PA: Association for Computational Linguistics, 1988.

[6] GASS, SELINKER. Second Language Acquisition: an introductory course [M]. Amsterdam: John Benjamins, 1994.

[7] MITKOV R. Term extraction and automatic indexing [M] //Handbook of Computational Linguistics. Oxford: The Oxford University Press: 2001.

[8] RAMSHAW L, MARCUS M. Text chunking using transformational – based learning [C]. Proceedings of the Third Workshop on Very Large Corpora, 1995.

[9] SINCLAIR J. Corpus Concordance Collocation [M]. Shanghai: Shanghai Foreign Language Teaching and Research Press, 2000.

[10] VEENSTRA J. Memory – based text chunking [M] //Nikos F. (Ed.), Machine Learning in Human Language Technology. Berlin: Springerverlag, 1999.

[11] VOUTILAINEN A. and Padro L. Developing a hybrid NP parser [C]. Proceedings of the 5th Conference on Applied Natural Language, 1997.

附录一

19 个领域主题词群

一、经济领域主题词表

词条	词性	频次	频度	累计频度	使用度		文本数
品牌	n	2989	0.1778	0.1778	0.0474		813
消费者	n	2384	0.1418	0.3196	0.0343		738
车型	n	1962	0.1166	0.4362	0.0246		643
轿车	n	1670	0.0993	0.5355	0.017		521
纺织品	n	1627	0.0968	0.6323	0.005		158
万元	q	1539	0.0915	0.7238	0.0166		552
经销商	n	1337	0.0795	0.8033	0.0099		378
车市	n	1329	0.0791	0.8824	0.0128		493
旅游业	n	1118	0.0665	0.9489	0.0133		611
销量	n	1084	0.0645	1.0134	0.0078		369
厂家	n	1083	0.0644	1.0778	0.0082		386
降价	v	970	0.0577	1.1355	0.0057		299
倾销	v	899	0.0535	1.189	0.004		231
汇率	n	877	0.0522	1.2412	0.0032		188
二手车	n	817	0.0486	1.2898	0.0017		105
进口车	n	749	0.0446	1.3344	0.0021		145
车展	n	720	0.0428	1.3772	0.0025		180
配额	n	696	0.0414	1.4186	0.0022		160

续表

词条	词性	频次	频度	累计频度	使用度		文本数
上市	v	654	0.0389	1.4575	0.0039		304
东莞	LOC	642	0.0382	1.4957	0.0012		93
宝马	nz	598	0.0356	1.5313	0.0021		176
奥迪	nz	569	0.0338	1.5651	0.0016		148
国产	b	551	0.0328	1.5979	0.0025		232
用户	n	541	0.0322	1.6301	0.0024		224
高档	b	506	0.0301	1.6602	0.0023		233
关税	n	485	0.0288	1.689	0.0017		179
上市	vn	483	0.0287	1.7177	0.0024		253
发动机	n	478	0.0284	1.7461	0.0019		207
利率	n	466	0.0277	1.7738	0.0013		139
景区	n	460	0.0274	1.8012	0.001		117
货币	n	452	0.0269	1.8281	0.0013		153
奔驰	nz	451	0.0268	1.8549	0.0014		155
风景	n	422	0.0251	1.88	0.0006		67
全年	n	422	0.0251	1.9051	0.0017		204
保险	n	414	0.0246	1.9297	0.0011		132
丰田	nz	410	0.0244	1.9541	0.0012		156
东风	nz	405	0.0241	1.9782	0.0013		165
厂商	n	390	0.0232	2.0014	0.0015		195
份额	n	389	0.0231	2.0245	0.0018		238
温家宝	PER	388	0.0231	2.0476	0.0006		74
商标	n	379	0.0225	2.0701	0.0005		61
雪佛兰	nz	374	0.0222	2.0923	0.0005		68
酒店	n	373	0.0222	2.1145	0.0011		147
业内人士	n	368	0.0219	2.1364	0.0018		246
用车	n	367	0.0218	2.1582	0.0012		165
伊朗	LOC	364	0.0217	2.1799	0.0002		30

续表

词条	词性	频次	频度	累计频度	使用度		文本数
佛山	LOC	353	0.021	2.2009	0.0005		76
几年	TIM	353	0.021	2.2219	0.002		287
购车	v	345	0.0205	2.2424	0.0012		182
降价	vn	337	0.02	2.2624	0.001		156
涨价	v	337	0.02	2.2824	0.0008		116
广东	LOC	336	0.02	2.3024	0.0011		164
车主	n	326	0.0194	2.3218	0.001		154
售后服务	l	325	0.0193	2.3411	0.0008		129
客车	n	320	0.019	2.3601	0.0003		52
五一	TIM	320	0.019	2.3791	0.0008		124
升值	vn	314	0.0187	2.3978	0.0009		143
欧元	n	310	0.0184	2.4162	0.0007		113
价	n	303	0.018	2.4342	0.0011		187
旅游区	n	300	0.0178	2.452	0.0003		43
一汽	AORG	300	0.0178	2.4698	0.0009		146
升值	v	297	0.0177	2.4875	0.0006		107
涨	v	292	0.0174	2.5049	0.0009		*161
年前	TIM	289	0.0172	2.5221	0.0013		230
排量	n	289	0.0172	2.5393	0.0007		126
打造	v	288	0.0171	2.5564	0.0011		201
面积	n	284	0.0169	2.5733	0.001		174
房	n	281	0.0167	2.59	0.0006		108
商务部	n	277	0.0165	2.6065	0.0009		158
油价	n	273	0.0162	2.6227	0.0005		92
促销	vn	271	0.0161	2.6388	0.0008		150
皇冠	n	269	0.016	2.6548	0.0004		73
整车	n	268	0.0159	2.6707	0.0007		129
股市	n	254	0.0157	2.6864	0.0004		69

续表

词条	词性	频次	频度	累计频度	使用度		文本数
自行车	n	263	0.0156	2.7176	0.0002		33
福特	nz	262	0.0156	2.7332	0.0005		91
预测	v	251	0.0149	2.7481	0.0007		150
售价	n	250	0.0149	2.763	0.0008		162
纺织	vn	249	0.0148	2.7778	0.0004		89
时尚	n	247	0.0147	2.8219	0.0006		134
商家	n	244	0.0145	2.895	0.0006		129
展销会	n	244	0.0145	2.924	0.0001		27
赤字	n	243	0.0145	2.9385	0.0004		75
家具	n	243	0.0145	2.953	0.0002		49
增幅	n	242	0.0144	2.9674	0.0007		146
税收	n	236	0.014	2.9814	0.0004		90
零部件	n	228	0.0136	2.995	0.0004		85
两年	TIM	225	0.0134	3.0084	0.0008		190
凯迪拉克	PER	224	0.0133	3.0217	0.0003		63
商用	b	224	0.0133	3.035	0.0004		82
投诉	vn	224	0.0133	3.0483	0.0003		66
季度	n	223	0.0133	3.0616	0.0006		134
壁垒	n	221	0.0131	3.088	0.0003		79
零售	vn	219	0.013	3.101	0.0005		114
司机	n	219	0.013	3.114	0.0003		79
公交	b	218	0.013	3.127	0.0002		39
别克	nz	213	0.0127	3.1526	0.0003		80
三包	j	213	0.0127	3.178	0.0001		32
展会	n	209	0.0124	3.2028	0.0003		74
公交车	n	208	0.0124	3.2152	0.0002		46
税率	n	208	0.0124	3.2276	0.0003		68
性能	n	208	0.0124	3.24	0.0005		131

词条	词性	频次	频度	累计频度	使用度		文本数
中国市场	LOC	207	0.0123	3.2523	0.0006		154
车价	n	203	0.0121	3.2766	0.0004		112
汽油	n	202	0.012	3.2886	0.0003		82

二、科技领域主题词表

词条	词性	频次	频度	累计频度	使用度		文本数
词条	词性	频次	频度	累计频度	使用度		文本数
机器人	n	1842	0.1578	0.1578	0.0321		410
干细胞	n	1112	0.0953	0.2531	0.0138		291
生物	n	934	0.08	0.3331	0.0089		224
纳米	n	866	0.0742	0.4073	0.0096		262
信息化	vn	611	0.0524	0.4597	0.0039		150
基因	n	497	0.0426	0.5519	0.003		142
患者	n	482	0.0413	0.5932	0.0031		153
细胞	n	477	0.0409	0.6341	0.003		148
品牌	n	470	0.0403	0.6744	0.0036		178
胚胎	n	469	0.0402	0.7146	0.0021		103
研制	v	380	0.0326	0.7472	0.0036		223
病毒	n	360	0.0308	0.778	0.0011		69
人体	n	347	0.0297	0.8077	0.0016		109
院士	n	326	0.0279	0.8356	0.0014		102
游戏	n	322	0.0276	0.8632	0.0009		67
用户	n	312	0.0267	0.8899	0.002		148
奥运	j	310	0.0266	0.9165	0.0008		63
骨髓	n	299	0.0256	0.9421	0.0012		92
移植	vn	295	0.0253	0.9674	0.0013		106
捐献	v	286	0.0245	0.9919	0.0009		77

续表

词条	词性	频次	频度	累计频度	使用度		文本数
火星	n	277	0.0237	1.0156	0.0006		50
克隆	v	275	0.0236	1.0392	0.0005		46
航天	n	274	0.0235	1.0627	0.0014		123
芯片	n	258	0.0221	1.0848	0.0008		76
世博会	j	254	0.0218	1.1066	0.0003		31
克隆	vn	247	0.0212	1.1278	0.0007		64
农产品	n	229	0.0196	1.1474	0.0003		33
燃油	n	228	0.0195	1.1669	0.0003		35
数码	n	220	0.0189	1.2239	0.0008		87
培育	v	217	0.0186	1.2425	0.0011		115
转基因	n	217	0.0186	1.2611	0.0003		32
太空	s	216	0.0185	1.2796	0.0007		81
白血病	n	215	0.0184	1.298	0.0007		75
飞船	n	207	0.0177	1.3157	0.0006		63
训练	vn	207	0.0177	1.3334	0.0006		68
造血	vn	202	0.0173	1.3858	0.0007		76
实验室	n	199	0.0171	1.4029	0.0011		126
飞行	vn	197	0.0169	1.4368	0.0005		65
工程师	n	192	0.0165	1.4533	0.0007		86
机械	n	190	0.0163	1.4696	0.0009		116
机器	n	184	0.0158	1.5175	0.0007		92
测试	vn	183	0.0157	1.5332	0.0007		89
疫苗	n	182	0.0156	1.5645	0.0003		36
学位	n	180	0.0154	1.5954	0.0005		64
添加剂	n	176	0.0151	1.6105	0.0003		39
智能	n	176	0.0151	1.6256	0.0008		106
指标	n	174	0.0149	1.6405	0.0007		93
长虹	nz	172	0.0147	1.6552	0.0001		20

续表

词条	词性	频次	频度	累计频度	使用度		文本数
造血	v	171	0.0147	1.6699	0.0005		64
文献	n	170	0.0146	1.6845	0.0002		22
检测	vn	168	0.0144	1.6989	0.0007		92
物理学	n	168	0.0144	1.7421	0.0003		38
中关村	LOC	165	0.0141	1.7562	0.0003		37
临床	vn	164	0.0141	1.7703	0.0005		77
通讯	n	163	0.014	1.7843	0.0007		103
医学	n	163	0.014	1.7983	0.0006		90
电信	n	160	0.0137	1.8396	0.0004		54
彩电	n	153	0.0135	1.8803	0.0002		25
泡沫	n	157	0.0135	1.8938	0.0001		9
宇宙	n	156	0.0134	1.9072	0.0005		77
运营	vn	155	0.0133	1.9205	0.0006		98
工具	n	154	0.0132	1.9337	0.0007		100
血液	n	151	0.0129	1.9729	0.0005		81
器	Ng	150	0.0129	1.9858	0.0005		76
芯	Ng	149	0.0128	2.0242	0.0002		34
节能	vn	149	0.0127	2.0369	0.0003		50
作战	vn	148	0.0127	2.0496	0.0002		35
医药	n	147	0.0126	2.0622	0.0004		64
预防	v	147	0.0126	2.0748	0.0002		40
节约型	n	145	0.0124	2.1247	0.0001		22
多媒体	n	144	0.0123	2.137	0.0004		64
前沿	s	144	0.0123	2.1493	0.0006		105
推荐	v	144	0.0123	2.1616	0.0003		47
移植	v	144	0.0123	2.1739	0.0005		75
保险	n	143	0.0123	2.1862	0.0002		40
笔记本	n	142	0.0122	2.1984	0.0002		26

续表

词条	词性	频次	频度	累计频度	使用度		文本数
宠物	n	142	0.0122	2.2106	0		4
液晶	n	142	0.0122	2.2228	0.0003		47
教材	n	141	0.0121	2.2349	0.0003		49
性能	n	141	0.0121	2.247	0.0006		97
物理	n	140	0.012	2.259	0.0004		59
器官	n	139	0.0119	2.2709	0.0003		53
导演	n	138	0.0118	2.2827	0.0002		42
数学	n	137	0.0117	2.2944	0.0004		71
宇航员	n	137	0.0117	2.3061	0.0002		29
月球车	n	137	0.0117	2.3178	0		3
报名	v	136	0.0117	2.3295	0.0003		50
激光	n	134	0.0115	2.3526	0.0003		45

三、教育领域词表

词条	词性	频次	频度	累计频度	使用度	文本数
考生	n	2112	0.1444	0.1444	0.022	361
招生	vn	1936	0.1323	0.2767	0.0273	488
教师	n	1883	0.1287	0.4054	0.0207	381
课程	n	1086	0.0742	0.4796	0.0131	417
游戏	n	1076	0.0736	0.5532	0.0036	116
留学	v	1074	0.0734	0.6266	0.0123	397
学费	n	1008	0.0689	0.6955	0.0138	475
英语	nz	970	0.0663	0.7618	0.0081	290
高中	n	909	0.0621	0.8239	0.008	305
教育部	ORG	903	0.0617	0.8856	0.0099	379
学位	n	882	0.0603	0.9459	0.008	314
扩	Vg	814	0.0556	1.0574	0.012	513

续表

词条	词性	频次	频度	累计频度	使用度		文本数
院校	n	775	0.053	1.1104	0.0061		272
高考	vn	753	0.0518	1.1622	0.0051		235
本科	n	745	0.0509	1.2131	0.0078		362
办学	vn	742	0.0507	1.2638	0.0056		262
考	v	700	0.0479	1.3117	0.0061		301
招	v	696	0.0476	1.3593	0.0081		403
留学生	n	657	0.0449	1.4042	0.0047		250
留学	vn	643	0.044	1.4482	0.004		215
录取	v	621	0.0425	1.4907	0.004		221
高等学校	l	573	0.0392	1.5299	0.0032		191
志愿	n	572	0.0391	1.569	0.002		120
招生	v	562	0.0384	1.6074	0.0037		226
学历	n	546	0.0373	1.6447	0.0036		228
录取	vn	545	0.0373	1.682	0.0037		236
报名	v	534	0.0365	1.7185	0.0031		202
硕士	n	518	0.0354	1.7903	0.0041		272
校	Ng	513	0.0351	1.8254	0.0026		176
证书	n	469	0.0321	1.8575	0.0022		159
实习	vn	465	0.0318	1.8893	0.0007		52
招	n	459	0.0314	1.9524	0.0046		349
报考	v	454	0.031	1.9834	0.0028		216
考研	v	439	0.03	2.0134	0.0021		163
出国	v	434	0.0297	2.0431	0.0022		176
该校	r	425	0.0291	2.0722	0.0025		203
博士生	n	421	0.0288	2.101	0.0013		105
考研	j	420	0.0287	2.1297	0.0019		157
义务教育	l	419	0.0286	2.1583	0.0022		183
民办	b	417	0.0285	2.1868	0.0017		141

词条	词性	频次	频度	累计频度	使用度		文本数
奖学金	n	412	0.0282	2.215	0.0016		132
宿舍	n	374	0.0256	2.2406	0.0008		74
收取	v	353	0.0241	2.2647	0.0013		123
作弊	vn	348	0.0238	2.3604	0.0018		177
招收	v	343	0.0234	2.4548	0.0018		184
导师	n	338	0.0231	2.4779	0.0008		80
初中	n	324	0.0221	2.523	0.0015		163
本科生	n	323	0.0221	2.5451	0.0017		184
纲要	n	318	0.0217	2.5668	0.0002		27
抄袭	v	314	0.0215	2.5883	0.0018		200
考场	n	313	0.0214	2.6097	0.0007		74
教材	n	307	0.021	2.6307	0.0013		151
入学	v	298	0.0204	2.6511	0.0018		206
签证	n	296	0.0202	2.6713	0.0007		78
分数	n	291	0.0199	2.6912	0.0013		151
乱收费	vn	280	0.0191	2.7496	0.0008		97
文学	n	275	0.0188	2.7684	0.0006		77
填报	v	274	0.0187	2.7871	0.0006		73
高考	v	272	0.0186	2.8057	0.0012		152
教	v	258	0.0176	2.8233	0.001		139
外语	n	255	0.0174	2.8407	0.0006		81
美术	n	253	0.0173	2.858	0.0004		55
技能	n	252	0.0172	2.8752	0.0011		148
六级	b	251	0.0172	2.8924	0.0004		54
通知	n	249	0.017	2.9094	0.001		139
实习	v	236	0.0161	2.942	0.0002		25
中等	b	235	0.0161	2.9581	0.0007		108
中小学	j	232	0.0159	2.974	0.0008		124

续表

词条	词性	频次	频度	累计频度	使用度		文本数
用人	vn	227	0.0155	3.0207	0.0008		118
学员	n	226	0.0154	3.0361	0.0005		71
公办	b	224	0.0153	3.0514	0.0006		92
试卷	n	221	0.0151	3.0665	0.0005		77
中考	v	217	0.0148	3.0813	0.0004		60
攻读	v	217	0.0148	3.0961	0.0008		127
择	Vg	217	0.0148	3.1109	0.0004		63
作弊	v	216	0.0148	3.1257	0.0003		133
档案	n	216	0.0148	3.1405	0.0004		57
在校生	n	208	0.0142	3.1693	0.0006		105
课堂	n	199	0.0136	3.1967	0.0007		122
品牌	n	197	0.0135	3.2102	0.0006		106
德育	n	197	0.0135	3.2237	0.0003		61
基础教育	l	193	0.0132	3.2502	0.0005		81
就业率	n	193	0.0132	3.2634	0.0004		73
实习生	n	193	0.0132	3.2766	0.0005		81
训练	vn	193	0.0132	3.303	0.0007		129
试题	n	191	0.0131	3.3161	0.0004		68
证券	n	191	0.0131	3.3292	0.0003		63
瘾	n	191	0.0131	3.3423	0.0002		40
学业	n	190	0.013	3.3683	0.0007		121
生源	n	189	0.0129	3.3812	0.0008		147
寒假	TIM	186	0.0127	3.3939	0.0003		63
考上	v	186	0.0127	3.4066	0.0005		91
学期	n	185	0.0126	3.4192	0.0006		120
指标	n	185	0.0126	3.4318	0.0007		127
上课	v	181	0.0124	3.4568	0.0006		119
以人为本	l	179	0.0122	3.4934	0.0004		69

续表

词条	词性	频次	频度	累计频度	使用度		文本数
贫困生	n	178	0.0122	3.5056	0.0006		109
师资	n	174	0.0119	3.5538	0.0006		126
打工	v	174	0.0119	3.5657	0.0005		92
专科	n	172	0.0118	3.5775	0.0005		100
名校	n	168	0.0115	3.589	0.0004		78
违规	vn	168	0.0115	3.6005	0.0004		87

四、环境领域词表

词条	词性	频次	频度	累计频度	使用度		文本数
湿地	n	365	0.1492	0.1492	0.0369		107
圆明园	LOC	360	0.1472	0.2964	0.0061		18
室内	s	247	0.101	0.3974	0.0112		48
天气	n	213	0.0871	0.4845	0.0103		51
排放	vn	185	0.0756	0.5601	0.0136		78
面积	n	182	0.0744	0.6345	0.0151		88
亩	q	177	0.0724	0.7069	0.0079		47
森林	n	153	0.0625	0.7694	0.0084		58
污染物	n	142	0.0581	0.8275	0.008		60
污水	n	140	0.0572	0.8847	0.0073		55
防渗	vn	137	0.056	0.9407	0.0021		16
立方米	q	137	0.056	0.9967	0.0053		41
鸟	n	134	0.0548	1.0515	0.0015		12
甲醛	n	125	0.0511	1.1026	0.0034		29
公园	n	124	0.0507	1.1533	0.0049		42
绿化	vn	119	0.0486	1.2019	0.0039		35
生物	n	118	0.0482	1.2501	0.0053		48
水质	n	115	0.047	1.2971	0.0046		42

续表

词条	词性	频次	频度	累计频度	使用度		文本数
公顷	q	110	0.045	1.3421	0.0039		38
植物	n	108	0.0442	1.3863	0.0036		35
沙尘	n	104	0.0425	1.4288	0.002		20
酸雨	n	104	0.0425	1.4713	0.0056		57
自然保护区	n	101	0.0413	1.5126	0.0038		40
二氧化硫	n	100	0.0409	1.5535	0.0033		35
贺卡	n	100	0.0409	1.5944	0.0004		4
消费者	n	95	0.0392	1.6336	0.0028		31
水资源	n	93	0.038	1.6716	0.0032		36
检测	vn	91	0.0372	1.7088	0.0034		39
气象	n	90	0.0368	1.7456	0.0019		22
装修	vn	89	0.0364	1.782	0.0025		30
大气	n	88	0.036	1.818	0.0041		49
有害	a	88	0.036	1.854	0.0042		50
指标	n	88	0.036	1.89	0.0037		45
节能	vn	83	0.0339	1.9239	0.0009		11
装修	v	83	0.0339	1.9578	0.002		25
国家环保总局	ORG	82	0.0335	1.9913	0.0033		43
林地	n	82	0.0335	2.0248	0.0012		15
人体	n	78	0.0319	2.0567	0.0029		39
噪声	n	78	0.0319	2.0886	0.0025		34
水源	n	77	0.0315	2.1201	0.0035		48
野菜	n	77	0.0315	2.1516	0.0003		4
水污染	n	76	0.0311	2.1827	0.0042		58
施工	vn	75	0.0307	2.2134	0.0024		34
湖底	s	70	0.0286	2.242	0.0009		14
太阳能	n	69	0.0282	2.2702	0.0008		12
公交	b	67	0.0274	2.3254	0.0007		11

续表

词条	词性	频次	频度	累计频度	使用度		文本数
家具	n	67	0.0274	2.3528	0.0014		22
长城	LOC	66	0.027	2.3798	0.0006		9
吸烟	v	66	0.027	2.4068	0.001		16
红树林	n	63	0.0258	2.4326	0.0004		6
节约型	n	63	0.0258	2.4584	0.0002		4
垃圾	n	63	0.0258	2.4842	0.0023		38
脱硫	vn	63	0.0258	2.51	0.0011		19
尾气	n	63	0.0258	2.5358	0.0018		31
院士	n	63	0.0258	2.5616	0.0006		10
木材	n	62	0.0253	2.5869	0.0008		14
农产品	n	62	0.0253	2.6122	0.0006		11
二氧化碳	n	61	0.0249	2.6371	0.0016		27
海啸	n	61	0.0249	2.662	0.0007		13
吸入	v	61	0.0249	2.6869	0.0019		33
住宅	n	61	0.0249	2.7118	0.0006		10
野生	b	60	0.0245	2.7608	0.0012		22
占用	v	59	0.0241	2.7849	0.0008		15
超标	v	58	0.0237	2.8086	0.0015		27
建材	n	58	0.0237	2.8323	0.0006		11
草原	n	57	0.0233	2.8556	0.0015		27
城区	n	57	0.0233	2.8789	0.0007		13
二级	b	57	0.0233	2.9022	0.0013		24
环保总局	ORG	55	0.0225	2.9247	0.0009		17
火电厂	n	54	0.0221	2.9468	0.0004		8
绿地	n	54	0.0221	2.9689	0.0015		30
水域	n	54	0.0221	3.0131	0.0013		26
保护区	n	53	0.0217	3.0348	0.0017		33
平方公里	q	53	0.0217	3.0565	0.0015		29

续表

词条	词性	频次	频度	累计频度	使用度		文本数
水土	n	53	0.0217	3.0782	0.0021		41
总面积	n	53	0.0217	3.0999	0.0015		29
林木	n	52	0.0213	3.1638	0.0007		15
浓度	n	52	0.0213	3.1851	0.0015		30
配套	vn	52	0.0213	3.2064	0.0013		26
沙尘暴	n	52	0.0213	3.2277	0.0008		16
大自然	n	51	0.0208	3.2485	0.0014		30
景观	n	50	0.0204	3.2689	0.0014		30
煤炭	n	50	0.0204	3.2893	0.0006		13
灭鼠	v	50	0.0204	3.3097	0.0001		2
村民	n	49	0.02	3.3705	0.0006		14
耕地	n	49	0.02	3.3905	0.0007		16
节水	vn	49	0.02	3.4105	0.0007		16
烟	n	49	0.02	3.4305	0.001		21
饮用	v	49	0.02	3.4505	0.0011		24
含量	n	47	0.0192	3.5285	0.0018		41
净水	n	47	0.0192	3.5477	0.0001		3
土壤	n	47	0.0192	3.6245	0.0014		31
气体	n	46	0.0188	3.7565	0.0014		33
电力	n	45	0.0184	3.8497	0.001		24
河流	n	45	0.0184	3.8681	0.0012		28
水系	n	45	0.0184	3.9233	0.001		23

五、资源领域词表

词条	词性	频次	频度		使用度	文本数
节能	v	4520	0.0687		0.0687	14
水资源	n	2866	0.0435		0.0435	14

续表

词条	词性	频次	频度		使用度		文本数
电力	n	2845	0.0432		0.0432		14
面积	n	2512	0.0382		0.0382		14
证券	n	2453	0.0373		0.0373		14
煤	n	2424	0.0368		0.0368		14
煤炭	n	2395	0.0364		0.0364		14
再生	v	2128	0.0323		0.0323		14
节水	v	2040	0.031		0.031		14
生物	n	1965	0.0298		0.0298		14
城镇	n	1964	0.0298		0.0298		14
试点	v	1938	0.0294		0.0294		14
品牌	n	1861	0.0283		0.0283		14
指标	n	1720	0.0261		0.0261		14
流通	v	1650	0.0251		0.0251		14
排放	v	1640	0.0249		0.0249		14
煤矿	n	1573	0.0239		0.0222		13
太阳能	n	1538	0.0234		0.0234		14
矿产	n	1524	0.0231		0.0231		14
立方米	q	1511	0.023		0.023		14
森林	n	1500	0.0228		0.0228		14
天然气	n	1480	0.0225		0.0225		14
税收	n	1359	0.0206		0.0206		14
钢铁	n	1329	0.0202		0.0202		14
上年	t	1312	0.0199		0.0185		13
消费者	n	1303	0.0198		0.0198		14
废物	n	1297	0.0197		0.0197		14
能耗	n	1207	0.0183		0.0183		14
垃圾	n	1188	0.018		0.018		14
亩	q	1181	0.0179		0.0179		14

续表

词条	词性	频次	频度		使用度		文本数
污水	n	1159	0.0176		0.0176		14
瓦	q	1149	0.0175		0.0175		14
用水	n	1134	0.0172		0.0172		14
发电	v	1096	0.0166		0.0166		14
发达	a	1022	0.0155		0.0155		14
油价	n	1012	0.0154		0.0132		12
耕地	n	1010	0.0153		0.0142		13
住宅	n	1008	0.0153		0.0153		14
海洋	n	1000	0.0152		0.0152		14
矿	n	995	0.0151		0.0151		14
房	n	979	0.0149		0.0149		14
湿地	n	965	0.0147		0.0126		12
燃料	n	947	0.0144		0.0144		14
水源	n	945	0.0144		0.0144		14
配套	v	944	0.0143		0.0143		14
短缺	v	907	0.0138		0.0138		14
原材料	n	884	0.0134		0.0134		14
配置	v	884	0.0134		0.0134		14
原油	n	880	0.0134		0.0134		14
信贷	n	859	0.013		0.013		14
流域	n	846	0.0128		0.0119		13
管道	n	822	0.0125		0.0125		14
林业	n	818	0.0124		0.0115		13
房价	n	809	0.0123		0.0097		11
生产力	n	804	0.0122		0.0122		14
水质	n	796	0.0121		0.0121		14
城市化	v	794	0.0121		0.0121		14
平方公里	q	790	0.012		0.012		14

词条	词性	频次	频度		使用度		文本数
园区	n	789	0.012		0.012		14
供水	v	786	0.0119		0.0119		14
用地	n	782	0.0119		0.0119		14
固定资产	n	780	0.0118		0.0118		14
农产品	n	773	0.0117		0.0109		13
电网	n	773	0.0117		0.0117		14
自然资源	n	741	0.0113		0.0113		14

六、体育领域词表

词条	词性	频次	频度	累计频度	使用度		文本数
选手	n	2551	0.2273	0.2273	0.0668		752
运动员	n	1753	0.1562	0.3835	0.0328		538
中国队	ORG	1677	0.1494	0.5329	0.0269		461
足球	n	1596	0.1422	0.6751	0.0252		453
赛事	n	1439	0.1282	0.8033	0.0305		608
羽毛球	n	1356	0.1208	0.9241	0.0307		650
教练	n	1255	0.1118	1.0359	0.0184		421
网球	n	1202	0.1071	1.143	0.0167		400
决赛	vn	1014	0.0903	1.2333	0.0171		485
奥运	j	1008	0.0898	1.3231	0.0148		421
队员	n	965	0.086	1.4091	0.0145		431
杯	Ng	961	0.0856	1.4947	0.0173		516
公开赛	n	958	0.0853	1.58	0.0127		380
联赛	n	908	0.0809	1.6609	0.009		286
训练	vn	858	0.0764	1.7373	0.0106		356
球迷	n	827	0.0737	1.811	0.0086		300
雅典	LOC	818	0.0729	1.8839	0.0109		381

续表

词条	词性	频次	频度	累计频度	使用度		文本数
金牌	n	803	0.0715	1.9554	0.0081		289
健身	vn	759	0.0676	2.023	0.0044		165
女单	j	740	0.0659	2.0889	0.0091		355
足球赛	n	728	0.0649	2.1538	0.0143		563
球员	n	725	0.0646	2.2184	0.0082		323
彭帅	PER	688	0.0613	2.2797	0.0028		118
篮球	n	686	0.0611	2.3408	0.0046		192
球队	n	686	0.0611	2.4019	0.0077		324
乒乓球	n	640	0.057	2.4589	0.0065		291
夺得	v	616	0.0549	2.5138	0.0072		338
世界杯	n	615	0.0548	2.5686	0.0063		294
击败	v	574	0.0511	2.6197	0.0065		327
男单	j	568	0.0506	2.6703	0.0053		269
名将	n	560	0.0499	2.7202	0.0058		295
排名	v	558	0.0497	2.7699	0.0057		292
赛	vn	529	0.0471	2.817	0.0052		282
2008年	TIM	521	0.0464	2.8634	0.0046		252
苏迪曼杯	nz	515	0.0459	2.9093	0.0045		249
法网	n	512	0.0456	2.9549	0.002		114
女双	j	505	0.045	2.9999	0.0044		250
满贯	n	496	0.0442	3.0441	0.0037		213
锦标赛	n	491	0.0437	3.0878	0.004		235
大赛	vn	485	0.0432	3.131	0.005		297
费德勒	PER	480	0.0428	3.1738	0.0018		110
赛季	n	476	0.0424	3.2162	0.0039		236
体操	n	476	0.0424	3.2586	0.0043		257
俱乐部	n	458	0.0408	3.3406	0.0026		165
李永波	PER	442	0.0394	3.38	0.0024		155

续表

词条	词性	频次	频度	累计频度	使用度		文本数
战胜	v	440	0.0392	3.4192	0.0046		300
全运会	j	436	0.0388	3.458	0.0016		106
游泳	vn	436	0.0388	3.4968	0.0033		218
赛场	n	425	0.0379	3.5347	0.0037		252
半决赛	n	412	0.0367	3.5714	0.0032		222
车手	n	408	0.0363	3.6805	0.0017		121
举重	vn	394	0.0351	3.7156	0.0027		196
转载	v	382	0.034	3.7496	0.0051		382
主场	n	380	0.0339	3.7835	0.0024		183
夺冠	v	378	0.0337	3.8172	0.0033		248
混双	j	377	0.0336	3.8508	0.0026		200
刘翔	PER	376	0.0335	3.8843	0.0012		90
盘	q	376	0.0335	3.9178	0.0025		193
网球赛	n	370	0.033	3.9508	0.0033		254
裁判	n	362	0.0323	3.9831	0.0014		108
报名	v	358	0.0319	4.015	0.0019		155
男双	j	355	0.0316	4.0783	0.0021		166
参赛	v	353	0.0314	4.1097	0.0032		263
淘汰	v	347	0.0309	4.1406	0.0028		232
单打	n	340	0.0303	4.2014	0.0024		199
国家队	n	340	0.0303	4.2317	0.002		172
世乒赛	j	333	0.0297	4.2614	0.0011		91
比分	n	332	0.0296	4.291	0.0023		200
主教练	n	332	0.0296	4.3206	0.0019		161
郑洁	PER	331	0.0295	4.3501	0.0013		115
首轮	n	326	0.029	4.3791	0.0016		142
运动会	n	324	0.0289	4.408	0.0018		156
田径	n	320	0.0285	4.4365	0.0018		159

词条	词性	频次	频度	累计频度	使用度		文本数
网坛	n	317	0.0282	4.4647	0.0014		130
世锦赛	j	314	0.028	4.4927	0.0017		155
双打	n	314	0.028	4.5207	0.0018		169
体坛	n	307	0.0274	4.5761	0.002		190
晋级	v	305	0.0273	4.6034	0.0019		180
跳水	vn	299	0.0266	4.657	0.0012		118
本站	r	295	0.0263	4.6833	0.003		290
莎拉波娃	PER	289	0.0257	4.709	0.0011		106
林丹	PER	284	0.0253	4.7597	0.0014		138
老将	n	283	0.0252	4.7849	0.0018		182
中国羽毛球	ORG	281	0.025	4.8099	0.0017		174
米斯金娜	PER	274	0.0244	4.8592	0.0009		92
业余	b	273	0.0243	4.8835	0.0013		142
舒马赫	PER	272	0.0242	4.9077	0.0005		53
中国足协	ORG	272	0.0242	4.9319	0.0007		71
小将	n	270	0.0241	4.956	0.0017		186
头号	b	268	0.0239	4.9799	0.0017		182
备战	v	264	0.0235	5.027	0.0017		190
车队	n	262	0.0233	5.0503	0.0008		93
排球	n	258	0.023	5.0733	0.0012		131
李娜	PER	256	0.0228	5.0961	0.0009		97
兴奋剂	n	245	0.0218	5.1625	0.0004		42
训练	v	238	0.0212	5.1837	0.0012		145
主力	n	236	0.021	5.2047	0.0012		143
高手	n	225	0.02	5.2858	0.0012		147
球场	n	225	0.02	5.3258	0.0011		144
爱好者	n	224	0.02	5.3458	0.0011		147
阵容	n	220	0.0196	5.3854	0.001		126
达文波特	PER	219	0.0195	5.4245	0.0006		79

七、法制领域主题词群

词条	词性	频次	频度	累计频度	使用度		文本数
死刑	n	655	0.322	0.9846	0.0696		59
冤案	n	452	0.2222	1.2068	0.175		215
杀	v	298	0.1465	1.3533	0.0617		115
法官	n	221	0.1086	1.6049	0.0219		55
刑讯	n	204	0.1003	1.8114	0.0202		55
复核	vn	193	0.0949	1.9063	0.0066		19
无罪	v	190	0.0934	1.9997	0.0226		66
未成年人	n	162	0.0796	2.2582	0.007		24
少年	n	156	0.0767	2.3349	0.0079		28
被告人	n	154	0.0757	2.4106	0.0091		33
嫌疑人	n	154	0.0757	2.4863	0.0116		42
罪	n	150	0.0737	2.56	0.017		63
逼供	vn	148	0.0727	2.6327	0.0133		50
审判	vn	138	0.0678	2.7713	0.0139		56
公安	n	131	0.0644	2.9006	0.0127		54
判决	vn	127	0.0624	3.0888	0.0133		58
裁判员	n	119	0.0585	3.1473	0.0013		6
此案	r	115	0.0565	3.2618	0.0104		50
裁判	n	112	0.0551	3.3169	0.0032		16
法庭	n	111	0.0546	3.3715	0.0086		43
复核	v	110	0.0541	3.4256	0.0024		12
判处	v	105	0.0516	3.5303	0.0093		49
最高法院	n	104	0.0511	3.5814	0.0026		14
开庭	v	101	0.0496	3.6816	0.0073		40
审理	v	101	0.0496	3.7312	0.0089		49
死者	n	101	0.0496	3.7808	0.0062		34

续表

词条	词性	频次	频度	累计频度	使用度		文本数
当事人	n	98	0.0482	3.9264	0.0083		47
错案	n	96	0.0472	3.9736	0.0074		43
办案	vn	93	0.0457	4.0655	0.0087		52
赔偿法	n	93	0.0457	4.1112	0.004		24
杀人	v	92	0.0452	4.1564	0.0063		38
侦查	vn	92	0.0452	4.2016	0.0071		43
亲属	n	89	0.0437	4.3347	0.0053		33
供述	vn	88	0.0433	4.378	0.0033		21
判	v	83	0.0408	4.4188	0.0078		52
关押	v	82	0.0403	4.4591	0.0053		36
检察	b	80	0.0393	4.5382	0.0053		37
检察院	n	73	0.0359	4.7628	0.0045		34
监狱	n	67	0.0329	4.865	0.0037		31
刑事诉讼法	n	63	0.031	4.9927	0.0027		24
一审	n	63	0.031	5.0237	0.0036		32
赔偿金	n	59	0.029	5.1437	0.002		19
人权	n	59	0.029	5.1727	0.0033		31
申诉	vn	59	0.029	5.2017	0.0033		31
审	vn	59	0.029	5.2307	0.0033		31
尸体	n	58	0.0285	5.2592	0.0027		26
人民法院	l	57	0.028	5.2872	0.0023		22
侵权	vn	55	0.027	5.3142	0.0015		15
庭审	v	55	0.027	5.3412	0.0028		28
刑	n	54	0.0265	5.3942	0.0027		28
逼供	v	52	0.0256	5.4724	0.0022		24
宣判	v	52	0.0256	5.5236	0.0027		29
冤假错案	j	52	0.0256	5.5492	0.0029		31
暴力	n	50	0.0246	5.6235	0.0015		17

续表

词条	词性	频次	频度	累计频度	使用度		文本数
口供	n	50	0.0246	5.6727	0.0019		21
有期徒刑	l	50	0.0246	5.6973	0.003		33
强奸	v	49	0.0241	5.7701	0.0019		21
办案	v	47	0.0231	5.9353	0.003		36
法医	n	47	0.0231	5.9584	0.0009		11
改判	v	47	0.0231	5.9815	0.0018		21
公检法	j	47	0.0231	6.0046	0.0025		30
杀人罪	n	45	0.0221	6.1166	0.0028		34
案子	n	44	0.0216	6.1382	0.0025		31
当庭	d	44	0.0216	6.1598	0.0016		20
民警	n	44	0.0216	6.203	0.0019		24
上访	v	44	0.0216	6.2246	0.0021		27
辩护律师	n	43	0.0211	6.2457	0.0019		24
该案	r	43	0.0211	6.2668	0.0022		29
出庭	v	42	0.0206	6.308	0.0012		16
检察官	n	42	0.0206	6.3286	0.0013		17
囚	Vg	42	0.0206	6.3492	0.0009		12
侦查	v	42	0.0206	6.3698	0.002		27
公诉人	n	41	0.0202	6.39	0.0008		11
民事	b	41	0.0202	6.4304	0.0011		15
刑法	n	40	0.0197	6.5097	0.0012		17
刑罚	n	39	0.0192	6.5678	0.001		14
政法	j	39	0.0192	6.6062	0.0012		17
蒙冤	v	38	0.0187	6.6436	0.0017		25
上诉	v	38	0.0187	6.6623	0.0019		28
凶手	n	38	0.0187	6.7184	0.0012		18
证人	n	38	0.0187	6.7371	0.0016		24
剥夺	v	37	0.0182	6.774	0.0018		27

续表

词条	词性	频次	频度	累计频度	使用度		文本数
公诉	v	37	0.0182	6.7922	0.0015		23
核准权	n	37	0.0182	6.8104	0.0006		9
审判长	n	37	0.0182	6.865	0.0009		13
治安	n	36	0.0177	7.0081	0.0011		17
笔录	n	35	0.0172	7.0425	0.0009		15
平反	v	35	0.0172	7.0941	0.0014		23
入狱	v	35	0.0172	7.1113	0.0014		23
疑点	n	35	0.0172	7.1457	0.0011		17
辩护	vn	34	0.0167	7.2307	0.0012		19

八、妇女领域主题词群

词条	词性	频次	频度	累计频度	使用度		文本数
暴力	n	902	0.1673	0.1673	0.0414		223
婚姻	n	715	0.1328	0.3001	0.0307		208
性骚扰	l	475	0.0888	0.3889	0.0173		175
性别	n	395	0.0733	0.4622	0.012		148
离婚	v	394	0.0731	0.5353	0.0095		117
男性	n	374	0.0694	0.6047	0.0092		120
丈夫	n	356	0.066	0.6707	0.0091		124
秘书	n	296	0.0549	0.7256	0.0007		11
二奶	n	275	0.051	0.8831	0.0068		121
残疾人	n	248	0.046	0.9291	0.001		19
妻子	n	244	0.0452	0.9743	0.0045		90
爱情	n	239	0.0443	1.0186	0.0034		70
夫妻	n	218	0.0404	1.059	0.0043		96
丑闻	n	198	0.0367	1.1337	0.0025		62
妇联	j	196	0.0363	1.17	0.0034		84

续表

词条	词性	频次	频度	累计频度	使用度		文本数
妈妈	n	196	0.0363	1.2063	0.002		50
三八	TIM	193	0.0358	1.2421	0.0046		117
当事人	n	184	0.0341	1.2762	0.0024		64
男女	n	181	0.0336	1.3098	0.0041		111
审理	v	172	0.0319	1.3738	0.0022		63
妇女节	TIM	168	0.0312	1.405	0.0047		137
婚姻法	n	157	0.0291	1.4636	0.0015		47
伦理学	n	143	0.0265	1.5457	0.0001		4
热线	n	143	0.0265	1.5722	0.0008		28
受害者	n	139	0.0258	1.598	0.0019		68
普法	j	137	0.0254	1.6234	0.0004		13
未成年人	n	130	0.0241	1.6718	0.001		39
母亲节	TIM	127	0.0236	1.6954	0.0014		52
民事	b	125	0.0232	1.7186	0.0011		41
维权	j	119	0.0221	1.7407	0.0012		51
半边天	n	112	0.0208	1.7615	0.0022		96
侵害	v	106	0.0197	1.8214	0.001		48
情人	n	104	0.0193	1.8797	0.0009		42
离婚	vn	99	0.0184	1.955	0.0009		44
虐待	vn	92	0.0171	2.0958	0.0011		59
上司	n	91	0.0169	2.1465	0.0008		41
过错	n	87	0.0161	2.1952	0.0007		39
职位	n	87	0.0161	2.2113	0.0005		30
辞职	v	85	0.0158	2.2271	0.0006		34
救助	vn	85	0.0158	2.2587	0.0003		18
胎儿	n	84	0.0156	2.2899	0.0002		12
女工	n	80	0.0148	2.4569	0.0004		26
人身	n	77	0.0143	2.5299	0.0005		34

词条	词性	频次	频度	累计频度	使用度		文本数
婚外情	n	76	0.0141	2.5722	0.0004		27
财产权	n	75	0.0139	2.6143	0.0004		25
心声	n	75	0.0139	2.6282	0.0001		5
女生	n	74	0.0137	2.6419	0.0006		39
待遇	n	73	0.0135	2.7102	0.0007		48
激情	n	70	0.013	2.8568	0.0004		27
信访	n	70	0.013	2.8828	0.0002		16
全国妇联	ORG	69	0.0128	2.8956	0.0006		43
婚纱	n	68	0.0126	2.9082	0.0001		5
时尚	n	68	0.0126	2.9208	0.0006		43
文艺	n	68	0.0126	2.9334	0.0003		21
徐静蕾	PER	68	0.0126	2.946	0.0001		8

九、军事主题词群

词条	词性	频次	频度	累计频度	使用度		文本数
伊朗	LOC	9876	0.5697	0.5679	0.1333		854
核武器	n	4106	0.2369	0.8048	0.0892		1374
以色列	LOC	1715	0.0989	0.9037	0.01		367
美军	AORG	1692	0.0976	1.0013	0.0153		571
情报	n	1680	0.0969	1.0982	0.0129		484
部队	n	1586	0.0915	1.1897	0.0153		612
导弹	n	1418	0.0818	1.361	0.0083		369
赖斯	PER	1335	0.077	1.438	0.0071		335
会谈	vn	1266	0.073	1.511	0.0073		366
士兵	n	1194	0.0689	1.5799	0.0077		406
原子能	n	1189	0.0686	1.6485	0.0063		333
武装	n	1144	0.066	1.7145	0.008		443

续表

词条	词性	频次	频度	累计频度	使用度		文本数
叙利亚	LOC	1120	0.0646	1.7791	0.0034		194
武装	vn	1009	0.0582	1.8373	0.006		378
条约	n	949	0.0547	1.892	0.0046		308
美国政府	ORG	935	0.0539	1.9459	0.0075		504
台湾	LOC	935	0.0539	1.9998	0.0022		149
扩散	v	873	0.0504	2.0502	0.0043		314
苏联	LOC	869	0.0501	2.1003	0.0041		296
维和	j	857	0.0494	2.1497	0.0026		191
普京	PER	828	0.0478	2.1975	0.0028		215
会谈	v	767	0.0442	2.2865	0.0039		323
铀	n	738	0.0426	2.3291	0.0032		270
巴基斯坦	LOC	694	0.04	2.3691	0.0025		228
中东	LOC	681	0.0393	2.4084	0.0033		303
巴勒斯坦	LOC	670	0.0387	2.4471	0.0017		165
华盛顿	LOC	665	0.0384	2.4855	0.0047		449
人质	n	665	0.0384	2.5239	0.0023		223
黎巴嫩	LOC	658	0.038	2.5619	0.0012		112
演习	vn	658	0.038	2.5999	0.0017		163
核弹	n	654	0.0377	2.6376	0.0018		174
核计划	n	645	0.0372	2.6748	0.0036		350
埃及	LOC	639	0.0369	2.7487	0.0011		104
爆炸	vn	588	0.0339	2.7826	0.0023		244
北约	AORG	579	0.0334	2.816	0.0013		146
国务卿	n	562	0.0324	2.8815	0.0034		388
车臣	LOC	557	0.0321	2.9136	0.0007		85
巴格达	LOC	544	0.0314	2.9769	0.0016		188
局势	n	539	0.0311	3.008	0.003		357
研制	v	535	0.0309	3.0389	0.0028		334

续表

词条	词性	频次	频度	累计频度	使用度		文本数
国防部长	n	529	0.0305	3.0694	0.0037		439
核能	n	513	0.0296	3.099	0.0022		272
莫斯科	LOC	513	0.0296	3.1286	0.0018		222
阿富汗	LOC	500	0.0288	3.1574	0.0022		274
美军	j	462	0.0267	3.3497	0.0022		295
军方	n	451	0.026	3.3757	0.002		287
势力	n	441	0.0254	3.4271	0.0017		243
冷战	n	438	0.0253	3.4524	0.0015		215
核燃料	n	427	0.0246	3.477	0.0011		156
安南	PER	426	0.0246	3.5016	0.0008		123
秘密	a	418	0.0241	3.5257	0.0016		248
强硬	a	417	0.0241	3.5498	0.0019		293
核弹头	n	413	0.0238	3.5736	0.0008		127
外交官	n	407	0.0235	3.6443	0.0011		165
核查	vn	403	0.0232	3.6909	0.0011		166
萨达姆	PER	398	0.023	3.7139	0.001		166
朝鲜半岛	LOC	397	0.0229	3.7368	0.0013		201
绑架	v	389	0.0224	3.7818	0.0007		120
军费	n	389	0.0224	3.8042	0.0009		142
二战	j	386	0.0223	3.8488	0.0011		176
浓缩铀	n	386	0.0223	3.8711	0.0011		173
半岛	n	380	0.0219	3.893	0.0009		150
作战	vn	377	0.0217	3.9147	0.0013		220
盟友	n	362	0.0209	3.9786	0.0013		221
五角大楼	n	353	0.0204	4.0197	0.001		172
核试验	n	352	0.0203	4.0603	0.0006		108
训练	vn	341	0.0197	4.1202	0.001		191
首脑	n	337	0.0194	4.1592	0.0009		172

续表

词条	词性	频次	频度	累计频度	使用度		文本数
台独	j	337	0.0194	4.1786	0.0004		79
爆炸	v	334	0.0193	4.2172	0.0006		106
海军	n	320	0.0185	4.3113	0.0009		177
领土	n	320	0.0185	4.3298	0.001		195
白宫	LOC	316	0.0182	4.348	0.0011		216
恐怖主义	n	316	0.0182	4.3662	0.001		206
发射	v	315	0.0182	4.3844	0.0008		158
纳粹	n	310	0.0179	4.4564	0.0005		105
主权	n	310	0.0179	4.4743	0.0008		156
军人	n	309	0.0178	4.4921	0.0009		180
拉姆斯菲尔	PER	302	0.0174	4.5624	0.0008		178
武力	n	300	0.0173	4.5797	0.001		210
核技术	n	296	0.0171	4.6312	0.0009		195
战斗	vn	282	0.0163	4.6475	0.0009		192
反应堆	n	280	0.0162	4.6799	0.0003		77
中止	v	279	0.0161	4.696	0.0008		189
杀伤性	n	278	0.016	4.712	0.0008		189
军事基地	l	276	0.0159	4.7279	0.0006		140
防卫	vn	273	0.0157	4.7436	0.0004		94
战士	n	268	0.0155	4.8367	0.0004		100
国防部	n	260	0.015	4.9123	0.0007		179
核武	j	257	0.0148	4.9568	0.0007		175
边界	n	255	0.0147	4.9863	0.0005		117
发射	vn	252	0.0145	5.0594	0.0005		123
坦克	n	246	0.0142	5.1452	0.0004		97

十、社会领域主题词群

词条	词性	频次	频度	累计频度	使用度		文本数
春运	j	4690	0.2189	0.2189	0.0758		1451
客流	n	1877	0.0876	0.3065	0.01		476
列车	n	1581	0.0738	0.3803	0.0087		496
车票	n	1129	0.0527	0.433	0.0046		362
民工	n	985	0.046	0.479	0.0031		282
票价	n	751	0.0351	0.5871	0.002		236
民警	n	740	0.0345	0.6216	0.002		244
节后	TIM	687	0.0321	0.6858	0.0019		254
农民工	n	671	0.0313	0.7171	0.0009		114
火车票	n	667	0.0311	0.7482	0.002		264
临客	j	664	0.031	0.7792	0.0019		260
乘客	n	651	0.0304	0.8096	0.0018		251
客运	n	640	0.0299	0.8395	0.0021		299
售票	vn	554	0.0259	0.9759	0.0013		213
车站	n	534	0.0249	1.0518	0.0017		292
病人	n	471	0.022	1.2346	0.0006		120
机票	n	464	0.0217	1.278	0.0004		80
嫌疑人	n	460	0.0215	1.2995	0.001		188
患者	n	448	0.0209	1.3204	0.0007		137
台湾	LOC	448	0.0209	1.3413	0.0006		124
客车	n	431	0.0201	1.382	0.001		1
煤矿	n	408	0.019	1.4401	0.0004		1
身亡	v	406	0.0189	1.459	0.0013		1
司机	n	403	0.0188	1.4778	0.0009		1
证券	n	396	0.0185	1.4963	0.0007		1
法官	n	394	0.0184	1.5147	0.0003		1
外来工	n	388	0.0181	1.5328	0.0004		1

词条	词性	频次	频度	累计频度	使用度		文本数
治安	n	378	0.0176	1.6573	0.0008		1
上车	v	376	0.0175	1.6748	0.0009		1
应急	vn	371	0.0173	1.6921	0.0008		1
火车站	n	370	0.0173	1.7267	0.0009		1
车厢	n	369	0.0172	1.7439	0.0006		1
残疾人	n	350	0.0163	1.7935	0.0002		1
长途	b	332	0.0155	1.8251	0.0007		1
慈善	a	331	0.0154	1.8405	0.0003		1
老年人	n	323	0.0151	1.871	0.0003		1
婚姻	n	316	0.0147	1.9005	0.0004		1
养老	vn	306	0.0143	1.9148	0.0003		1
暴力	n	304	0.0142	1.929	0.0006		1
尸体	n	299	0.014	1.943	0.0005		1
排队	v	292	0.0136	1.9704	0.0005		1
过年	v	290	0.0135	1.9839	0.0006		1
购票	vn	285	0.0133	2.0241	0.0005		1
城镇	n	284	0.0133	2.0374	0.0005		1
返乡	v	274	0.0128	2.1152	0.0005		1
贫富	n	272	0.0127	2.1279	0.0005		1
票贩子	n	266	0.0124	2.1779	0.0002		1
电视剧	n	262	0.0122	2.2025	0.0003		1
流动	vn	261	0.0122	2.2269	0.0004		1
监狱	n	260	0.0121	2.239	0.0002		1
爱情	n	259	0.0121	2.2511	0.0003		1
消防	b	251	0.0117	2.2983	0.0002		1
航线	n	243	0.0113	2.3324	0.0002		1
地铁	n	242	0.0113	2.3437	0.0002		1
交警	j	242	0.0113	2.355	0.0002		1

续表

词条	词性	频次	频度	累计频度	使用度		文本数
务工人员	n	242	0.0113	2.3663	0.0004		1
打工	v	238	0.0111	2.4334	0.0004		1
变性	vn	232	0.0108	2.4551	0.0001		1
追	v	232	0.0108	2.4659	0.0003		1
客运站	n	231	0.0108	2.4767	0.0003		1
死者	n	231	0.0108	2.4875	0.0003		1
通知	n	231	0.0108	2.4983	0.0004		1
铁道部	ORG	230	0.0107	2.509	0.0003		1
公交	b	228	0.0106	2.5303	0.0002		1
救助	vn	228	0.0106	2.5409	0.0002		1
高峰期	n	227	0.0106	2.5515	0.0004		1
消费者	n	227	0.0106	2.5621	0.0002		1
人权	n	225	0.0105	2.6041	0.0001		1

十一、生活领域词表

词条	词性	频次	频度		使用度		文本数
消费者	n	376	0.1052		0.0202		130
婚姻	n	353	0.0988		0.0142		97
洋快餐	n	322	0.0901		0.0149		112
肯德基	nz	321	0.0898		0.0073		55
营养	n	309	0.0865		0.0072		56
五一	TIM	236	0.0661		0.0107		109
美女	n	222	0.0621		0.0051		56
快餐	n	200	0.056		0.0032		39
膳食	n	178	0.0498		0.0026		35
肥胖	a	177	0.0495		0.0021		28
体重	n	166	0.0465		0.0032		46

词条	词性	频次	频度		使用度		文本数
糖尿病	n	163	0.0456		0.0023		34
法官	n	157	0.0439		0.0011		17
脂肪	n	157	0.0439		0.0031		48
麦当劳	ORG	156	0.0437		0.0028		44
人造	b	141	0.0395		0.0039		67
离婚	v	133	0.0372		0.0017		30
手术	n	127	0.0355		0.0017		33
人体	n	126	0.0353		0.003		57
品牌	n	118	0.033		0.0029		60
当事人	n	117	0.0327		0.0017		36
整形	vn	117	0.0327		0.001		20
减肥	vn	115	0.0322		0.0027		56
检测	vn	110	0.0308		0.0022		49
中式	b	110	0.0308		0.0007		16
热量	n	107	0.0299		0.002		45
餐饮	n	102	0.0285		0.0021		49
医学	n	101	0.0283		0.0012		28
投诉	vn	100	0.028		0.001		24
高血压	n	97	0.0271		0.001		26
妈妈	n	97	0.0271		0.0007		18
传媒	n	96	0.0269		0.0002		4
选美	v	95	0.0266		0.0003		8
辣椒	n	94	0.0263		0.0011		27
商家	n	94	0.0263		0.0017		44
工商	n	91	0.0255		0.0016		42
维生素	n	91	0.0255		0.0008		21
垃圾	n	85	0.0238		0.0012		35
超市	n	84	0.0235		0.0016		46

续表

词条	词性	频次	频度		使用度		文本数
美容	vn	81	0.0227		0.0008		23
整容	v	81	0.0227		0.0006		19
爱情	n	79	0.0221		0.0007		21
利率	n	79	0.0221		0.0005		16
免疫	vn	79	0.0221		0.0006		18
物价	n	79	0.0221		0.001		31
优惠券	n	79	0.0221		0.0002		5
脂肪酸	n	79	0.0221		0.0004		12
保健	n	78	0.0218		0.0009		27
成分	n	78	0.0218		0.0012		38
登记	vn	77	0.0216		0.0011		33
理财	vn	72	0.0202		0.0002		8
调料	n	71	0.0199		0.0006		21
致癌	vn	71	0.0199		0.0011		38
患者	n	70	0.0196		0.0008		27
婚介	j	70	0.0196		0.0001		3
调解	vn	69	0.0193		0.0006		20
预防	v	69	0.0193		0.0009		31
热线	n	68	0.019		0.0005		19
庙会	n	67	0.0188		0.0005		17
夫妻	n	65	0.0182		0.0007		26
乘客	n	64	0.0179		0.0003		11
促销	vn	64	0.0179		0.0008		30
能量	n	64	0.0179		0.0008		29
添加剂	n	63	0.0176		0.0008		32
小姐	n	63	0.0176		0.0007		28
食用	vn	62	0.0174		0.0011		43
血压	n	62	0.0174		0.0004		17

续表

词条	词性	频次	频度		使用度		文本数
合格	v	61	0.0171		0.0008		30
普法	j	61	0.0171		0.0001		3
饮料	n	60	0.0168		0.0009		36
饱	a	58	0.0162		0.0006		26
超标	v	58	0.0162		0.001		40
含量	n	58	0.0162		0.0009		36
花生	n	57	0.016		0.0004		15
货币	n	57	0.016		0.0004		16
酒店	n	57	0.016		0.0006		27
景区	n	56	0.0157		0.0006		26
连锁	vn	54	0.0151		0.0005		21
食用	v	53	0.0148		0.0007		33
标准化	vn	52	0.0146		0.0004		19
餐馆	n	52	0.0146		0.0006		27
假日	n	52	0.0146		0.0006		27
举报	vn	52	0.0146		0.0005		22
瘦	a	52	0.0146		0.0006		27
药片	n	52	0.0146		0.0002		10
东施	PER	51	0.0143		0		1
物业	n	51	0.0143		0.0002		11

十二、外交领域主题词群

词条	词性	频次	频度	累计频度		文本数（缺）
外交	n	792	0.3101	0.3101		
会谈	vn	729	0.2855	0.5956		
中美	LOC	454	0.1778	1.0311		
奥巴马	PER	447	0.175	1.2061		

续表

词条	词性	频次	频度	累计频度		文本数（缺）
希拉里	PER	376	0.1472	1.3533		
温家宝	PER	343	0.1343	1.6341		
胡锦涛	PER	308	0.1206	1.7547		
中方	n	288	0.1128	1.8675		
边界	n	275	0.1077	1.9752		
半岛	n	265	0.1038	2.079		
纺织品	n	257	0.1006	2.1796		
双边	n	254	0.0995	2.2791		
李肇星	PER	251	0.0983	2.3774		
禁令	n	241	0.0944	2.4718		
军售	j	225	0.0881	2.5599		
朝鲜半岛	LOC	195	0.0764	2.6363		
朝方	n	186	0.0728	2.7091		
核武器	n	180	0.0705	2.7796		
美方	n	176	0.0689	2.8485		
外长	n	171	0.067	2.9155		
台独	j	165	0.0646	2.9801		
国务卿	n	160	0.0627	3.0428		
无核化	v	153	0.0599	3.1027		
建交	v	139	0.0544	3.1571		
美国政府	ORG	135	0.0529	3.21		
访华	v	124	0.0486	3.3095		
重申	v	119	0.0466	3.3561		
解禁	v	111	0.0435	3.3996		
势力	n	111	0.0435	3.4431		
主权	n	109	0.0427	3.5289		
萨科奇	PER	105	0.0411	3.57		
波音	b	104	0.0407	3.6107		

续表

词条	词性	频次	频度	累计频度		文本数（缺）
局势	n	103	0.0403	3.6913		
招待会	n	94	0.0368	3.7281		
巴基斯坦	LOC	88	0.0345	3.7626		
台海	j	83	0.0325	3.7951		
卢武铉	PER	81	0.0317	3.8268		
韩国政府	ORG	81	0.0317	3.8585		
东亚	LOC	80	0.0313	3.8898		
多边	b	77	0.0302	3.9513		
华盛顿	LOC	74	0.029	3.9803		
外交部	ORG	73	0.0286	4.0089		
汉城	LOC	73	0.0286	4.0375		
冷战	n	73	0.0286	4.0661		
外交部长	n	72	0.0282	4.0943		
领土	n	70	0.0274	4.1217		
邻国	n	68	0.0266	4.1757		
人权	n	67	0.0262	4.2285		
军费	n	67	0.0262	4.2547		
中止	v	66	0.0258	4.2805		
贸易额	n	66	0.0258	4.3063		
建设性	n	66	0.0258	4.3579		
会晤	vn	65	0.0255	4.3834		
威胁论	n	65	0.0255	4.4089		
无限期	n	63	0.0247	4.4336		
争端	n	62	0.0243	4.4579		
金正日	PER	61	0.0239	4.4818		
重返	v	60	0.0235	4.6005		
内政	n	60	0.0235	4.624		
伊朗	LOC	60	0.0235	4.6475		

词条	词性	频次	频度	累计频度		文本数（缺）
潘基文	PER	59	0.0231	4.6706		
条约	n	59	0.0231	4.6937		
禁运	vn	59	0.0231	4.7168		
互访	vn	59	0.0231	4.7399		
王家瑞	PER	58	0.0227	4.7626		
辛格	PER	56	0.0219	4.8291		
南亚	LOC	56	0.0219	4.8948		
友谊	n	55	0.0215	4.9378		
解禁	vn	54	0.0211	4.9589		
奥地利	LOC	54	0.0211	4.98		
联合国安理会	ORG	53	0.0208	5.0219		
配额	n	52	0.0204	5.0839		
关切	vn	52	0.0204	5.1247		
会晤	v	51	0.02	5.1447		
首脑	n	51	0.02	5.1647		
霸权主义	n	51	0.02	5.1847		
诚意	n	51	0.02	5.2047		
吴邦国	PER	48	0.0188	5.2427		
卢森堡	LOC	48	0.0188	5.2615		
协定	n	48	0.0188	5.2991		
汇率	n	47	0.0184	5.3175		
峰会	n	47	0.0184	5.3359		
常任	b	47	0.0184	5.3543		
扩散	v	47	0.0184	5.3727		
核计划	n	47	0.0184	5.3911		
韩方	n	47	0.0184	5.4095		
国会	n	46	0.018	5.4275		
博尔顿	PER	45	0.0176	5.4627		

续表

词条	词性	频次	频度	累计频度		文本数（缺）
导弹	n	44	0.0172	5.4799		
朝鲜外务省	ORG	44	0.0172	5.4971		
李海瓒	PER	44	0.0172	5.5143		
单边	b	44	0.0172	5.5659		
敦促	v	43	0.0168	5.6163		
同盟	n	42	0.0164	5.6987		

十三、文化领域主题词群

词条	词性	频次	频度		使用度		文本数
文学	n	2274	0.1446		0.0008		106
电视剧	n	850	0.0541		0.0009		128
经典	n	837	0.0532		0.0003		53
晚会	n	760	0.0483		0.0002		27
导演	n	697	0.0443		0.0004		79
电视台	n	608	0.0387		0.0003		82
游戏	n	570	0.0362		0.0003		72
时尚	n	538	0.0342		0.0001		46
影视	b	527	0.0335		0		17
童谣	n	525	0.0334		0		15
文艺	n	469	0.0298		0		10
爱情	n	462	0.0294		0.003		205
戏剧	n	436	0.0277		0.0021		186
鲁迅	PER	432	0.0275		0.0028		271
演出	v	409	0.026		0.0002		33
影片	n	396	0.0252		0.0001		31
阅读	v	393	0.025		0		13

词条	词性	频次	频度		使用度		文本数
漫画	n	389	0.0247		0.004		221
国学	n	359	0.0228		0.0006		106
当代	TIM	332	0.0211		0		10
哲学	n	316	0.0201		0.0064		316
过年	v	310	0.0197		0.0028		183
酒	n	305	0.0194		0.0007		113
诗人	n	297	0.0189		0.0008		146
连续剧	n	290	0.0184		0.0005		96
册	q	287	0.0183		0.0003		62
品牌	n	284	0.0181		0.0006		119
频道	n	284	0.0181		0.0002		80
诗歌	n	283	0.018		0.0002		81
教师	n	283	0.018		0		22
讲座	n	283	0.018		0		9
票房	n	282	0.0179		0		8
妈	n	272	0.0173		0		7
儒家	n	269	0.0171		0		5
民俗	n	267	0.017		0		5
礼	n	260	0.0165		0		3
清代	TIM	258	0.0164		0		4
散文	n	258	0.0164		0.005		242
拜年	v	257	0.0163		0.0019		237
写作	vn	256	0.0163		0.0011		209
歌曲	n	255	0.0162		0.0003		73
艺术家	n	253	0.0161		0		4
儒学	n	250	0.0159		0		3
歌手	n	248	0.0158		0.0018		180
题材	n	246	0.0156		0.0008		121

续表

词条	词性	频次	频度	使用度		文本数
剧中	n	242	0.0154	0.0009		149
用户	n	241	0.0153	0.0008		129
语文	n	237	0.0151	0.0003		67
超级	b	235	0.0149	0.0004		100
春联	n	234	0.0149	0.0003		75
色彩	n	234	0.0149	0		3
妈妈	n	233	0.0148	0		3
大赛	vn	231	0.0147	0		2
新春	TIM	231	0.0147	0.0019		135
孔子	PER	230	0.0146	0.0012		170
金庸	PER	228	0.0145	0.0003		41
唐诗	n	228	0.0145	0.0004		75
书店	n	228	0.0145	0.0002		41
庙会	n	223	0.0142	0.0005		116
书法	n	221	0.0141	0.0001		47
档案	n	219	0.0139	0.0001		64
舞蹈	n	219	0.0139	0.0001		59
推荐	v	216	0.0137	0.0001		42
小品	n	215	0.0137	0.0001		61
剧本	n	215	0.0137	0.0001		29
汉武帝	n	211	0.0134	0.0001		73
文献	n	211	0.0134	0.0001		50
童话	n	210	0.0134	0.0145		774
艺人	n	208	0.0132	0.0009		128
偶像	n	198	0.0126	0.0003		79
该剧	r	197	0.0125	0		2
编剧	n	195	0.0124	0.0006		66
新人	n	194	0.0123	0.0004		42

续表

词条	词性	频次	频度		使用度		文本数
档	Ng	192	0.0122		0.0009		134
剧场	n	192	0.0122		0.0011		210
皇帝	n	185	0.0118		0.0005		111
报名	v	183	0.0116		0.0034		279
长篇小说	l	182	0.0116		0.0013		141
大奖	n	182	0.0116		0.0018		192
功夫	n	182	0.0116		0.0006		112
情人	n	181	0.0115		0.0002		43
美女	n	181	0.0115		0.0002		42
俗	a	180	0.0114		0.0004		80
联欢	vn	178	0.0113		0.0003		76
女声	n	178	0.0113		0.0017		167
英雄	n	176	0.0112		0.0006		103
收视率	n	176	0.0112		0.0006		121
改编	v	175	0.0111		0.0002		36
年夜饭	n	175	0.0111		0		2
神	n	174	0.0111		0		2
小姐	n	173	0.011		0		2
安徒生	PER	171	0.0109		0		2
长城	LOC	171	0.0109		0		2
该书	r	171	0.0109		0		2
阅读	vn	171	0.0109		0		2
审美	vn	170	0.0108		0		2
评委	n	169	0.0107		0		2
日记	Ng	169	0.0107		0.0044		349
胡同	n	168	0.0107		0.0013		185
唱片	n	168	0.0107		0.0013		183
奥运	j	165	0.0105		0.0004		62

续表

词条	词性	频次	频度		使用度		文本数
写作	v	164	0.0104		0.0005		98
名人	n	164	0.0104		0.0004		86
选手	n	164	0.0104		0.0008		178
竹	Ng	163	0.0104		0.0005		116
著作	n	162	0.0103		0.0004		108
师	Ng	161	0.0102		0		2
茶	n	160	0.0102		0		2
文学奖	n	160	0.0102		0		2
元素	n	160	0.0102		0		2
秀	Ag	160	0.0102		0		2
剧组	n	159	0.0101		0		2
时空	n	159	0.0101		0		2
书籍	n	159	0.0101		0.0047		282
汉语	nz	158	0.01		0.0009		121
话剧	n	156	0.0099		0.0012		163
演唱会	n	155	0.0099		0.0005		68

十四、医疗卫生领域

词条	词性	频次	频度		使用度		文本数
患者	n	1238	0.1279		0.0248		357
病人	n	804	0.083		0.0105		232
保险	n	748	0.0772		0.0039		94
禽流感	n	718	0.0741		0.0062		154
病毒	n	585	0.0604		0.0055		167
传染病	n	576	0.0595		0.0077		238
夏沃	PER	464	0.0479		0.0012		46
感染	v	389	0.0402		0.0047		214

续表

词条	词性	顷次	频度		使用度		文本数
疫苗	n	389	0.0402		0.0014		64
症状	n	354	0.0366		0.0035		178
营养	n	351	0.0362		0.0019		94
人体	n	337	0.0348		0.0022		116
糖尿病	n	331	0.0342		0.0015		83
老年人	n	320	0.033		0.0013		71
未成年人	n	318	0.0328		0.0008		47
流脑	n	314	0.0324		0.0006		32
心脑血管	n	309	0.0319		0.0029		166
发病	vn	291	0.0301		0.0021		129
例	q	286	0.0295		0.002		126
医学	n	285	0.0294		0.0024		150
药品	n	277	0.0286		0.0015		99
预防	v	276	0.0285		0.0028		179
消费者	n	271	0.028		0.0014		95
医疗费	n	256	0.0264		0.0022		154
植物人	n	248	0.0256		0.001		70
进食	v	246	0.0254		0.0009		62
门诊	n	243	0.0251		0.0011		82
侵权	vn	239	0.0247		0.0012		91
中医	n	239	0.0247		0.0009		68
呼吸道	n	232	0.024		0.0009		69
被告	n	231	0.0239		0.0011		81
安乐	nz	216	0.0223		0.0012		95
脑	n	213	0.022		0.0015		126
预防	vn	212	0.0219		0.0015		129
卫生部	ORG	206	0.0213		0.0013		114
病例	n	198	0.0204		0.001		90

续表

词条	词性	频次	频度		使用度		文本数
高血压	n	197	0.0203		0.001		91
睡眠	vn	197	0.0203		0.0004		39
血管	n	197	0.0203		0.0007		63
免疫	vn	190	0.0196		0.0008		77
乙肝	n	185	0.0191		0.0004		40
临床	vn	184	0.019		0.001		94
病情	n	183	0.0189		0.0012		117
慢性	b	183	0.0189		0.0008		75
热线	n	176	0.0182		0.0008		79
细胞	n	176	0.0182		0.0006		65
体内	s	175	0.0181		0.0009		92
肝炎	n	174	0.018		0.0004		39
保健	n	168	0.0173		0.0008		87
膳食	n	167	0.0172		0.0004		41
脂肪	n	167	0.0172		0.0005		49
住院	v	157	0.0162		0.0007		84
就诊	v	152	0.0157		0.0007		84
血液	n	150	0.0155		0.0007		81
酒	n	145	0.015		0.0005		62
生理	n	139	0.0144		0.0006		73
抑郁	a	137	0.0141		0.0003		39
手术	n	135	0.0139		0.0005		62
流感	n	133	0.0137		0.0002		33
维生素	n	133	0.0137		0.0003		45
睡眠	v	132	0.0136		0.0002		31
心理学	n	132	0.0136		0.0005		65
血压	n	132	0.0136		0.0005		70
生物	n	131	0.0135		0.0004		61

续表

词条	词性	频次	频度		使用度		文本数
爱心	n	130	0.0134		0.0005		64
冠心病	n	130	0.0134		0.0004		48
日常	b	130	0.0134		0.0007		102
急性	b	129	0.0133		0.0004		60
麻疹	n	129	0.0133		0.0002		25
男性	n	127	0.0131		0.0004		61
指甲	n	127	0.0131		0		5
美容	vn	124	0.0128		0.0001		15
肾	n	124	0.0128		0.0003		42
心脏	n	124	0.0128		0.0005		78
发病	v	123	0.0127		0.0005		74
感染者	n	123	0.0127		0.0004		58
救助	v	123	0.0127		0.0003		43
胰岛素	n	123	0.0127		0.0001		17
失眠	v	122	0.0126		0.0002		29
基因	n	120	0.0124		0.0003		38
发病率	n	119	0.0123		0.0004		67
肺结核	n	116	0.012		0.0004		55
体重	n	116	0.012		0.0003		45
案例	n	115	0.0119		0.0005		73
感染	vn	115	0.0119		0.0005		82

十五、灾难领域词表

词条	词性	频次	频度		使用度		文本数
海啸	n	6621	0.3112		0.3112		13
煤矿	n	2812	0.1322		0.1118		11
救援	vn	2120	0.0996		0.092		12

词条	词性	频次	频度	使用度	文本数
印度洋	LOC	1742	0.0819	0.0756	12
矿工	n	1661	0.0781	0.048	8
受灾	vn	1651	0.0776	0.0716	12
爆炸	vn	1590	0.0747	0.069	12
井	n	1371	0.0644	0.0396	8
瓦斯	n	1297	0.061	0.0516	11
保险	n	1224	0.0575	0.0575	13
遇难	v	1054	0.0495	0.0457	12
灾民	n	1022	0.048	0.0369	10
救灾	vn	928	0.0436	0.0403	12
洪水	n	851	0.04	0.0338	11
煤炭	n	785	0.0369	0.0199	7
遇难者	n	766	0.036	0.036	13
应急	vn	739	0.0347	0.0347	13
预警	vn	737	0.0346	0.0346	13
火灾	n	727	0.0342	0.0342	13
伤亡	vn	696	0.0327	0.0327	13
物资	n	690	0.0324	0.0299	12
爱心	n	678	0.0319	0.027	11
爆炸	v	678	0.0319	0.0294	12
特大	b	636	0.0299	0.0299	13
慈善	a	592	0.0278	0.0257	12
捐	v	584	0.0274	0.0211	10
失踪	v	574	0.027	0.0249	12
矿井	n	555	0.0261	0.0161	8
自然灾害	l	536	0.0252	0.0233	12
救助	vn	535	0.0251	0.0232	12
职工	n	522	0.0245	0.0208	11

续表

词条	词性	频次	频度		使用度		文本数
尸体	n	515	0.0242		0.0242		13
天气	n	497	0.0234		0.0216		12
遗体	n	471	0.0221		0.0204		12
消防	b	463	0.0218		0.0201		12
部队	n	421	0.0198		0.0183		12
凌晨	TIM	419	0.0197		0.0197		13
搜救	vn	416	0.0196		0.018		12
海底	n	399	0.0188		0.0144		10
大火	n	388	0.0182		0.0168		12
捐赠	v	388	0.0182		0.0154		11
赈灾	vn	384	0.018		0.0097		7
困	v	380	0.0179		0.0165		12
残疾人	n	374	0.0176		0.0108		8
抢险	vn	369	0.0173		0.0147		11
海水	n	364	0.0171		0.0132		10
空难	n	364	0.0171		0.0118		9
海域	n	363	0.0171		0.0144		11
暴雨	n	360	0.0169		0.013		10
救	v	359	0.0169		0.0156		12
亲人	n	359	0.0169		0.0169		13
飓风	n	356	0.0167		0.0129		10
救助	v	349	0.0164		0.0151		12
地质	n	339	0.0159		0.0135		11
家园	n	327	0.0154		0.0154		13
面积	n	325	0.0153		0.0141		12
抵达	v	323	0.0152		0.014		12
预案	n	319	0.015		0.015		13
抢救	v	315	0.0148		0.0148		13

续表

词条	词性	频次	频度		使用度		文本数
沉船	n	307	0.0144		0.01		9
泥石流	n	303	0.0142		0.0099		9
募捐	vn	299	0.0141		0.0076		7
打捞	v	296	0.0139		0.0096		9
山体	n	293	0.0138		0.0117		11
直升机	n	291	0.0137		0.0105		10
乘客	n	289	0.0136		0.0115		11
红十字会	l	289	0.0136		0.0094		9
预报	vn	285	0.0134		0.0113		11
丧生	v	282	0.0133		0.0133		13
警报	n	280	0.0132		0.0121		12
善后	n	273	0.0128		0.0089		9
受灾	v	273	0.0128		0.0089		9
气象	n	272	0.0128		0.0108		11
灾情	n	270	0.0127		0.0098		10
事发	v	268	0.0126		0.0126		13
里氏	n	267	0.0125		0.0087		9
海岸	n	264	0.0124		0.0095		10
死者	n	255	0.012		0.012		13
义演	vn	255	0.012		0.0046		5
伤员	n	252	0.0118		0.0109		12
善款	n	238	0.0112		0.0052		6
余震	n	236	0.0111		0.0051		6

十六、政治领域词表

词条	词性	频次	频度		使用度		文本数
先进性	n	4294	0.2453		24.5768		304

续表

词条	词性	频次	频度		使用度		文本数
党员	n	3144	0.1796		0.0685		80
共产党员	n	2254	0.1288		0.0354		182
市委	n	849	0.0485		0.006		148
党组织	n	545	0.0311		0.0027		524
人大代表	n	545	0.0311		0.0027		190
省委	n	506	0.0289		0.0026		238
常委会	j	503	0.0287		0.0025		129
信访	n	401	0.0229		0.0012		2
治安	n	399	0.0228		0.0012		2
中共中央	ORG	342	0.0195		0.001		4
模范	n	332	0.019		0.0008		133
市政协	j	326	0.0186		0.0008		356
职务	n	313	0.0179		0.0008		355
政党	n	303	0.0173		0.0008		104
全党	n	288	0.0165		0.0008		159
实效	n	273	0.0156		0.0007		183
马克思主义	n	268	0.0153		0.0007		125
以人为本	l	267	0.0153		0.0006		95
整改	vn	257	0.0147		0.0006		101
党委	n	251	0.0143		0.0005		81
市政府	n	250	0.0143		0.0005		4
人民法院	l	250	0.0143		0.0005		1
座谈会	n	247	0.0141		0.0005		2
会谈	vn	239	0.0137		0.0005		4
中共中央政治局	ORG	236	0.0135		0.0005		6
公益	n	225	0.0129		0.0004		4
议会	n	223	0.0127		0.0004		1
评议	vn	222	0.0127		0.0004		2

续表

词条	词性	频次	频度		使用度		文本数
邓小平理论	n	215	0.0123		0.0004		55
检察院	n	213	0.0122		0.0004		76
调研	vn	206	0.0118		0.0004		60
领导班子	n	195	0.0111		0.0003		2
全国政协	ORG	193	0.011		0.0003		95
督导	vn	190	0.0109		0.0003		2
贾庆林	PER	190	0.0109		0.0003		2
报告会	n	189	0.0108		0.0003		1
党组	n	185	0.0106		0.0003		2
精神文明	n	182	0.0104		0.0003		57
四中全会	j	177	0.0101		0.0003		55
求真务实	l	173	0.0099		0.0003		6
党章	n	170	0.0097		0.0003		2
少数民族	n	169	0.0097		0.0003		2
代表大会	n	168	0.0096		0.0003		1
廉政	n	167	0.0095		0.0002		2
纪律	n	165	0.0094		0.0002		2
纲要	n	160	0.0091		0.0002		2
全国人大常委会	ORG	159	0.0091		0.0002		2
常任	b	156	0.0089		0.0002		242
与时俱进	l	155	0.0089		0.0002		180
共产党人	n	151	0.0086		0.0002		2
试点	vn	150	0.0086		0.0002		2
党支部	n	147	0.0084		0.0002		1

十七、人口领域主题词群

词条	词性	频次	频度	累加频度	使用度		文本数
计划生育	l	3731	0.6851	0.6851	0.2657		192
性别	n	851	0.1618	0.8469	0.0356		109
婚育	vn	550	0.101	0.9479	0.0022		11
流动	vn	499	0.0916	1.0395	0.0193		104
性别比	n	488	0.0896	1.1291	0.0241		133
胎儿	n	485	0.0891	1.2182	0.0139		77
新风	n	433	0.0795	1.2977	0.001		6
生殖	vn	369	0.0678	1.3655	0.0067		49
养老	vn	367	0.0674	1.4329	0.0113		83
计生	j	346	0.0635	1.4964	0.0045		35
老年人	n	332	0.0613	1.5577	0.0097		78
试点	vn	296	0.0544	1.6121	0.0026		24
老龄化	vn	263	0.0483	1.6604	0.0121		124
医学	n	250	0.0459	1.7063	0.0076		82
老年	TIM	236	0.0433	1.7496	0.0074		85
保险	n	234	0.043	1.7926	0.0034		39
妊娠	vn	228	0.0419	1.8345	0.0048		57
总人口	n	222	0.0408	1.8753	0.0087		106
综合治理	l	211	0.0387	1.914	0.0039		50
残疾人	n	207	0.038	1.952	0.0014		18
人口老龄化	v	202	0.0371	1.9891	0.0091		122
升高	v	193	0.0354	2.0245	0.0057		80
出生率	n	172	0.0316	2.0892	0.0039		61
关爱	v	171	0.0314	2.1206	0.0012		19
老龄	b	171	0.0314	2.152	0.0051		80
人权	n	170	0.0312	2.1832	0.0008		12
生育率	n	169	0.031	2.2142	0.0045		71

续表

词条	词性	频次	频度	累加频度	使用度		文本数
保健	n	164	0.0301	2.2443	0.0026		43
国策	n	154	0.0283	2.2726	0.0031		54
以人为本	l	151	0.0277	2.3003	0.0016		28
独生子女	n	150	0.0275	2.3278	0.0043		77
育龄	b	149	0.0274	2.3552	0.0022		40
死亡率	n	146	0.0268	2.382	0.0028		52
终止	v	143	0.0263	2.4083	0.0016		31
计生委	j	136	0.025	2.4592	0.0006		12
婚检	v	135	0.0248	2.484	0.001		20
男孩	n	135	0.0248	2.5088	0.0024		47
人工	b	135	0.0248	2.5336	0.0023		45
男女	n	134	0.0246	2.5582	0.0032		64
新机制	n	134	0.0246	2.5828	0.0003		7
胎	q	133	0.0244	2.6072	0.0016		33
增长率	n	133	0.0244	2.6316	0.0034		68
普查	vn	118	0.0217	2.6533	0.002		46
男性	n	117	0.0215	2.6748	0.0021		49
孕妇	n	114	0.0209	2.7381	0.0009		22
民族自治	l	93	0.0171	3.0129	0.0001		4
婴儿	n	92	0.0169	3.0298	0.0019		57
国家计生委	ORG	87	0.016	3.095	0.0005		15
妊娠	v	81	0.0149	3.1255	0.0008		28
避孕	vn	79	0.0145	3.1549	0.0004		14
节育	vn	79	0.0145	3.1694	0.0004		14
福利	n	76	0.014	3.1834	0.0012		43
流动	v	75	0.0138	3.2526	0.0012		43
救助	v	74	0.0136	3.28	0.0004		13
扶助	vn	73	0.0134	3.307	0.0005		19

续表

词条	词性	频次	频度	累加频度	使用度		文本数
再生产	vn	73	0.0134	3.3204	0.0011		42
夫妻	n	71	0.013	3.3334	0.0008		32
户	q	71	0.013	3.3464	0.0003		11
失衡	v	71	0.013	3.3594	0.0012		46
无障碍	b	71	0.013	3.3724	0.0003		11
优生优育	l	71	0.013	3.3854	0.001		38
男女平等	l	58	0.0125	3.4493	0.0003		13
正常值	n	68	0.0125	3.4618	0.0012		48
指标	n	66	0.0121	3.4739	0.0005		20
怀孕	v	65	0.0119	3.4858	0.0006		26
成人	n	64	0.0118	3.4976	0.0003		13
失调	v	63	0.0116	3.5324	0.0011		48
营养	n	62	0.0114	3.5666	0.0004		16
基因	n	53	0.0107	3.6433	0.0001		4
婚姻	n	57	0.0105	3.6538	0.0005		24
新生儿	n	56	0.0103	3.6641	0.0008		39
手术	n	55	0.0101	3.7045	0.0006		29
寿命	n	55	0.0101	3.7146	0.0005		23
医务	b	55	0.0101	3.7247	0.0003		14
传染病	n	52	0.0095	3.7342	0.0004		22
抚养	v	47	0.0086	3.8603	0.0003		19
检测	vn	47	0.0086	3.8689	0.0004		21
女婴	n	47	0.0086	3.8775	0.0005		31
全国妇联	ORG	43	0.0079	3.944	0.0003		17
社会保险	l	43	0.0079	3.9519	0.0002		12
妇幼	n	42	0.0077	3.9596	0		3

十八、少数民族领域词群

词条	词性	频次	频度	累加频度	使用度		文本数
少数民族	n	1801	0.3099	0.3099	0.1237		267
民族自治	l	1084	0.1865	0.4964	0.0092		33
各族	r	555	0.0955	0.6925	0.0168		118
晚会	n	416	0.0716	0.7641	0.0093		87
西藏	LOC	372	0.064	0.8281	0.0048		50
黄帝	PER	370	0.0637	0.8918	0.0008		8
歌舞	n	323	0.0556	1.0047	0.0122		147
新疆	LOC	322	0.0554	1.0601	0.0046		56
舞蹈	n	282	0.0485	1.1086	0.0065		90
自治机关	l	196	0.0337	1.448	0.0006		11
云南	LOC	190	0.0327	1.4807	0.0029		60
自治法	n	141	0.0243	1.6703	0.0012		34
民俗	n	137	0.0236	1.7897	0.0014		40
世博会	j	134	0.0231	1.8128	0.0004		11
统一战线	l	129	0.0222	1.835	0.001		29
班禅	n	126	0.0217	1.9006	0.0007		22
联欢	vn	120	0.0206	1.9836	0.0012		39
轩辕	PER	112	0.0193	2.1225	0.0002		8
爱国主义	n	109	0.0188	2.1602	0.0019		67
传说	n	108	0.0186	2.1788	0.0001		4
风情	n	107	0.0184	2.1972	0.0018		65
温泉	n	107	0.0184	2.2156	0.0002		6
聚居	v	100	0.0172	2.2682	0.0005		20
杨丽萍	PER	100	0.0172	2.3026	0.0004		14
对外开放	l	98	0.0169	2.3195	0.0011		45
刘三姐	PER	98	0.0169	2.3364	0.0001		5
内蒙古	LOC	97	0.0167	2.3531	0.0008		33

续表

词条	词性	频次	频度	累加频度	使用度		文本数
贵州	LOC	91	0.0157	2.4816	0.0008		36
广西	LOC	86	0.0148	2.5729	0.0006		25
汉族	nz	84	0.0145	2.631	0.0006		27
祭	v	84	0.0145	2.6455	0.0003		14
民主党派	n	84	0.0145	2.66	0.0006		28
信教	vn	84	0.0145	2.689	0.0007		33
人权	n	78	0.0134	2.8419	0.0003		17
佛教	nz	77	0.0132	2.8819	0.0006		31
藏族	nz	75	0.0129	2.9342	0.0008		39
白皮书	n	72	0.0124	3.1123	0.0003		15
自治州	n	72	0.0124	3.1619	0.0003		15
藏传	b	69	0.0119	3.3187	0.0004		22
自治县	n	69	0.0119	3.3901	0.0003		15
服饰	n	59	0.0102	3.8758	0.0004		26
回族	nz	59	0.0102	3.886	0.0003		22
原生态	n	55	0.0095	4.1119	0.0004		27
和睦	a	53	0.0091	4.2417	0.0006		43
西藏自治区	LOC	51	0.0088	4.4392	0.0004		30
自治权	n	51	0.0088	4.4744	0.0002		15
湘西	LOC	48	0.0083	4.6429	0.0002		18
民族乡	n	44	0.0076	4.9651	0.0001		8
地域	n	42	0.0072	5.1725	0.0004		34
敦煌	LOC	42	0.0072	5.1797	0.0001		8
黄帝陵	LOC	42	0.0072	5.1941	0.0001		10
聚居区	n	40	0.0069	5.3423	0.0002		19
民歌	n	40	0.0069	5.3561	0.0003		25
五帝	n	40	0.0069	5.3975	0.0001		8
习俗	n	40	0.0069	5.4044	0.0002		21

词条	词性	频次	频度	累加频度	使用度		文本数
边疆	s	39	0.0067	5.4456	0.0004		37
中央民族歌舞团	ORG	39	0.0067	5.526	0.0003		25
族际	n	39	0.0067	5.5461	0		3
独立自主	l	38	0.0065	5.5591	0.0003		33
史诗	n	38	0.0065	5.6501	0.0001		15
安定团结	l	36	0.0062	5.7651	0.0002		24
始祖	n	36	0.0062	5.8891	0.0001		8
维吾尔	nz	36	0.0062	5.8953	0.0001		15
轩辕	LOC	36	0.0062	5.9201	0		4
坐床	vn	36	0.0062	5.9697	0.0001		15
脱贫致富	l	35	0.006	6.0477	0.0003		33
哈达	n	34	0.0058	6.0769	0.0002		21
文盲	n	34	0.0058	6.1639	0.0002		21
五一	TIM	34	0.0058	6.1697	0.0001		17
拥护	v	34	0.0058	6.1755	0.0002		21
布达拉宫	LOC	33	0.0057	6.1928	0.0001		11
长治久安	i	33	0.0057	6.1985	0.0002		24
大团结	n	33	0.0057	6.2099	0.0001		13

十九、台湾领域主题词群

词条	词性	词频	频度	累加频度	使用度	文本数
台湾	LOC	5173	1.3489	1.3489	1.1496	571
台商	n	1691	0.4409	1.7898	0.2053	312
台独	j	1676	0.437	2.2268	0.2166	332
包机	n	1561	0.407	2.6338	0.1762	290
宋楚瑜	PER	916	0.2388	2.8726	0.0556	156

词条	词性	词频	频度	累加频度	使用度	文本数
胡锦涛	PER	783	0.2042	3.0768	0.0561	184
当局	n	747	0.1948	3.2716	0.0666	229
包机	v	649	0.1692	3.4408	0.0558	221
国民党	n	610	0.1591	3.5999	0.0392	165
台北	LOC	584	0.1523	3.7522	0.0534	235
九二	NUM	574	0.1497	3.9019	0.0594	266
陈水扁	PER	553	0.1442	4.0461	0.0269	125
岛内	s	544	0.1418	4.1879	0.0413	195
势力	n	432	0.1126	4.3005	0.0261	155
台海	j	367	0.0957	4.3962	0.0213	149
辜振甫	PER	311	0.0811	4.4773	0.0068	56
会谈	v	302	0.0787	4.556	0.015	128
三通	j	268	0.0699	4.6259	0.0123	118
台胞	n	262	0.0683	4.6942	0.0102	100
诚意	n	259	0.0675	4.7617	0.0171	170
汪道涵	PER	259	0.0675	4.8292	0.0066	65
领土	n	253	0.066	4.8952	0.0094	95
主权	n	245	0.0639	4.9591	0.0086	90
中共中央	ORG	230	0.06	5.0191	0.0098	109
政党	n	228	0.0595	5.0786	0.0114	128
民航	n	217	0.0566	5.1352	0.0096	114
会谈	vn	214	0.0558	5.191	0.0087	104
江丙坤	PER	203	0.0529	5.2439	0.0044	56
中国国民党	ORG	198	0.0516	5.2955	0.0075	97
农产品	n	177	0.0462	5.3417	0.0057	83
福祉	n	172	0.0448	5.3865	0.008	119
连战	PER	172	0.0448	5.4313	0.006	89
一国两制	j	154	0.0402	5.4715	0.0028	47

续表

词条	词性	词频	频度	累加频度	使用度	文本数
陈云林	PER	153	0.0399	5.5114	0.0053	89
双向	d	148	0.0386	5.55	0.005	87
贾庆林	PER	143	0.0373	5.5873	0.0028	50
飞行	vn	142	0.037	5.6243	0.0039	71
善意	n	142	0.037	5.6613	0.0053	95
往返	v	138	0.036	5.6973	0.0041	77
抵达	v	137	0.0357	5.733	0.005	94
早日	d	137	0.0357	5.7687	0.0048	90
台海地区	LOC	134	0.0349	5.8036	0.0046	89
直航	v	133	0.0347	5.8383	0.0037	72
江泽民	PER	132	0.0344	5.8727	0.0021	41
谋求	v	126	0.0329	5.9056	0.0031	63
民进	AORG	125	0.0326	5.9382	0.0026	53
搭乘	v	123	0.0321	5.9703	0.0033	69
大业	n	122	0.0318	6.0021	0.0025	53
高雄	LOC	120	0.0313	6.0334	0.0036	77
民进党	ORG	120	0.0313	6.0647	0.0028	61
李登辉	PER	118	0.0308	6.0955	0.0028	62
起飞	v	116	0.0302	6.1257	0.0028	62
民进	j	115	0.03	6.1557	0.0019	42
孙亚夫	PER	113	0.0295	6.1852	0.0009	21
业者	n	113	0.0295	6.2147	0.0029	65
客机	n	109	0.0284	6.2431	0.0023	55
访问团	n	107	0.0279	6.271	0.0029	69
局势	n	106	0.0276	6.2986	0.003	72
台湾当局	ORG	104	0.0271	6.3257	0.0026	65
直航	j	104	0.0271	6.3528	0.0025	62
重申	v	103	0.0269	6.3797	0.0033	82

词条	词性	词频	频度	累加频度	使用度	文本数
首航	v	102	0.0266	6.4063	0.0027	67
参访	v	101	0.0263	6.4326	0.002	51
公报	n	101	0.0263	6.4589	0.0016	41
机票	n	101	0.0263	6.4852	0.0022	56
首航	vn	100	0.0261	6.5113	0.0019	48
班机	n	99	0.0258	6.5371	0.0022	57
降落	v	97	0.0253	6.5624	0.0018	48
温家宝	PER	96	0.025	6.5874	0.0006	16
周年	q	96	0.025	6.6124	0.0022	58
乘客	n	95	0.0248	6.6372	0.0018	50
互信	v	94	0.0245	6.6617	0.0026	70
此行	r	93	0.0242	6.6859	0.0018	50
立委	j	92	0.024	6.7099	0.0018	51
航空业者	n	91	0.0237	6.7336	0.0021	58
商谈	vn	91	0.0237	6.7573	0.0021	59
潮流	n	90	0.0235	6.7808	0.0025	72
敌对	a	90	0.0235	6.8043	0.0021	59
亚太地区	ALOC	90	0.0235	6.8278	0.0022	62
货运	n	89	0.0232	6.851	0.0023	65
四点	TIM	88	0.0229	6.8739	0.0017	51
共谋	v	86	0.0224	6.8963	0.0021	64
和解	vn	86	0.0224	6.9187	0.0017	52
互惠	v	85	0.0222	6.9409	0.0021	64
汪辜	PER	85	0.0222	6.9631	0.0014	43
率领	v	84	0.0219	6.985	0.0019	58
返回	v	82	0.0214	7.071	0.0019	61
法理	n	81	0.0211	7.1132	0.0023	73
国台办	j	81	0.0211	7.1343	0.0017	55

续表

词条	词性	词频	频度	累加频度	使用度	文本数
全国政协	ORG	81	0.0211	7.1554	0.0015	46
互信	vn	80	0.0209	7.1763	0.0014	45
求同存异	i	79	0.0206	7.1969	0.0015	50
逝世	v	79	0.0206	7.2175	0.0015	48
西安	LOC	79	0.0206	7.2381	0.0009	30
正名	v	79	0.0206	7.2587	0.0022	70
海协	AORG	74	0.0193	7.358	0.001	36
双向	b	74	0.0193	7.3773	0.0016	54
陆委会	j	73	0.019	7.4156	0.001	36
制宪	vn	68	0.0177	7.6694	0.0015	56
海基会	AORG	67	0.0175	7.7044	0.0008	31

附录二

通用词表（节录）

词条	词性	频次	频度	累加频度	使用度	文本数
的	u	1680007	5.865	5.865	5.7605	31837
在	p	358748	1.2524	7.1175	1.1567	29938
是	v	323020	1.1277	8.2451	0.9284	26687
和	c	308511	1.077	9.3222	0.9198	27682
了	u	272708	0.952	10.2742	0.7887	26852
不	d	147856	0.5162	10.7904	0.3156	19822
对	p	143495	0.501	11.2913	0.3346	21648
有	v	137389	0.4796	11.771	0.3277	22145
一	NUM	118574	0.414	12.1849	0.3149	24660
人	n	113453	0.3961	12.581	0.2162	17694
中	f	107554	0.3755	12.9565	0.2446	21112
也	d	104634	0.3653	13.3218	0.2333	20701
上	f	95983	0.3351	13.6569	0.2136	20662
这	r	95473	0.3333	13.9902	0.2076	20194
等	u	85452	0.2983	14.2885	0.1733	18826
要	v	84429	0.2947	14.5832	0.1286	14140
他	r	83930	0.293	14.8762	0.1122	12418
说	v	79491	0.2775	15.1537	0.1429	16689
个	q	76315	0.2664	15.4202	0.1451	17653
到	v	73318	0.2577	15.6779	0.1421	17871

续表

词条	词性	频次	频度	累加频度	使用度	文本数
问题	n	72571	0.2534	15.9312	0.0974	12468
就	d	71401	0.2493	16.1805	0.1209	15718
将	d	70723	0.2469	16.4274	0.1321	17345
中国	LOC	69277	0.2419	16.6692	0.0864	11585
为	p	69013	0.2409	16.9102	0.132	17759
都	d	67881	0.237	17.1471	0.1215	16620
社会	n	67196	0.2346	17.3817	0.0663	9160
大	a	63328	0.2211	17.6028	0.1109	16260
而	c	59624	0.2082	17.811	0.1019	15865
以	p	59497	0.2077	18.0187	0.0978	15255
从	p	59351	0.2072	18.2259	0.1077	16847
我	r	59185	0.2066	18.4325	0.049	7685
被	p	56168	0.1961	18.8271	0.08	13221
我们	r	56004	0.1955	19.0226	0.0632	10472
与	p	54376	0.1898	19.2125	0.0919	15686
记者	n	53435	0.1865	19.399	0.0805	13986
后	f	52817	0.1844	19.5834	0.0827	14533
但	c	52492	0.1833	19.7666	0.0834	14748
还	d	50775	0.1773	19.9439	0.0874	15990
法律	n	50611	0.1767	20.1206	0.0337	6177
国家	n	50245	0.1754	20.296	0.0537	9915
并	c	50054	0.1747	20.4707	0.0812	15065
进行	v	49329	0.1722	20.8174	0.0716	13470
地	u	48556	0.1695	20.9869	0.0693	13258
会	v	46861	0.1636	21.3164	0.0649	12855
为	v	46092	0.1609	21.4774	0.0724	14585
新	a	45906	0.1603	21.6376	0.0564	11400
企业	n	44636	0.1558	21.7934	0.0548	11407

续表

词条	词性	频次	频度	累加频度	使用度	文本数
工作	vn	44262	0.1545	21.948	0.0503	10554
经济	n	42815	0.1495	22.0974	0.0341	7405
了	y	41284	0.1441	22.2416	0.05	11236
发展	vn	40197	0.1403	22.3819	0.0381	8804
最	d	39979	0.1396	22.5215	0.0555	12881
他们	r	39235	0.137	22.6584	0.0436	10324
名	q	38657	0.135	22.7934	0.0396	9518
能	v	38381	0.134	22.9274	0.0456	11022
次	q	37210	0.1299	23.0573	0.0451	11250
向	p	36998	0.1292	23.1864	0.0436	10937
发展	v	36694	0.1281	23.3145	0.0247	6262
美国	LOC	36018	0.1257	23.4403	0.0273	7050
其	r	36016	0.1257	23.566	0.0362	9341
自己	r	35667	0.1245	23.6905	0.0382	9940
着	u	35643	0.1244	23.815	0.0403	10508
更	d	35388	0.1235	23.9385	0.0442	11603
两	NUM	34865	0.1217	24.0602	0.0492	13108
把	p	34280	0.1197	24.1799	0.0375	10164
很	d	33712	0.1177	24.2976	0.0385	10593
可以	v	33688	0.1176	24.4152	0.0367	10102
元	q	33675	0.1176	24.5328	0.0173	4758
工作	v	33049	0.1154	24.6481	0.004	1130
于	p	32709	0.1142	24.7623	0.0388	11017
已	d	32365	0.113	24.8753	0.0381	10918
政府	n	32109	0.1121	24.9874	0.021	6062
人员	n	31959	0.1116	25.099	0.0232	6745
出	v	31819	0.1111	25.2101	0.0385	11229
认为	v	31773	0.1109	25.321	0.0321	9373

续表

词条	词性	频次	频度	累加频度	使用度	文本数
之	u	31506	0.11	25.431	0.0318	9366
关系	n	30176	0.1053	25.5363	0.0189	5822
由	p	29795	0.104	25.6403	0.0318	9898
规定	n	29185	0.1019	25.7422	0.0104	3307
重要	a	29009	0.1013	25.8435	0.0266	8509
已经	d	28990	0.1012	25.9447	0.0355	11366
多	a	28940	0.101	26.0457	0.0337	10810
让	v	28924	0.101	26.1467	0.0312	10029
部门	n	28628	0.0999	26.2467	0.0175	5661
制度	n	28512	0.0995	26.3462	0.0101	3297
好	a	28494	0.0995	26.4457	0.0276	9001
下	f	27976	0.0977	26.5433	0.0301	9988
公司	n	27784	0.097	26.6403	0.0116	3886
时	Ng	27495	0.096	26.7363	0.0379	12797
又	d	27131	0.0947	26.831	0.0295	10102
教育	vn	27124	0.0947	26.9257	0.0152	5220
全国	n	26976	0.0942	27.0199	0.019	6551
我国	n	26748	0.0934	27.1133	0.0138	4777
市场	n	26697	0.0932	27.2065	0.0166	5761
她	r	26084	0.0911	27.2975	0.0128	4557
方面	n	25977	0.0907	27.3882	0.0238	8520
加强	v	25744	0.0899	27.4781	0.0135	4865
人民	n	25721	0.0898	27.5679	0.012	4334
文化	n	25630	0.0895	27.6574	0.0153	5532
或	c	25489	0.089	27.7464	0.0209	7605
所	u	25413	0.0887	27.8351	0.0226	8246
北京	LOC	25219	0.088	27.9231	0.0252	9277
万	NUM	24963	0.0871	28.0103	0.021	7808

续表

词条	词性	频次	频度	累加频度	使用度	文本数
国际	n	24881	0.0869	28.0971	0.0203	7559
成为	v	24648	0.086	28.1832	0.0255	9595
使	v	24546	0.0857	28.2689	0.0228	8614
表示	v	24536	0.0857	28.3545	0.0239	9045
情况	n	24483	0.0855	28.44	0.0206	7794
来	v	24316	0.0849	28.5249	0.0224	8564
世界	n	24295	0.0848	28.6097	0.0201	7682
通过	p	24074	0.084	28.6937	0.0218	8395
律师	n	23994	0.0838	28.7775	0.0105	4058
位	q	23989	0.0837	28.8613	0.022	8525
将	p	23912	0.0835	28.9447	0.0229	8896
种	q	23896	0.0834	29.0282	0.0182	7063
活动	vn	23813	0.0831	29.1113	0.0197	7690
建设	vn	23797	0.0831	29.1944	0.0117	4573
网络	n	23476	0.082	29.2763	0.0376	14888
高	a	23278	0.0813	29.3576	0.0199	7939
两岸	n	23217	0.0811	29.4386	0.0037	1482
做	v	22940	0.0801	29.5997	0.0185	7489

......

附录三

有关报刊新闻分类的相关资料

1. 国务院公文主题词表

国务院公文主题词表（1998 年 2 月 1 日执行）

词表共由 15 类 1049 个主题词组成，分为主表和附表两大部分，主表有 13 类 751 个主题词，附表有 2 类 298 个主题词。词表分为三个层次：第一层是对主题词区域的分类，如"综合经济""财政、金融"类等。第二层是类别词，即对主题词的具体分类，如"公交、能源、邮电"类中的"工业""交通""能源"和"邮电"等。第二层和第三层统称为主题词，用于文件的标引。

01　综合经济（77 个）

01A 计划

规划　统计　指标　分配　统配　调拨

01B 经济管理

经济　管理　调整　调控　控制　结构　制度　所有制　股份制　责任制流通　产业　行业　改革　改造　竞争　兼并　开放　开发　协作　资源土地　资产　资料　产权　物价　价格　投资　招标　经营　生产　转产　项目　产品　质量　承包　租赁　合同　包干　国有　国营　私营　集体　个体企业　公司　集团　合作社　普查　工商　商标　注册　广告　监督　增产效益　节约　浪费　破产　亏损　特区　开发区　保税区　展销　展览　商品化　横向联系　第三产业　生产资料

02　工交、能源、邮电（69 个）

02A 工业

冶金　钢铁　地矿　机械　汽车　电子　电器　仪器　仪表　化工　航天航空　核工　船舶　兵器　军区　轻工　有色金属　盐业　食品　印刷　包

294

装　手工业　纺织　服装　丝绸　设备原料　材料　加工

02B 交通

铁路　公路　桥梁　民航　机场　航线　航道　空中管制　飞机　港口　码头　口岸　车站　车辆　运输　旅客

02C 能源

石油　煤炭　电力　燃料　天然气　煤气　沼气

02D 邮电

通信　电信　邮政　网络　数据　民品　厂矿　空运　三线　通讯　水运　运费

03　旅游、城乡建设、环保（42 个）

03A 旅游

03B 服务业

饮食业　宾馆

03C 城乡建设

城市　乡镇　基建　建设　建筑　建材　勘察　测绘　设计　市政　公用事业　监理　环卫　征地　工程　房地产　房屋　住宅　装修　设施　出让　转让　风景名胜　园林　岛屿

03D 环保

保护区　植物　动物　污染　生态　生物　风景　饭店　城乡　国土　沿海

04　农业、林业、水利、气象（56 个）

04A 农业

农村　农民　农民负担　农场　农垦　粮食　棉花　油料　生猪　蔬菜　糖料　烟草　水产　渔业　水果　经济作物　农副产品　副业　畜牧业　乡镇企业　农膜　种子　化肥　农药　饲料　灾害　以工代赈　扶贫

04B 林业

绿化　木材　森林　草原　防沙治沙

04C 水利

河流　湖泊　滩涂　水库　水域　流域　水土保持　节水　防汛　抗旱　三峡

04D 气象

气候 预报 预测 烟酒 土特产 有机肥 多种经营 牧业

05 财政、金融（57个）

05A 财政

预算 决算 核算 收支 财务 会计 税务 税率 审计 债务 积累 经费 集资 收费 资金 基金 租金 拨款 利润 补贴 折旧费 附加费 固定资产

05B 金融

银行 货币 黄金 白银 存款 贷款 信贷 贴现 通货膨胀 交易 期货 利率 利息 贴息 外汇 外币 汇率 债券 证券 股票 彩票 信托 保险 赔偿 信用社 现金 留成 流动资金 储蓄 费用 侨汇 折旧率

06 贸易（62个）

06A 商业

商品 物资 收购 定购 购置 市场 集贸 酒类 副食品 日用品 销售 消费 批发 供应 零售 拍卖 专卖 订货 营业 仓库 储备 储运 货物

06B 外贸

对外援助 军贸 进口 出口 引进 海关 缉私 仲裁 商检 外商 外资 合资 合作 关贸 许可证 驻外企业 贸易 倒卖 外向型 议购 议售 垄断 经贸 贩运 票证 外经 交易会

07 外事（42个）

07A 外交

对外政策 对外关系 领土 领空 领海 外交人员 建交 公约 大使 领事 条约 协定 协议 议定书 备忘录 照会 国际 涉外事务 抗议

07B 外事

国际会议 国际组织 对外宣传 出访 出国 出入境 签证 护照 邀请 来访 谈判 会谈 会见 接见 招待会 宴会 外国人 外宾 对外友协 外国专家 涉外

08　公安、司法、监察（46 个）

08A 公安

警察　武警　警衔　治安　非法组织　安全　保卫　禁毒　消防　防火　检查　扫黄　案件　处罚　户口　证件　事件　危险品　游行　海防　边防　边界　边境

08B 司法

政法　法制　法律　法院　律师　检察　程序　公证　劳改　劳教　监狱

08C 监察

廉政建设　审查　纪检　执法　行贿　受贿　贪污　处分　侦破

09　民政、劳动人事（85 个）

09A 民政

基层政权　选举　行政区划　地名　人口　双拥工作　社会保障　社团　救灾　救济　募捐　婚姻　移民　抚恤　慰问　调解　老龄问题　烈士　纠纷　残疾人　基地　殡费　社区服务

09B 机构

驻外机构　体制　职能　编制　精简　更名

09C 人事

行政人员　干部　公务员　考核　录用　职工　家属　子女　知识分子　专家　参事　院士　文史馆员　履历　聘任　任免　辞退　退职　职称　待遇　离休　退休　交流　安置　调配　模范　表彰　奖励

09D 劳动

就业　失业　招聘　合同制　工人　保护　劳务　第二职业　事故

09E 工资

津贴　奖金　福利　收入　老年　简历　劳资　人才　招工　待业　补助　拥军优属　丧葬　奖惩

10　科、教、文、卫、体（73 个）

10A 科技

科学　技术　科普　科研　鉴定　标准　计量　专利　发明　实验　情报　计算机　自动化　信息　卫星　地震　海洋

10B 教育

学校　教师　招生　学生　培训　毕业　学位　留学　教材　校办企业

院校　校舍

10C 文化

文字　文史　文学　语言　艺术　古籍　图书　宣传　广播　电视　电影　出版　版权　报刊　新闻　音像　文物　古迹　纪念物　电子出版物　地方志　软科学　社科

10D 卫生

医院　中医　医疗　医药　药材　防疫　疾病　计划生育　妇幼保健　检验　检疫

10E 体育

运动员　教练员　运动会　比赛　馆所

11　国防（24 个）

11A 军事

军队　国防　空军　海军　征兵　服役　转业　民兵　预备役　军衔　复员　文职　后勤　装备　战备　作战　训练　防空　军需　武器　弹药　人武　退伍

12　秘书、行政（74 个）

12A 文秘工作

机关　国旗　国徽　机要　印章　信访　督察　保密　公文　档案　会议　文件　秘书　电报　提案　议案　谈话　讲话　总结　批示　汇报　建议　意见　文章　题词　章程　条例　办法　细则　规定　方案　布告　决议　命令　决定　指示　公告　通告　通知　通报　报告　请示　批复　函　会议纪要

12B 行政事务

行政　工作制度　纪念活动　庆典活动　休假　节假日　着装　参观　接待　措施　调查　视察　考察　礼品　馈赠　服务　出席　发言　转发　名单　批准　审批　信函　事务　活动　纪要　督察

13　综合党团（54 个）

13A 党派团体

共产党　民主党派　共青团　团体　工会　协会学会　民间组织　文联　学联　妇女　儿童　基金会

13B 统战

政协　民主人士　爱国人士

13C 民族

民族区域自治　民主事务

13D 宗教

寺庙

13E 侨务

外籍华人　归侨　侨乡

13F 港澳台

香港问题　澳门问题　台湾问题

13G 综合

整顿　形势　社会　精神文明　法人　发展　其他　试点　推广　青年
政治　范围　党派　组织　领导　方针　政策　党风　事业　咨询　中心
清除

另有两个附表：01 中国行政区域（54 个）；02 世界行政区域（244 个）。

01　中国行政区域（54 个）

01A 华北地区

北京　天津　河北　山西　内蒙古

01B 东北地区

辽宁　吉林　黑龙江

01C 华东地区

上海　江苏　浙江　安徽　福建　江西　山东

01D 中南地区

河南　湖北　湖南　广东　广西　海南

01E 西南地区

四川　贵州　云南　西藏　重庆

01F 西北地区

陕西　甘肃　青海　宁夏　新疆

01G 台湾地区

01H 香港地区

01I 澳门地区

哈尔滨　沈阳　大连　青岛　厦门　宁波　武汉　广州　深圳　海南岛
西安　单列市　自治区

02　世界行政区域（244个）

02A 亚洲中国

蒙古　朝鲜　韩国　日本　越南　老挝　柬埔寨　缅甸　泰国　马来西亚
新加坡　文莱　菲律宾　印度尼西亚　东帝汶　尼泊尔　锡金　不丹　孟加
拉国　印度　斯里兰卡　马尔代夫　哈萨克斯坦　吉尔吉斯斯坦　塔吉克斯坦
乌兹别克斯坦　土库曼斯坦　格鲁吉亚　阿塞拜疆　亚美尼亚　巴基斯坦
阿富汗　伊朗　科威特　沙特阿拉伯　巴林　卡塔尔　阿联酋　阿曼　也门
伊拉克　叙利亚　黎巴嫩　约旦　巴勒斯坦　以色列　塞浦路斯　土耳其

02B 欧洲

冰岛　法罗群岛　丹麦　挪威　瑞典　芬兰　爱沙尼亚　拉脱维亚　立陶
宛　俄罗斯　白俄罗斯　乌克兰　摩尔多瓦　波兰　捷克　斯洛伐克　匈牙利
德国　奥地利　列支敦士登　瑞士　荷兰　比利时　卢森堡　英国　爱尔兰
法国　摩纳哥　安道尔　西班牙　葡萄牙　意大利　梵蒂冈　圣马力诺　马
耳他　南斯拉夫　斯洛文尼亚　克罗地亚　波黑　马其顿　罗马尼亚　保加利
亚　阿尔巴尼亚　希腊

02C 非洲

埃及　利比亚　突尼斯　阿尔及利亚　摩洛哥　西撒哈拉　毛里塔尼亚
塞内加尔　冈比亚　马里　布基纳法所　佛得角　几内亚比绍　几内亚　塞拉
利昂　利比里亚　科特迪瓦　加纳　多哥　贝宁　尼泊尔　尼日利亚　喀麦隆
赤道几内亚　乍得　中非　苏丹　埃塞俄比亚　吉布提　索马里　肯尼亚
乌干达　坦桑尼亚　卢旺达　布隆迪　刚果民主共和国　刚果　加蓬　厄立特
里亚　圣多美和普林西比　安哥拉　赞比亚　马拉维　莫桑比克　科联罗　马
达加斯加　塞舌尔　毛里求斯　留尼汪　津巴布韦　博茨瓦纳　纳米比亚　南
非　斯威士兰　莱索托　圣赫勒拿

02D 大洋洲

澳大利亚　新西兰　巴布亚新几内亚　所罗门群岛　瓦努阿图　新喀里多
尼亚　斐济　基里巴斯　瑙鲁　密克罗尼西亚联邦　马绍尔群岛共和国　帕劳
北马里亚纳群岛自由联邦　瓦利斯群岛和富图纳群岛　图瓦卢　西萨摩亚
美属萨摩亚　纽埃　托克劳　库克群岛　汤加　法属波利尼西亚　皮特凯恩

群岛

02E 美洲

格陵兰　加拿大　圣皮埃尔岛和密克隆　美国　百慕大　墨西哥　危地马拉　伯利兹　萨尔瓦多　洪都拉斯　尼加拉瓜　哥斯达黎加　巴拿马　巴哈马　特克斯群岛和凯科斯群岛　古巴　开曼群岛　牙买加　海地　多米尼加　波多黎各　美属维尔京群岛　英属维尔京群岛　圣其茨和尼维斯　安圭拉　安提瓜和巴布达　蒙特塞拉特　瓜德罗普　多米尼克　马提尼克　圣卢西亚　圣文森特和格林纳丁斯　巴巴多斯　特立尼达和多巴哥　荷属安的列斯　阿鲁巴　格林纳达　哥伦比亚　委内瑞拉　圭亚那　苏里南　法属圭亚那　厄瓜多尔　秘鲁　巴西　玻利维亚　智利　阿根廷　巴拉圭　乌拉圭

（1988 年世界行政区域主题词包括：苏联　民主德国　联邦德国　捷克斯洛伐克　扎伊尔　圣赫勒郍岛和阿森林松岛等　留尼汪岛　贝劳　马绍尔群岛　北马里亚纳群岛　东萨摩亚　圣皮埃尔和密克隆群岛　百慕大群岛　多米尼加共和国　多米尼加联邦　荷属安的列斯群岛）

附：1988 年国务院公文主题词表（共786个，1988年12月修订）

一、计划、经济、体改（52个）

个体　计划　计量　开发　开放　公司生产　节约　包干　合同　企业投资　改革　改造　体制　规划　责任制　拍卖　招标　转产　国营　制度物资　所有制股份制　承包　经济　经营　指标　结构　标准　项目　统计统配　浪费　效益　资产　调整　租赁　展销　商品化　基建　控制　集体普查　横向联系　增产　分配　协作　合作社　私营　展览

二、工交、能源（59个）

厂矿　三线　工业　口岸　天然气　车站　车辆　手工业化工　公路水运　石油　电力　电子　电器　仪器　加工　包装　民品　民航　产品交通　军工　设备　运费　运输　机场　机械　有色金属　地矿　冶金材料　邮电　纺织　空运　空中管制　国土　质量　轻工　钢铁　食品　通讯资源　原料　核工　铁路　航天　航空　航线　能源　港口　船舶　煤气煤炭燃料　飞机　生产资料　丝绸　盐业

三、城乡建设（28个）

工程　风景　古迹　污染　设计　设施　动物　地名　村镇　岛屿　饭店

园林住宅　沿海　房屋　房地产　环保　征地　建设　建材　建筑　测绘　城市　宾馆　旅游　勘察　绿化　装修

四、农业、林业、水利（35个）

土地　土特产木材　气象　化肥　水利　农业　农民　农村　农场　农垦　农副产品　防汛　灾害　油料　林业　牧业　饲料　渔业　副业　棉花　粮食　蔬菜　乡镇企业　水土保持　水域　有机肥　生猪　农药　多种经营　农膜　防火　种子　烟酒　滩涂

五、财政、金融（54个）

亏损　汇率　白银　外币　外汇　决算　存款　补贴　财务　财政　利润　利息利率　收支　收费　折旧率　附加费　审计　现金　拨款　固定资产　受贿　货币　贪污　金融　股票　贴息　信托　信贷　贷款　保险　费用　消费　流通　流动资金　资金　核算　租金　积累　债务　债券　留成　预算　基金　黄金　破产　赔偿　银行　税务　税率　储蓄　集资　信用社　募捐

六、商业、外贸（42个）

广告　工商　订货　仓库　引进　市场　外贸　外资　出口　交易会　进口　仲裁　价格　合作　合资　收购　定购　垄断　贩运　购置　供应　货物　经贸　贸易　海关　竞争　商业　商标　商品　营业　票证　第三产业　销售　日用品　外向型　外经　议购　议售　调拨　倒卖　商检　储备

七、外交、外事（30个）

大使　公约　议定书　外交　外事　外宾　出访　出国　对外友协　协定　会见　会谈　来访　条约　招待会　国际组织　侨务　备忘录　宴会　谈判　接见　抗议　国际　国际会议　建交　涉外　领土　领事　照会　邀请

八、公安、司法（32个）

户口　公安　公证　办法　边防　边界　边境　司法　安全　危险品　纪检　劳改　劳教　条例　法制　法律　法院　武警　规定　侦破　命令　细则　政法　消防　海防　案件　监察　检查　程序　缉私　证件　事件

九、民政、劳动人事（54个）

人才　人口　人事　干部　工人　工资　子女　市政　民政　民族　纠纷　安置老年　机构　任免　行政区划　补助　扶贫　抚恤　劳动　劳务　劳资　丧葬　拥军优属　招工　事故　知识分子　退休　津贴　奖金　奖惩　保护　待遇　离休　调配　职工　职称　职能　婚姻　救灾　救济　第二职业　移

民　就业　编制　福利　简历　精简　公务员　行政人员　　更名　残疾人　烈士　聘任

十、科技、文教、卫生（47 个）

广播　卫生　文化　文字　文学　文物　计算机　专利　艺术　中医　古籍　电视　电影　外国专家　出版　防疫　地震　纪念物　社科　技术　报刊　医疗　医药　体育招生　软科学　图书　宣传　语言　科学　科研　信息　海洋　校舍　留学　情报　教育　培训　检验　馆所　新闻　卫星　地方志　自动化　音像　院校　疾病

十一、军事、国防（21 个）

训练　民兵　军队　军事　后勤　防空作战　空军　武器　转业　国防　征兵　战备　复员　海军　弹药　装备　人武　军衔　服役　退伍

十二、秘书行政（51 个）

文件　文章　方案　公文　汇报　议案　节假日　出席　发言　决定　讲话　考察　机关　行政　会议　名单　纪要　批示　批复　批准　报告　审批　转发　事务　服务　建议　参观　经费　活动　指示　信访　保密　通报　通知　谈话　请示　调查　档案　秘书　接待　措施　馈赠　管理　公告　布告　印章　决议　信函　总结　提案　意见

十三、综合、党团（35 个）

儿童　工会　文联　方针　计划生育　中心　协会　妇女　形势　学会　学联　宗教视察　试点　团体　青年　其他　事业　参事　组织　咨询　政治　政策　统战　党风　党派　基金会　推广　领导　综合　整顿　文史　范围　清除　集团

十四、区域（48 个）

香港　澳门　省市　自治区　单列市　特区　北京　天津　河北　山西　内蒙古　辽宁　吉林　黑龙江　上海　江苏　浙江　安徽　福建　江西　山东　河南　湖北　湖南　广东　广西　四川　贵州　云南　西藏　陕西　甘肃　青海　宁夏　新疆　台湾　海南　哈尔滨　沈阳　大连　青岛　西安　重庆　武汉　宁波　广州　海南岛　深圳

十五、世界各国及地区（198 个）

蒙古　朝鲜　日本　越南　老挝　柬埔寨　缅甸　泰国　马来西亚　新加坡　文莱　菲律宾　印度尼西亚　东帝汶　尼泊尔　锡金　不丹　孟加拉国

印度　斯里兰卡　马尔代夫　巴基斯坦　阿富汗　伊朗　科威特　沙特阿拉伯　巴林　卡塔尔　阿拉伯联合酋长国　阿曼　也门民主人民共和国　阿拉伯也门共和国　伊拉克　叙利亚　黎巴嫩　约旦　巴勒斯坦　塞浦路斯　土耳其　冰岛　法罗群岛（丹）　丹麦　挪威　瑞典　芬兰　苏联　波兰　捷克斯洛伐克　匈牙利　民主德国　联邦德国　奥地利　列支敦士登　瑞士　荷兰　比利时　卢森堡　英国　爱尔兰　法国　摩纳哥　安道尔　西班牙　葡萄牙　意大利　梵蒂冈　圣马力诺　马耳他　南斯拉夫　罗马尼亚　保加利亚　阿尔巴尼亚　希腊　埃及　利比亚　突尼斯　阿尔及利亚　摩洛哥西　撒哈拉　毛里塔尼亚　塞内加尔　冈比亚　马里　布基纳法索　佛得角　几内亚比绍　几内亚　塞拉利昂　利比里亚　特科迪瓦　加纳　多哥　贝宁　尼日尔　尼日利亚　喀麦隆　赤道几内亚　乍得　中非　苏丹　埃塞俄比亚　吉布提　索马里　肯尼亚　乌干达　坦桑尼亚　卢旺达　布隆迪　扎依尔　刚果　加蓬　圣多美和普林西比　安哥拉　赞比亚　马拉维　莫桑比克　科摩拿　马达加斯加　塞舌尔　毛里求斯　留尼汪岛（法）　津巴布韦　博茨瓦纳　纳米比亚　南非　斯威士兰　莱索托　圣赫勒拿岛和阿森松岛等（英）　澳大利亚　新西兰　巴布亚新几内亚　所罗门群岛　瓦努阿图　新喀里多尼亚（法）　斐济　基里巴斯　瑙鲁　马里亚纳群岛　加罗林群岛　马绍尔群岛（美托管）　关岛（美）　图瓦卢　瓦利斯群岛和富图纳群岛（法）　西萨摩亚　东萨摩亚　纽埃（新）　托克劳群岛（新）　库克群岛（法）　汤加　法属波利尼西亚　皮特凯恩群岛（英）　格陵兰（丹）　加拿大　圣皮埃尔岛和密克隆岛（法）美国　百慕大群岛（英）　墨西哥　危地马拉　伯利兰　萨尔瓦多　洪都拉斯　尼加拉瓜　哥斯达黎加　巴拿马　巴哈马　特克斯群岛和凯科斯群岛（英）　古巴　开曼群岛（英）　牙买加　海地　多米尼加共和国　波多黎各岛（美）　英属维尔京群岛　圣克里斯托弗和尼维斯联邦　安圭拉岛（英）　安提瓜和巴布达　蒙特塞拉特岛（英）　瓜德罗普岛（法）　多米尼加联邦　马提尼克岛（法）　圣卢西亚　圣文森特和格林纳丁斯　巴巴多斯格林纳达　特立尼达和多巴哥　荷属安的列斯群岛　哥伦比亚　委内瑞拉　圭亚那　苏里南　法属圭亚那　厄瓜多尔　秘鲁　巴西　玻利维亚　智利　阿根廷　巴拉圭　乌拉圭

2. 中文新闻信息分类及代码（2006 年 5 月 1 日起施行）

中文新闻信息分类及代码

01 政治

01001 国家（地区）概况 01002 国家元首 01003 权力机构 01004 行政机构 01005 中国政府行政管理 01006 政党 01007 社会团体 01099 政治其他

02 法制

02001 法制建设 02002 法学研究 02003 法律服务 02004 知识产权保护 02005 消费者权益保护 3·15 质量万里行、百城万店无假货、劣质商品曝光等消费者维权活动 02006 法律·法规·法令 02007 司法 02008 检察院 02009 法院 02011 社会公共安全（公安） 02012 国际刑警 02013 国家安全 02014 犯罪与案件 02099 法制其他

03 外交·国际关系

03001 外交政策 03002 对外关系 03003 外交事务 03004 国际关系 03005 国际问题 03006 国际组织、国际条约 03007 联合国 03099 外交、国际关系其他

04 军事

04001 国防建设 04002 军事制度 04003 中国国防领导体制及军兵种 04004 战争 04005 战略、战役、战术 04006 军事训练与教育 04007 军队政治与文化工作 04008 军事后勤工作 04009 军事科学与技术 04011 对外军事关系 04012 国际军事关系 04013 外国对中国军队的研究及评析 04099 军事其他

05 社会

05001 人口 05002 家庭 05003 劳动 05004 社会福利 05005 灾难、事故与救助 05006 社会风尚 05007 社会问题 05008 优抚工作 05009 社区 05099 社会其他

06 经济

06001 经济概况 06002 经济体制 06003 经济结构 06004 经济规划 06005 经济管理 06006 区域经济 06007 双边经济关系 06008 国际经济关系 06009 工商行政管理 06011 经济学 06099 经济其他

07 基本建设·建筑业

07001　基本建设　07002　城市建设　07003　建筑业　07004　房地产业 07005　建材市场　07099　基本建设、建筑业其他

08 农业·农村

08001　农村经济　08002　农业基本建设　08003　农业科技　08004　农场·农垦　08005　农业服务业　08006　农作物及农产品　08007　林业　08008　畜牧业　08009　渔业　08099　农业其他

09 工业

09001　重工业　09002　轻工业　09003　采矿业　09004　冶金　09005 金属制品　09006　非金属矿物制品　09007　材料工业　09008　化学原料·化学制品　09009　医药　09011　化学纤维　09012　橡胶·橡胶制品　09013　塑料制品　09014　通用机械设备……

10 能源·水资源

10001　能源开发与利用 10002　节能 10003　煤炭行业 10004　石油·天然气行业　10005　电力行业 10006　热力 10007　水资源 10008　可再生能源与替代能源 10099　能源其他

11 信息产业

11001　信息化建设　11002　信息网络（网路）安全与管理　11003　信息内容产业　11004　电子计算机　11005　计算机科学与工程技术　11006　电信服务业　11007　通信技术　11008　通信设备　11009　广播电视设备

12 交通运输·邮政·物流

12001　交通运输 12002　铁路运输业 12003　道路运输业 12004　水路运输业　12005　航空运输业 12006　邮政业 12007　快递业 12008　物流业 12099 交通运输其他

13 贸易

13001　国内贸易 13002　物资 13003　对外贸易 13004　吸收和利用外资 13005　对外投资　13006　商品交易会［13007］　世界贸易组织（WTO） 13008　海关 13009　贸易其他

14 服务业·旅游业

14001　服务业市场 14002　住宿服务业 14003　餐饮服务业 14004　租赁服务业　14005　商务服务业 14006　保安服务业 14007　专业技术服务业 14008

生活服务业　14009　修理业 14011　建筑物清洁服务　14012　旅游业 14099　服务业、旅游业其他

15 财政·金融

15001　财政 15002　金融业 15003　金融风险 15004　货币 15005　银行业 15006　非银行金融业务 15007　外汇市场 15008　信托 15009　国有资产管理 15011　保险 15012　证券业　15013　期货市场 15099　金融其他

16 环境·气象

16001　环境保护产业　16002　环境保护教育及普及 16003　环境与发展 16004　人类活动对环境的影响 16005　环境保护 16006　环境污染及防治 15007　环境质量监测　16008　废物处理与综合利用 16009　环境科学技术 16011　气象 16099　环境、气象其他

17 文化·娱乐

17001　文化产业 17002　文化市场及管理 17003　文化节 17004　民俗 17005　民间艺术　17006　世界遗产 17007　文化场馆 17008　图书馆业 17009 博物馆业 17011　档案业　17012　娱乐、休闲 17013　选美 17099　文化、娱乐其他

18 教育

18001　教育体制　18002　教育管理　18003　基础教育 18004　学前教育 18005　初等教育　18006　中等教育 18007　高等教育 18008　成人教育、业余教育 18009　职业技术教育　18011　特殊教育 18012　师范教育 18013　少数民族地区教育 18014　民办教育 18015　留学教育　18016　教育学 18099　教育其他

19 科学·技术

19001　科学研究 19002　科学技术工作 19003　科学技术管理 19004　马克思主义 19005　哲学　19006　宗教学 19007　人文与社会科学 19008　自然科学 19009　应用科学 19011　工程与技术科学 19012　交叉、边缘科学 19099　科学、技术其他

20 文学·艺术

20001　文学 20002　艺术产业 20003　艺术节 20004　音乐 20005　舞蹈 20006　戏剧、戏曲　20007　曲艺 20008　杂技·魔术 20009　电影·电视 20011 美术 20012　摄影　20099　文学、艺术其他

21 医药·卫生

21001　医疗卫生体制　21002　医疗卫生管理 21003　公共卫生 21004　疾病预防与治疗　21005　生殖医学 21006　中医·中药 21007　中西医结合医学 21008　中国少数民族医学　21009　医学科学研究 21011　药品、医疗器械 21099　医药、卫生其他

22 体育

22001　体育产业 22002　体育管理体制 22003　体育队伍建设 22004　体育道德　22005　体育理论 22006　体育科学研究 22007　体育组织·机构 22008 体育场馆·器材　22009　运动会 22011　体育纪录 22012　体育比赛 22013　群众体育、厂矿体育 22099　体育其他

23 传媒业

23001　传媒产业及传媒市场 23002　传媒科技 23003　新闻业 23004　广播、电视业　23005　网络媒体 23006　出版、发行业 23007　广告业 23099　传媒业其他

《中文新闻信息分类与代码》与几个分类法体系结构的对照表

人大法	科图法	中图法	图书资料法	档案法	国民经济行业分类与代码	中文新闻信息分类与代码
1. 马克思列宁主义、毛泽东著作	00 马克思主义、列宁主义、毛泽东著作	A 马克思主义、列宁主义、毛泽东思想	A 马克思主义、列宁主义、毛泽东思想	A 中国共产党常务	A 农、林、牧、渔业	01 政治
2. 哲学、辩证唯物主义与历史唯物主义附：宗教、无神论	10 哲学	B 哲学	B 哲学	B 国家政务总类	B 采矿业	02 法律、司法
3. 社会科学、政治	20 社会科学	C 社会科学总论	C 社会科学总论	C 政法	C 制造业	03 外交、国际关系
4. 经济、政治经济学与经济政策	21 历史、历史学	D 政治、法律	D 政治、法律	D 军事	D 电力、燃气及水的生产和供应业	04 军事
5. 国防、军事	27 经济、经济学	E 军事	E 军事	E 外交	E 建筑业	05 社会、劳动、灾难事故
6. 国家与法、法律	31 政治、社会生活	F 经济	F 经济	F 政协、民主党派、群众团体	F 交通运输、仓储和邮政业	11 经济
7. 文化、教育	34 法律、法学	G 文化、科学、教育、体育	G 文化、科学、教育、体育	G 文化、教育、卫生、体育	G 信息传输、计算机服务和软件业	12 财政、金融

续表

人大法	科图法	中图法	图书资料法	档案法	国民经济行业分类与代码	中文新闻信息分类与代码
8. 艺术	36 军事、军事学	H 语言、文字	H 语言、文字	H 科学研究	H 批发和零售业	13 基本建设、建筑业、房地产
9. 语言、文字学	37 文化、科学、教育、体育	I 文学	I 文学	J 计划、经济管理	I 住宿和餐饮业	14 农业、农村
10. 文学	41 语言、文字学	J 艺术	J 艺术	K 财政、金融、保险、审计	J 金融业	15 矿业、工业
11. 历史、革命史	42 文学	K 历史、地理	K 历史、地理	L 商业、旅游业、服务业	K 房地产业	16 能源、水务、水利
12. 地理、经济地理	48 艺术	N 自然科学总论	N 自然科学总论	M 农、林、牧、渔业	L 租赁和商务服务业	17 信息产业
13. 自然科学	49 无神论、宗教学	O 数理科学和化学	O 数理科学和化学	N 工业	M 科学研究、技术服务和地质勘查业	18 交通运输、邮政、物流
14. 医药、卫生	50 自然科学	P 天文学、地球科学	P 天文学、地球科学	P 交通	N 水利、环境和公共设施管理业	19 商业、外贸、海关
15. 工程、技术	51 数学	Q 生物科学	Q 生物科学	Q 邮电通信	O 居民服务和其他服务业	21 服务业、旅游业

续表

人大法	科图法	中图法	图书资料法	档案法	国民经济行业分类与代码	中文新闻信息分类与代码
16. 农艺、畜牧、水产	52 力学	R 医药卫生	R 医药卫生	R 城乡建设	P 教育	22 环境、气象
17. 综合参考	53 物理学	S 农业科学	S 农业科学	S 环境保护	Q 卫生、社会保障和社会福利业	31 教育
	54 化学	T 工业技术	T 工业技术	T 海洋、气象、地震科学	R 文化、体育和娱乐业	33 科学技术
	55 天文学	U 交通运输		U 标准、计量、专利	S 公共管理与社会组织	35 文化、娱乐、休闲
	56 地球科学	V 航空、航天				36 文学、艺术
	58 生物科学	X 环境科学、劳动保护科学			T 国际组织	37 传媒业
	61 医药、卫生	Z 综合性图书				38 医药、卫生
	65 农业科学					39 体育
	71 工程技术					
	90 综合性图书					

后 记

2002 年在新加坡的一次国际会议上，偶然的机会让我和导师张普教授开始了第一次交谈，在交谈中"动态语言知识更新"成为我们共同的话题。从没想过要踏入计算机研究领域的我，在导师的指引下对用语料库研究语言产生了浓厚的兴趣，也让我找到了一条新的研究方向。由张普教授主持的北京语言大学"中国主流报纸动态流通语料库"的建立，使利用计算机和大规模真实语料进行报刊新闻教学研究成为了可能。现在汉语国际教育的报刊新闻教学有了大规模动态语料库和互联网的支持，获得了更加优质、鲜活的教学资源，也显示出更好的教学效果。"问渠哪得清如许，为有源头活水来。"我也有幸能够在动态流通语料库的研究平台上构建我心目中的大厦，辛苦耕耘，终于能有一些收获可以回报给指引我迈入跨学科知识领域的导师，这让我感到莫大的欣慰。

难忘在课堂上聆听导师的谆谆教诲，更难忘在病榻前接受导师的悉心指点。导师虚怀若谷的胸怀、超然沉着的心态、敏锐的学术洞察力、无穷的智慧以及严谨的治学态度都让我由衷地敬佩。虽然张普导师已经离世而去，但他的音容笑貌宛在眼前、谆谆教诲犹在耳边。无论是现在还是将来，我取得的每一个成果都凝聚着导师的心血、支持和鼓励，我会在动态语言知识更新领域走得更加深远。

感谢冯志伟教授、王铁琨教授、吕必松教授、曹右琦教授、陈群秀教授、孙茂松教授在各相关专业方面对我的耐心指导。他们严谨的治学态度、广博的学识使我受益匪浅，指引着我的治学之路。还有很多师长都给予了我支持和厚爱，感谢杨尔弘教授、徐娟教授、甘瑞瑗教授一路上给我的悉心点拨和教诲。

家人的体贴和关怀成为我前进的动力。多少次风雪夜归人，总有一盏温暖的灯在为我留着。桌上的留言，寥寥数语，一种感动。感谢我的先生梁宇翔，儿子梁紫东，对我的工作和研究积极支持，不断鼓励，始终是我坚强的后盾。感谢梁华芾先生和江玉璧女士用无私的奉献支持我的学术之路。感谢我的父母亲和弟弟，他们无时无刻不在关心我的身体健康和研究成果，电话和微信都透露着浓浓的亲情。

　　本研究也是团队精神的体现。应用语言学研究所的秦鹏同学为论文提供了部分软件和程序设计的支持；邹红建同学协助进行了文本难易度的测量工作；戴珊同学也参与了部分工作。对北京语言大学"动态语言知识更新"团队隋岩、郭慧志、王强军、李芸、郑泽芝、刘华、杨建国、赵小兵、谢学敏、吴志山、韩秀娟、刘长征、徐振亚、陈慧、任宁、谢晓燕等同人在此深表谢意。

　　感谢汉语学院传媒文化教研室的龚常庚、刘谦功、沈治钧、尹小刚、朱建中、肖立、王世巽、彭湍情、刘士勤以及北京师范大学宋继华教授、北京华文学院李嘉郁教授的大力支持。

　　感谢所有关心和支持我的老师、同学和朋友们！

史艳岚

2020 年 4 月 20 日